浙江省普通高校“十三五”新形态教材
基础医学实验创新系列教材

医学形态实验学

主　编　仇　容　高喜仁　王　征
副主编　吴仲敏　张　婷　刘丹丹　李剑敏　杜月光
编　者　（按姓氏笔画排序）
王　征（杭州医学院）
仇　容（杭州医学院）
刘丹丹（杭州医学院）
刘迎福（厦门大学医学院）
杜月光（浙江中医药大学）
李希宁（湖州师范学院医学院）
李剑敏（温州医科大学附属第一医院）
吴仲敏（台州学院医学院）
沈　健（杭州医学院）
张　博（湖州师范学院医学院）
张　婷（湖州师范学院医学院）
陈　健（杭州医学院）
林雪平（嘉兴学院医学院）
季　华（杭州医学院）
周　婧（浙江大学医学院）
赵卫平（杭州师范大学医学院）
赵冬久（杭州师范大学医学院）
袁雯霞（杭州医学院）
徐麟皓（杭州医学院）
高喜仁（湖州师范学院医学院）
崔怀瑞（温州医科大学）

科 学 出 版 社
北　京

内 容 简 介

本实验教材是人体解剖学实验、组织胚胎学实验和病理解剖学实验的整合实验教程，实验项目分为：绪论、基础性实验、综合性实验、实训及探究性实验五部分。实验内容丰富实用，涉及所有教学章节；教程对上述三门形态学课程进行整合优选，不仅有利于课程间的相互联系，也有利于教学资源的集约共享；三门学科的实验相互渗透，循序渐进，方便实验教学需要。适用于医药卫生院校临床医学、护理学、药学、检验医学、影像学、预防医学等本科专业的实验教学，也可供青年教师考研和从事科研工作时参考。

图书在版编目(CIP)数据

医学形态实验学 / 仇容，高喜仁，王征主编. —北京：科学出版社，2018.8
浙江省普通高校“十三五”新形态教材·基础医学实验创新系列教材
ISBN 978-7-03-055773-5

Ⅰ. ①医… Ⅱ. ①仇… ②高… ③王… Ⅲ. ①人体形态学–实验–医学院校–教材 Ⅳ. ①R32-33

中国版本图书馆 CIP 数据核字(2017)第 300835 号

责任编辑：李 植 胡治国 / 责任校对：郭瑞芝
责任印制：赵 博 / 封面设计：王 融

科 学 出 版 社 出版
北京东黄城根北街 16 号
邮政编码：100717
http://www.sciencep.com

石家庄继文印刷有限公司 印刷
科学出版社发行 各地新华书店经销
*
2018 年 8 月第 一 版 开本：787×1092 1/16
2023 年 12 月第七次印刷 印张：9 1/2
字数：213 000

定价：38.00 元

(如有印装质量问题，我社负责调换)

基础医学实验创新系列教材
编写指导委员会

序

医学实验教学在整个医学教育中具有重要地位，是教育过程中实现创新人才培养目标的重要环节，也是保证和提高医学人才培养质量的必要手段。随着计算机、网络和信息技术的飞速发展，改革基础医学实验教学的内容、手段和方法已经势在必行。

在纸质教材中融入数字化教学资源，可突破传统教材在时间和空间上的限制，丰富教学内容的同时促使学生多元化、多渠道地接受教学信息，在学习中发现问题、解决问题。因此，我们根据国内医学类高校实验教学改革的经验，融合互联网信息技术和资源，提出了创新基础医学实验教材的想法。本套基础医学创新实验系列教材包括《医学机能实验学》、《医学形态实验学》、《生物化学与分子生物学实验》和《病原生物与免疫学实验》4 本教材，于 2017 年 9 月被立项为浙江省普通高校“十三五”新形态教材项目。

现代高等医学教育强调培养学生的探索精神、科学思维、实践能力和创新能力。本套实验教材的编写遵循“由浅入深、循序渐进”的原则，注重实验教学内容的必要性、实用性、综合性和创新性；减少验证性实验，改进经典性实验，加强综合性实验，增加创新性实验；着重培养学生的实践能力、知识应用能力和创新性思维。教材内容编排充分考虑多学科、多层次教学的需求，内容设置兼顾临床医学及相关专业人才的培养目标需求，亦可供研究生和医学研究人员参考使用。

根据新形态教材建设要求，本套教材配备了丰富的数字化资源。资源内容主要包括实验原理拓展、实验仪器演示、基本操作技术示范、形态图片、案例分析、相关知识学习等，资源形式有图片、动画、视频、文档等。通过在纸质教材上插入二维码的方式展示数字化资源，可充分拓展教学内容，打造立体阅读体验，创新实验教材模式。

本系列教材由十余所高等医学院校一线教师共同编写而成，在编写和出版过程中得到了各参编院校和科学出版社的大力支持，在此一并致以衷心感谢！新形态教材是一种全新的尝试，编者水平有限，教材中难免存在不足之处，恳请广大师生和读者提供宝贵意见和建议。

《基础医学实验创新系列教材》编写指导委员会

2018 年 5 月

前　言

在医学教育中过程中，医学实验教学是必不可少的环节，完善和良好的医学实验教育体系是保证和提高医学人才培养质量不可或缺的重要部分。而医学形态实验又是整个医学实验教育的基石，其重要性不容忽视。为使实验教学独立成为不依赖于理论教学的体系，将教学改革和科研的成果融入实验教学中，有利于培养实践能力和创新精神的实用型医学卫生人才。在这套普通高等医学院校基础医学实验创新系列教材中，《医学形态实验学》为其中的一部整合性实验教材。

《医学形态实验学》是由人体解剖学、组织胚胎学和病理解剖学等以观察组织器官形态结构为主要内容的三门学科按照人体系统有机整合而成的一门新型实验教学课程，在医学课程中具有重要的地位。教材注重学科交叉渗透，突出专业能力和职业素质的培养。

本教程在编写过程中坚持突出结构与功能统一、宏观与微观统一，坚持正常与异常的相互交叉、基础与临床的相互渗透，以利于发挥学生综合运用知识的能力。本教程分为绪论、基础性实验、综合性实验、实训及探究性实验等章节，按人体系统进行划分，遵循“从大体到微细、从正常到异常”的原则，强化常用知识，突出重点，对运用较少的知识进行弱化或消减，并拓展了部分与临床运用相关的探究性实验。本教程体现了职业技能培养要求，满足了临床工作及相关学科对形态学知识和技能的需要，既优化了内容，又保证了知识结构的完整性、系统性和科学性。

教材采用二维码嵌入丰富的数字化资源，主要内容有：实验图谱（大体、镜下图片）、案例分析、知识拓展（前沿发展、文献学习、知识链接等）。同时在实验教学中针对重要解剖学、组织学知识点以及常见病、多发病的基本形态学特点通过二维码链接展示教师的讲解视频。充分拓展教学内容，打造立体阅读体验，创新实验教材模式。

本实验教材在编写和出版过程中得到了各参编院校领导、同仁及科学出版社的大力支持，在此一并表示感谢。由于我们的学术水平和经验有限，书中不足之处和疏漏在所难免，望大家不吝赐教，以便日臻完善。

编　者

2018 年 3 月

目　　录

第一章

绪　论

第一节　课程概述

《医学形态实验学》是将人体解剖学、组织胚胎学和病理解剖学等以观察组织、器官的形态结构为主要内容的三门学科有机整合而成的一门新型实验教学课程。医学形态实验学以器官、系统或疾病为主线，遵循“从大体到结构、从正常到异常”的原则，研究人体形态结构、胚胎发生发展和疾病发生发展的规律。医学形态实验学是一门独立设置的实验课程，是重要的医学基础课。将三门学科实验教学内容互相交叉、渗透、融合，不仅可为其他基础课程和临床专业课程的学习奠定基础，也有助于将形态学知识直接应用于临床实践。

课程概述

医学形态实验学实验内容分为以下五个方面：

（1）绪论：包括课程概述、形态学研究技术、实验室守则、实验方法等。规范的基本实验操作技能是得到真实实验现象和准确实验结果的前提，是后续实验和实训的基础。

（2）基础性实验：包括人体基本组织、胚胎学实验、病理学基础实验、运动系统、感觉器官等。基础性实验主要是通过熟悉人体基本组织及形态结构、病理学基本病变实验，掌握人体形态学实验基础知识。

（3）综合性实验：综合性实验包括脉管系统、呼吸系统、消化系统、泌尿系统、生殖系统、内分泌系统、神经系统及感染性疾病等。主要是通过系统为主线，学习正常组织结构及异常病变时的形态特征，做到知识的相互融合渗透，使学生学会整体地、多角度地观察问题，全面地思考分析问题，提高学生综合运用所学知识分析问题、解决问题的能力。

（4）实训：包括大体标本、组织切片的制作以及免疫组化技术实验操作。教学内容紧密结合临床工作实际需要，学习形态学实验技术。

（5）探究性实验：包括血涂片的制作、鸡胚胎发育观察、血管血细胞反应、移植瘤模型制作及四氯化碳对肝细胞影响的形态学观察等。通过实验，提高学生学习兴趣，初步掌握基础医学科学研究中常用的方法、手段和实验设计思路，以培养学生基本实验技能、提高学生动手能力。

（仇　容）

第二节　形态学研究技术

一、正常人体形态学的研究技术

（一）人体标本的制作技术

为了学习和研究正常人体的形态结构，需要把人的遗体制作成示教标本和陈列标本，人体标本首先要进行固定，经血管灌注后，把标本浸泡在4%甲醛（10%福尔马林）溶液中长久保存。在标本上正确暴露各种器官、组织的形态结构，如神经、脉管、肌肉、内脏器官等，能使学习者正确掌握人体的形态结构；解剖标本可为临床应用，尤其为外科手术提供直观的参考依据；通过标本制作，可以发现形态结构的异常，如血管变异和器官畸形等。

（二）光学显微镜技术

利用光学显微镜，可将物体放大到40～1500倍，可以观察到组织、细胞的微细结构，观察各种不同的正常细胞形态结构，研究病变状态下损伤和变异的组织、细胞形态结构。最常用的是石蜡切片，其制备程序需经过以下几个步骤。①取材、固定：将新鲜组织切成小块，放入10%甲醛的固定液；②脱水、透明和包埋：固定后的组织块经乙醇脱水，二甲苯透明，石蜡包埋；③切片、染色：用切片机把埋有组织块的蜡块切成厚度为4～7μm的薄片，黏附于载玻片上，经脱蜡、染色，最后用中性树胶封片就可在光镜下长期反复观察。

（三）苏木精-伊红染色（HE染色）技术

染色是用染料使组织切片染色，便于镜下观察，常用染色称苏木精-伊红染色（HE染色）。含有碱性助色基团的染料称碱性染料，常用的是苏木精，含有酸性助色基团的染料是酸性染料，常用的是伊红。苏木精与细胞核亲和力强，使细胞核着色，染成蓝紫色，称嗜碱性；伊红与细胞质、细胞基质、间质内胶原纤维亲和力强，使其着色，染成粉红色，称嗜酸性。用HE染料对组织切片进行染色，使细胞核浆对比分明、色彩鲜艳、层次丰富。

（四）电子显微镜技术

电镜基本原理类似光镜，是以电子发射器代替光源，以电子束代替光线，以电磁透镜代替光学透镜，最后将放大的物象投射到荧光屏上进行观察。

二、异常人体形态学（病理学）的研究技术

（一）尸体剖检

对死亡者的遗体进行病理剖检（尸检）是病理学的基本研究方法之一。尸体剖检不仅可以直接观察疾病的病理改变，从而明确对疾病的诊断，查明死亡原因，帮助临床探讨验证诊断和治疗是否正确恰当，以总结经验，提高临床工作的质量，而且还能及时发现和确诊某些传染病、地方病、流行病等，为防治措施提供依据，同时还可通过大量尸检积累常见病、多发病以及其他疾病的人体病理材料，为研究这些疾病的病理机制和防治措施奠定基础。显然，尸检是研究疾病的极其重要的方法和手段，人体病理材料则是研究疾病的最为宝贵的材料。

（二）活体组织检查

用局部切除、钳取、穿刺针吸、搔刮、摘除等手术方法，自患者活体采取病变组织进行病理检查，以确定诊断，称为活体组织检查，简称活检。这是被广泛采用的检查诊断方法。这种方法的优点在于组织新鲜，能基本保持病变的真相，有利于进行组织学、组织化学、细胞化学及超微结构和组织培养等研究。对临床工作而言，这种检查方法有助于及时准确地对疾病做出诊断和进行疗效判断。特别是对于诸如性质不明的肿瘤等疾患，准确而及时的诊断，对治疗和预后都具有十分重要的意义。

（三）动物实验

运用动物实验的方法，可以在适宜动物身上复制某些人类疾病的模型，以便研究者对之进行各种方式的观察研究，例如可以分阶段地进行连续取材检查，以了解该疾病或某一病理过程的发生发展经过等。此外，还可利用动物实验研究某些疾病的病因、发病机制以及药物或其他因素对疾病的

疗效和影响等。这种方法的优点是可以弥补人体观察之受限和不足；但必须注意的是动物与人体之间毕竟存在差异，不能将动物实验的结果直接套用于人体。

（四）组织培养与细胞培养

将某种组织或细胞用适宜的培养基在体外加以培养，以观察组织、细胞病变的发生发展，如肿瘤的生长、细胞的癌变、病毒的复制、染色体的变异等。此外，也可以对其施加诸如射线、药物等外来因子，以观察外来因子对细胞、组织的影响等。这种方法的优点是，可以较方便地在体外观察研究各种疾病或病变过程，研究加以影响的方法，而且周期短、见效快，可以节省研究时间；但缺点是孤立的体外环境毕竟与各部分互相联系、互相影响的体内整体环境不同，故不能将研究结果与体内过程等同看待。

（五）病理学的观察方法

近年来，随着学科的发展，病理学的研究手段已远远超越了传统的经典的形态观察，采用了许多新方法、新技术，从而使研究工作得到了进一步的深化，但形态学方法仍不失为基本的研究方法。现将常用的方法简述如下：

1. 大体观察 主要运用肉眼或辅以放大镜、量尺、各种衡器等辅助工具，对检材及其病变性状（大小、形态、色泽、重量、表面及切面状态、病灶特征及坚度等）进行细致的观察和检测。这种方法简便易行，有经验的病理及临床工作者往往能借大体观察而确定或大致确定诊断或病变性质（如肿瘤的良恶性等）。

2. 组织学观察 将病变组织制成厚约数微米的切片，经不同方法染色后用显微镜观察其细微病变，从而千百倍地提高了观察的分辨能力，加深了对疾病和病变的认识，是最常用的观察、研究疾病的手段之一。同时，由于各种疾病和病变往往本身具有一定程度的组织形态特征，故常可借助组织学观察来诊断疾病，如上述的活检。

3. 细胞学观察 运用采集器采集病变部位脱落的细胞，或用空针穿刺吸取病变部位的组织、细胞，或由体腔积液中分离所含病变细胞，制成细胞学涂片，做显微镜检查，了解其病变特征。此法常用于某些肿瘤（如肺癌、子宫颈癌、乳腺癌等）和其他疾病的早期诊断。但限于取材的局限性和准确性，使诊断受到一定限制。

4. 超微结构观察 运用透射及扫描电子显微镜对组织、细胞及一些病原因子的内部和表面超微结构进行更细微的观察（电子显微镜较光学显微镜的分辨能力高千倍以上），即从亚细胞（细胞器）或大分子水平上认识和了解细胞的病变。这是迄今最细致的形态学观察方法。在超微结构水平上，还常能将形态结构的改变与机能代谢的变化联系起来，大大有利于加深对疾病和病变的认识。

5. 组织化学和细胞化学观察 通过运用具有某种特异性的、能反映组织和细胞成分化学特性的组织化学和细胞化学方法，可以了解组织、细胞内各种蛋白质、酶类、核酸、糖原等等化学成分的状况，从而加深对形态结构改变的认识。这种方法不仅可以揭示普通形态学方法所不能观察到的组织、细胞的化学成分的变化，而且往往在尚未出现形态结构改变之前，就能查出其化学成分的变化。此外，随着免疫学技术的进步，还可运用免疫组织化学和免疫细胞化学的方法，了解组织、细胞的免疫学性状，对于病理学研究和诊断都有很大帮助。

除上述常用方法外，近数十年来陆续建立的还有放射自显影技术、显微分光技术、形态测量（图像分析）技术、分析电镜技术、流式细胞仪（FCM）技术、多聚酶链反应（PCR）技术以及分子原位杂交技术等一系列分子生物学技术，从而使常规的病理形态学观察，发展到将形态结构改变与组织、细胞的化学变化结合起来进行研究，而且将历来的定性研究发展到对病理改变进行形态和化学成分的定量研究，从而获得了大量的更多更新的新信息，加深了疾病研究的深度。

（仇 容）

第三节 实验室守则

（1）实验课前必须认真预习，明确本次实验的内容、目的和要求。

（2）进入实验室应身着白色工作衣，必须保持安静，不准高声谈笑，不准吸烟，不准随地吐痰，不准穿拖鞋进场。

（3）每次实验前应检查所用的标本、模型、切片和显微镜等实验器具是否完好，如有损坏或遗失，应立即报告老师，以便查明原因，登记并补充。实验完毕，应在实验记录本上如实填写实验器具使用情况以备案。

（4）实验中应听从指导教师指导，提倡独立思考、科学操作、细致观察、如实记录，自觉培养严谨、求实的科学作风。实验中要自觉爱护实验器具，严格遵守实验室规章制度与操作规程，不动与本实验无关的实验器具，不进入与实验无关的场所。

（5）实验时，必须按本教程的相关内容进行观察，按时完成作业，如有疑问可与邻近同学轻声讨论或请指导教师解答，不得在实验室内随意走动或大声喧哗。

（6）实验结束后，整理好实验器具；值日生负责搞好室内卫生，关好水电、门窗后，方可离开实验室。

（7）实验室内的各类实验器具未经指导教师许可，不准带出实验室。

（8）对违反实验室规章制度和操作规程，造成实验器具损坏者，必须书面说明，并报告指导教师和实验室负责人，酌情处理或赔偿。

（仇 容）

第四节 光学显微镜的构造、使用及注意事项

一、光学显微镜的一般构造

普通光学显微镜分机械和光学两部分（见图 1-1）。机械部分包括镜筒、镜臂、物镜转换器、载物台、粗细调节旋钮、片夹、片夹位移器等。光学部分包括目镜、物镜、聚光器、光源等。

1. 镜座 为显微镜的最下部，起支撑作用。

2. 镜臂 在显微镜中部，为显微镜的握持部位。镜臂下端有电源开关和亮度调节旋钮。打开电源开关后，可通过亮度调节旋钮调节光源强弱，以选择合适亮度。

3. 目镜 两个，位于镜筒顶端，两目镜之间的距离可自行调节。

4. 物镜转换器 位于镜筒下方，装有四个物镜，可转动选择所需物镜。

5. 物镜 固定于物镜转换器上，分为低倍镜、高倍镜和油镜，其上均刻有放大倍数，分别为4×、10×、40×、100×。

（1）低倍镜：有两种，4 倍镜可放大 4 倍，镜头最短，有红线标记；10 倍镜可放大 10 倍，镜头较长，镜面较小，有黄线标记。

（2）高倍镜：40 倍镜可放大 40 倍，镜头较长，镜面较小，有蓝线标记。

（3）油镜：100 倍镜可放大 100 别，镜头最长，镜面最小，有白线标记；使用时在镜头和玻片之间要加香柏油，以提高分辨率。

6. 粗、微调旋钮 粗调旋钮位于镜座后部两侧，转轮较大；微调旋钮位于粗调旋钮中间，转轮较小。两者可升降载物台以调节焦距。

7. 载物台 为放置玻片的平台，中央有一圆孔，光线可通过。载物台上装有片夹和玻片移动器可固定玻片，载物台下方有片夹位移器可调节玻片向前、后、左、右移动。

8. 聚光器和光圈 聚光器位于载物台下方，由多块透镜组成，用以聚集光线。聚光器后方左

侧有升降旋钮，用以升降聚光器。上升时视野亮度增强，下降时视野亮度减弱。光圈位于聚光器下方，可任意缩小和放大，以调节光量。

9. **光源** 为取光装置，是位于镜座中间的圆柱形结构，内装灯泡，灯泡上可放置各种滤色镜片。

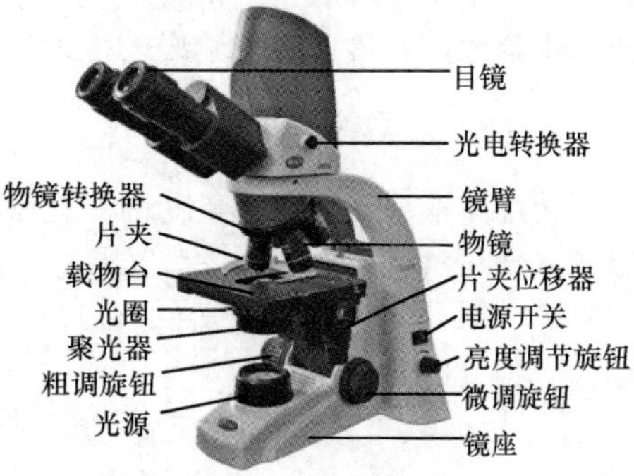

图 1-1 双筒显微镜

二、光学显微镜的使用方法

（一）取镜

取镜时，右手握住镜臂，左手托住底座，镜臂朝向自己，将显微镜放在实验台靠近座位前方或左前方距桌边约 5 cm 处，便于观察。

（二）检查显微镜

检查各部件是否完好，若有缺损立即报告老师。

（三）对光

打开电源开关，调节物镜转换器将低倍镜（4×）转至与镜筒、目镜在一条线上，此时可听到“咔”的一声轻响。转动亮度调节旋钮调节光源强度，双眼对准目镜，打开聚光器底部光圈，调节聚光器，使视野的亮度适宜，双眼通过目镜观察，调节目镜间距，直到双眼看到一个共同视野为准。

（四）置片

取出切片，认清标本的名称和片号，肉眼观察标本的颜色、大小和轮廓；转动粗调旋钮下降载物台，打开片夹，将切片平置载物台上（盖玻片必须朝上），调节玻片移动器，使切片中有组织的部分移到载物台圆孔中央。

（五）低倍镜观察

（1）在双眼注视下旋转粗调旋钮使载物台慢慢上升至物镜与切片相距约 3mm。
（2）双眼注视目镜，并旋转粗调旋钮至看到模糊物像。
（3）旋转细调旋钮至物像清晰。

注意：低倍镜视野大而清晰，可以看清较多的结构，因此在观察和寻找组织器官时，尽量使用低倍镜。低倍镜（10×）观察方法同低倍镜（4×）。

（六）高倍镜观察

（1）将要观察的结构移至视野中央。
（2）转动物镜转换器，换成高倍镜（40×）观察。
（3）边观察边旋转细调旋钮至物像清晰。

（七）油镜观察

（1）将油镜（100×）镜头和玻片用 1∶1 乙醚纯酒精或二甲苯拭净。
（2）将高倍镜（40×）观察到的结构移至视野中央。
（3）移开高倍镜，加一滴镜油（香柏油）于切片上，转换成油镜。
（4）在双眼注视下旋转粗调旋钮使载物台慢慢上升至油镜头与玻片上的镜油相接触。
（5）双眼注视目镜，并旋转细调旋钮至物像清晰（使用油镜时，光线须强）。

（6）使用完毕后，用擦镜纸擦去油镜头上的镜油，再用另一擦镜纸滴上少量1∶1乙醚纯酒精或二甲苯擦拭，最后换一干净的擦镜纸擦净油镜头；并用同样的方法擦净玻片。

（八）显微镜的存放

使用完毕后，先旋转亮度调节旋钮将光线调到最弱，再关闭电源；将载物台下降，取下玻片按号放入玻片盒内；将物镜镜头叉开，不使任何物镜与载物台的圆孔直线相对，然后上升载物台，关闭光圈，把玻片移动器还原至载物台左侧平行，最后放回原处。

三、光学显微镜的使用注意事项

（1）必须用双手携取和送还显微镜，即用右手握住镜臂，左手托住镜座，以免倾斜摔出镜头。

（2）保持显微镜洁净：机械部分可用绸绢擦净；目镜和物镜用擦镜纸擦拭，严禁用口吹或手指、普通纸擦抹，以免磨损镜头；擦拭不净时可蘸1∶1乙醚纯酒精或二甲苯将污物拭去。

（3）严禁拆卸、调换目镜或物镜，手指切勿触碰镜头；使用粗、微调旋钮或片夹位移器时勿用力过猛，以免齿轮受损。

（4）出现视野较暗或全黑，其原因可能是：①物镜光轴未对准镜筒中心，因而转换物镜必须听到“嗒”的扣碰声或感到一定阻力方可；②光圈未打开；③亮度调节旋钮未调好。

（5）观察切片的顺序为：肉眼观察——低倍镜观察——高倍镜观察，一般不用油镜；有盖玻片的一面必须向上。

（6）用低倍镜观察清楚，而转用高倍镜后物像模糊，无法调节清晰，可转回低倍镜重新调节；若始终无法调节清晰，其原因可能为：①高倍镜受污染，可用擦镜纸滴上少量1∶1乙醚纯酒精或二甲苯擦拭；②切片反置，即有盖玻片的一面向下，应将有盖玻片的一面翻向上方；③切片移位。

（仇 容）

第五节 实验方法

一、大体标本的观察方法

首先确定该标本是什么脏器（或组织），然后对整个脏器进行观察，具体有以下几方面：

1. 大小、重量 脏器大小可用长（脏器的最长径，cm）×宽（与长轴垂直的最宽径，cm）×高（cm）表示，重量可用（g）表示。对实质脏器（如肝、脾、肾、脑）要注意其体积是否肿大或缩小；对有腔脏器（如心、胃、肠）要注意其内腔是否扩大或缩小，腔壁是否增厚或变薄，腔内有何内容物。

2. 形状 观察该器官外形有无变化。

3. 颜色 组织充血或出血则呈暗红色或褐色（福尔马林固定后血液变黑色），脂肪组织或组织脂肪变性则呈黄色，肝胆汁淤积呈黄绿色。注意实验标本用福尔马林固定后，其颜色已改变，与新鲜标本不同。

4. 质地 变硬或变软，质脆或坚韧、致密或疏松。

5. 表面 光滑或粗糙，湿润或干燥，有无结节隆起，结节大小如何，有无出血、坏死。

6. 切面 注意器官的固有结构有无改变，如肺的微细海绵状结构，心室的肌纹理结构，脑的灰质、白质等有何变化。肝的切面汇管区有无改变。脏器是否有肿胀，组织纹理是否清楚，光泽度是否有变化等。是否有占位性病变，如有病变要对病灶进行详细观察和描述。

7. 病灶的观察和描述 病灶分为实性和空腔性（如脓肿、囊肿），观察的项目包括：大小、形状、色泽、质地等。大小除用长×宽×高（cm）表示，也可用实物来比喻（如粟粒大、芝麻大、绿豆大、黄豆大、鸡蛋大等)。形状可以用圆形、椭圆形、三角形、不规则形、楔形或用实物比喻如乳头状、息肉状、蕈状、菜花状、结节状等表示，同时应确定病灶的①位置：病灶位于脏器的哪一部位；②数目及分布：病灶单个还是多个，如多个则分布是密集还是散在，均匀还是不规则；③病灶与周围组织的关系：两者界限清楚或模糊，有否压迫或破坏周围组织、阻塞管腔的现象。

二、组织切片的观察方法

（1）用肉眼观察切片的外形，是否有特殊病灶。

（2）用低倍镜全面观察切片的全貌，辨认出它是什么脏器或组织，各部分结构情况，是否有异常的病灶或细胞出现，找到需要重点观察的部位，进行详细深入的观察。

（3）根据需要，用高倍镜观察组织或细胞的微细改变，注意细胞核、细胞浆、细胞外形的变化。

（4）用红蓝铅笔在实验报告上绘图，并注文字说明，作为实验记录并供复习参考。

（5）对切片的病变进行描述，写出诊断。

附：正常器官大小及重量参考值（表 1-1～表 1-3）

表 1-1 成人器官的重量（克）和大小（厘米）

脑重	年龄（岁）	男	女
	20～29	1415	1267
	30～39	1417	1257
	40～49	1410	1253
	50～59	1392	1263
	60 以上	1354	1228
	平均	1405	1263
	欧美人	1400	1275
心重	年龄（岁）	男	女
	20～29	278	249
	30～39	286	261
	40～49	295	268
	50～59	293	273
	60 以上	300	294
	平均	285	262
	欧美人	300	250
心壁厚（厘米）	左心室	0.9	
	右心室	0.4～0.5	
瓣孔周长（厘米）	二尖瓣	8～10	
	主动脉瓣	6～7	
	肺动脉瓣	7～9	
	三尖瓣	10～12	
肝重	年龄（岁）	男	女
	20～29	1376	1270
	30～39	1348	1298
	40～49	1339	1252
	50～59	1269	1165

续表

脑重	年龄（岁）	男	女
	60以上	1168	1075
	总平均	1320	1242
	欧美人男女均值	（1500～1800）	

脾重	年龄（岁）	男	女
	20～29	180	160
	30～39	180	153
	40～49	165	150
	50～59	152	115
	60以上	138	100
	总平均	166	147
	欧美人男女均值	150	

肾重（双侧）	年龄（岁）	男	女
	20～29	291	267
	30～39	297	271
	40～49	291	265
	50～59	287	259
	60以上	265	230
	总平均	287	265
	欧美人	313	288

肺（双侧）	中国人	1120	943
	欧美人	857	746
胰	中国人	105	94
	欧美人男女均值	110	
肾上腺（双侧）	中国人	14.7	14.3
	欧美人男女均值	9.7	
甲状腺重		40	
双卵巢（妊娠后）重		14	
子宫（妊娠后）重		110	
子宫（未妊娠）重		35	
胎盘重		平均500	
前列腺重	21～25岁		平均重15
	51～60岁		平均重20
	71～80岁		平均重40
睾丸重（单）		平均25	
胸腺重	6～25岁		25
	26～35岁		20
	36～65岁		16
	65岁以上		6
食管		25	
胃（胃底至大弯下端）		25～30	
十二指肠		30	
小肠		550～650	
结肠		150～170	

表 1-2 新生儿（一周内）各器官平均重量（克）

	我国	美	英
心	20	17～19	29.6
肝	112	78～123	118
脾	10	8～10	11.1
胰	4		
肾（双）	26.5	27～30	23.6
脑	337	335～382	380
肺	62		
肾上腺	7.9		

表 1-3 各年龄段器官重量（克）

年龄	心	肝	脑	脾	肾（双）	肺（双）	胰	肾上腺（双）
7～29 天	21	118	391	11	28	75	4	6
1～2 月	25	138	462	17	34	84	6	6
3～5 月	32	172	590	21	45	118	8	5
6～9 月	38	257	748	26	55	146	11	5
1 岁	48	319	930	34	69	192	16	5
1～2 岁	52	346	977	36	74	197	19	5
3～7 岁	78	513	1178	54	101	287	31	6.6
8～12 岁	128	755	1301	81	156	483	52	9
13～18 岁	209	1129	1318	119	233	762	78	12.4

（刘丹丹）

第六节 形态学绘图的基本要求

一、用 具

红蓝铅笔、普通 HB 铅笔、橡皮、直尺等。

二、要 求

1. **科学性** 所绘结构和文字说明应概念清楚，正确无误。
2. **真实性** 应反映镜下所见真实微细结构，颜色应与其相应。
3. **特征性** 应突出所观察的细胞、组织或器官的形态结构特征。
4. **艺术性** 图面设计、大小比例、颜色深浅、线条粗细等应合理美观。

三、方 法

1. **选择结构** 用低倍镜或高倍镜全面观察后，选择能反映该细胞、组织或器官构造特点的典型结构。

2. 确定画面 在镜下定格所选的典型结构，确定画面的大小和位置。

3. 绘图 构思大小适当的画面，按结构大小比例和形状绘制。

4. 标注 绘图完成后，用普通 HB 铅笔将各种结构引出标线，注明其表示内容。标线应平行整齐，注字应规范工整，图下方应注明图名、材料名称、染色方法、放大倍数和绘图日期等。

（刘丹丹）

第二章

基础性实验

第一节 人体基本组织

实验一 上皮组织

【实验目的】

（1）掌握上皮组织的一般形态结构特点。

（2）掌握各种被覆上皮的形态结构特点。

（3）了解腺上皮的结构特点。

【实验材料】

（1）膀胱壁切片。

（2）下颌下腺切片。

（3）蛙肠系膜切片。

（4）中等动静脉切片。

（5）甲状腺切片。

（6）气管切片。

（7）食管横切片。

（8）小肠切片。

【实验内容】

1. 变移上皮（膀胱壁切片，HE 染色）

肉眼观察 切片组织为长条形，空虚时的膀胱黏膜形成许多不规则的皱襞，覆盖在皱襞表面的上皮为变移上皮。

低倍观察 膀胱上皮不平整，细胞层数较多，表层细胞体积较大。在空虚状态下，细胞核排列成 5～6 层，而在充盈状态下，上皮细胞厚度变薄，细胞层数也只有 2～3 层。

高倍观察 自基底面到游离面分辨变移上皮三层细胞的形态。在空虚状态下，基底层细胞位于基膜上的一层细胞，胞体较小，呈立方形或矮柱状，胞核圆形，位于细胞中央。中间层数层细胞为不规则的多边形细胞，细胞稍大，胞核圆形，位于细胞中央。表层细胞是一层位于上皮最表面的细胞，胞体较大，呈倒置梨形，胞质表面深染，即盖细胞，有时可见一个细胞内有两个细胞核。盖细胞游离面的胞质颜色深红，有防止尿液侵蚀的作用。在充盈状态下，各层细胞变扁。

2. 腺上皮（下颌下腺切片，HE 染色）

低倍观察 可见红色的浆液性腺泡和紫蓝色的黏液性腺泡。

高倍观察 浆液性腺泡细胞呈锥体形，核圆形，位于细胞基底部，胞质染成红色；黏液性腺泡也呈锥体形，核扁，位于细胞基底部，靠近核膜，胞质染成蓝紫色，呈泡沫状。

3. 蛙肠系膜铺（单层扁平上皮，硝酸银染色）

肉眼观察 在膜状铺片上着色不均，肠系膜为着色浅的部分，其中的血管呈深棕色粗细不等、纵横交叉的纹理。

低倍观察 选择标本透亮的部分，可见黄色背景上显现出黑色网格。每个小的网格就是一个单层扁平上皮细胞的表面形态。而黑色网格即为细胞间的分界线，呈现黑色是因为银盐沉淀在上面的结果。

高倍观察 可见细胞排列紧密，外形呈不规则的、大小相近的多边形，细胞界限呈棕黑色波浪状或锯齿状的条纹，互相嵌合。细胞核扁圆形，位于细胞中央。若稍稍转动微调旋钮还可看到与此相同的另一层细胞，这是因为蛙肠系膜的两面都被覆有一层单层扁平上皮。

4. 中等动静脉切片（单层扁平上皮，HE 染色）

肉眼观察 呈现淡红薄膜状，在玻片上可以看到数个为圆形或者椭圆形的管腔横截面，为中等动脉和中等静脉。

低倍观察 将中等动脉置于视野中央，观察到中等动脉整体呈圆形，管径较小，管腔内表面有一层扁平上皮的细胞核。管壁中平滑肌相对比较丰富。而中等静脉管腔相对比较大，为椭圆形和不规则形，管腔平滑肌比较少。

高倍观察 中等动脉在高倍镜下，可以看到三层。其中内膜位于管壁的最内层，是三层膜中最薄的一层，由内皮，内皮下层和内弹性膜构成。其中，内弹性膜呈深红色，为波浪状。中等静脉一般管径为 2～10mm，内膜很薄，无内弹性膜，只含有少量的平滑肌。

单层立方上皮

5. 甲状腺切片（单层立方上皮，HE 染色）

肉眼观察 粉红色的大片组织是甲状腺，着紫色的小块椭圆形组织是甲状旁腺。

低倍观察 甲状腺实质部分有许多大小不等、呈圆形或多边形的滤泡断面，滤泡壁由一层上皮细胞组成，中央有粉红色的胶状物。

高倍观察 选择一个滤泡进行观察，滤泡周围的基膜不明显。滤泡上皮细胞为立方形，细胞界限不是很清楚，细胞核呈圆形，位于细胞中央，着色较深，可见核仁。

6. 气管横切片（假复层纤毛柱状上皮，HE 染色）

假复层纤毛柱状上皮

肉眼观察 气管横切面呈环形，靠近管腔面染成紫蓝色的部分是气管的上皮。

低倍观察 气管的上皮细胞排列紧密，各类细胞的细胞核高低不一，不在同一平面上。选一段结构清晰的上皮，移至视野中央，换高倍镜观察。

高倍观察 假复层纤毛柱状上皮中的柱状细胞、梭形细胞和锥形细胞的界限不清晰，以柱状细胞最多，细胞质染成粉红色。上皮的基膜较厚，染成粉红色。在柱状细胞之间，呈空泡状或染成深蓝色的细胞是杯状细胞。在柱状细胞的游离面，有排列整齐的丝状结构是纤毛。

7. 食管横切片（未角化复层扁平上皮，HE 染色）

肉眼观察 食管横切面呈环形，靠近管腔面染成紫蓝色的部分是食管的上皮。

低倍观察 上皮为多层细胞，细胞排列紧密。细胞质染成粉红色，细胞核染成蓝色，染色逐渐变深。上皮的基底面与结缔组织之间，呈凹凸不平的连接。选择上皮比较完整，细胞界限比较清晰的部分，换高倍镜观察。

高倍观察 表层细胞呈扁平形，细胞核为扁圆形；中层细胞呈多边形，细胞核为圆形，细胞界限清晰。基底层细胞呈立方形或矮柱状，细胞分界不明显，细胞核为椭圆形，染色较深。

8. 小肠切片（单层柱状上皮，HE 染色）

单层柱状上皮

肉眼观察 表面高低不平的一侧是小肠皱襞，表面为黏膜层，其表面呈紫蓝色的部分为上皮。

低倍观察 小肠腔面高低不平的突起为黏膜皱襞，在皱襞表面有许多突起为小肠绒毛，其表面是单层柱状上皮，杯状细胞散在于柱状细胞之间。

高倍观察 小肠上皮细胞的游离面可见纹状缘。上皮细胞呈柱状，细胞分界不明显，排列紧密。细胞核呈椭圆形，靠近细胞基底面，核的长轴与细胞的长轴一致。胞质为红色。上皮细胞靠近腔面一侧为游离面，与基底膜相连一侧为基底面。另外，在柱状细胞之间存在一些杯状细胞，其上端膨大，下端狭窄，呈高脚酒杯状。胞核较小，呈三角形，靠近细胞基底部。

数字化资源：

图谱　　　案例分析　　　知识拓展

【思考题】

（1）盖细胞是否与基膜相连？

（2）杯状细胞为何呈空泡状？

（3）在光镜下如何寻找上皮组织并区别是何种上皮？

（徐麟皓）

实验二　结缔组织

【实验目的】

（1）了解结缔组织的特点和分类。

（2）掌握疏松结缔组织的基本组成和结构特点。

（3）了解软骨组织、骨密质的结构和特点。

（4）掌握各种血细胞和血小板的结构特点。

【实验材料】

（1）腱切片。

（2）头皮切片。

（3）淋巴结切片。

（4）耳廓切片。

（5）淋巴结切片。

（6）骨磨片。

（7）气管横切片。

（8）小肠切片。

（9）皮下疏松结缔组织铺片。

（10）血涂片。

【实验内容】

1. 腱切片（致密结缔组织，HE 染色）

肉眼观察　切片组织为一长方形。

低倍观察　肌腱由规则的致密结缔组织构成，胶原纤维束呈粉红色密集平行排列，其间可见有成行平行排列的成纤维细胞，即腱细胞。

高倍观察　腱细胞略呈长方形，界限不清，核椭圆形，位于细胞中央，着色较深。细胞外有大量的胶原纤维，排列紧密。

2. 头皮切片（脂肪组织，HE 染色）

肉眼观察　表面紫蓝色的部位为表皮，其深面浅红色的部位为真皮，深部结构疏松部分为皮下组织。

低倍观察 脂肪组织被疏松结缔组织分隔成许多小叶，小叶内有成团的脂肪细胞，染色较淡，呈空泡状。

高倍观察 脂肪细胞呈圆形或多边形空泡状，边缘染成淡红色的是胞质，中央空白区为脂滴（脂滴在制片过程中被二甲苯溶解，故呈空泡状）。胞核被脂滴挤向一侧边缘，呈新月形，染成紫蓝色，大部分细胞未切到核。

3. 淋巴结切片（网状纤维，硝酸银染色）

肉眼观察 淋巴结呈椭圆形，周边染色较深，中央染色较淡，在该处观察网状组织。

低倍观察 观察淋巴结中央髓质区域，在此区域中，可以观察到由细胞核密集构成的髓索，而髓索之间的浅染区域中有许多呈深褐色的为网状纤维，互相交织成网。

高倍观察 网状纤维的网眼内有网状细胞核。

4. 耳廓切片（弹性软骨，HE 染色）

肉眼观察 中央紫蓝色部分为弹性软骨，周边色浅部分为皮肤。

低倍观察 软骨表面有薄层软骨膜，软骨间质中染成紫蓝色的是弹性纤维，相互交织成网，在软骨中部，纤维更加密集。

高倍观察 软骨细胞位于软骨陷窝内，形态不规则，染成粉红色。

5. 骨磨片（骨密质，硫堇-苦味酸染色）

肉眼观察 切片组织近似梯形，较宽的一边为骨的外表面，较窄的一边为骨髓腔面。

低倍观察

（1）骨外膜：位于骨干的外表面，有致密结缔组织所构成。

（2）外环骨板：位于骨的外表面，是环绕骨干排列的多层骨板；骨板间有骨陷窝，染成棕黄色；有时可见与骨表面垂直走行的穿通管，它与纵行走形的中央管相连。

（3）内环骨板：位于骨干的内层，层次少，不太规则，有时也可见穿通管。

（4）骨单位：位于内、外环骨板之间，多层骨板呈同心圆排列，骨板上有骨陷窝；骨单位中央染成棕黄色的管腔称中央管。

（5）间骨板：为骨单位之间排列不规则的骨板。

（6）骨内膜：存在于骨小梁和内环骨板的表面，有薄层的致密结缔组织所构成。

高倍观察

（1）骨陷窝：为骨细胞所在的空间，位于骨板上和骨板间，呈椭圆形，被染成棕黄色。

（2）骨小管：是与骨陷窝相连的小管，为骨细胞突起所在的空间，被染成棕黄色。

6. 气管横切片（透明软骨，HE 染色）

肉眼观察 管壁中部染成紫蓝色的片状结构是透明软骨。

低倍观察 染成紫蓝色的是软骨组织的基质，其中散在的深色小点为软骨细胞；软骨细胞的周围有透亮区（软骨陷窝），这是制片过程中软骨细胞和软骨基质收缩所致。软骨组织周围呈淡红色的部分是软骨膜，由致密结缔组织构成，与周围的结缔组织无明显分界。

高倍观察 软骨细胞的大小不等，常 2～4 个成群存在，互相挤压成半圆形，称为同源细胞群。在软骨的边缘部，软骨细胞比较小，呈扁椭圆形；靠近软骨的中央部，软骨细胞比较大，呈椭圆形或圆形。

疏松结缔组织

7. 小肠切片（疏松结缔组织，HE 染色）

肉眼观察 管壁分为四层，小肠管壁中黏膜下层染色浅，由疏松结缔组织构成。

低倍观察 疏松结缔组织中纤维排列疏松，为粉红色，被切成各种断面。基质多未着色，内有血管和神经丛，细胞数量少，仅见染成蓝色的胞核。

高倍观察

（1）胶原纤维：粗细不均，方向不同，染成粉红色，呈带状、块状或点状断面。

（2）弹性纤维：呈细丝状或点状结构，具有折光性；调节微调旋钮，可见组织中有亮红色点状或细丝状的弹性纤维。

（3）成纤维细胞：镜下所见紫蓝色椭圆形胞核，主要为成纤维细胞核，由于胞质着色与纤维相近，故细胞轮廓不清；其他细胞较少，不易识别。

8. 皮下疏松结缔组织铺片（疏松结缔组织，台盼蓝活体注射，HE 染色）

肉眼观察 组织染成淡紫红色，选择较薄的部位进行低倍观察。

低倍观察 在视野内的纤维交织成网，细胞分散在纤维之间。胶原纤维呈淡红色，粗细不等，有的弯曲呈波纹状；弹性纤维呈暗红色，较细而直；纤维之间散在许多结缔组织细胞。选择细胞和纤维分布均匀、结构清晰的部位，移至视野中央，换高倍镜观察。

高倍观察 成纤维细胞多呈星形或梭形，细胞质染成极浅的淡红色，所以细胞的轮廓不甚清楚；细胞核呈椭圆形，染成紫蓝色。成纤维细胞的数量较多。巨噬细胞的外形不规则，细胞质中含有吞噬的台盼蓝颗粒（颗粒呈蓝色），细胞核较成纤维细胞的胞核略小，呈圆形，染成深紫蓝色。

9. 血涂片（血细胞，瑞氏染色）

肉眼观察 呈紫红色片状，选择涂片薄和染色浅的部位进行观察。

低倍观察 在视野中，大量灰色小点是红细胞，散在、有紫蓝色小点是白细胞，在涂片边缘较多。注意两者在数量上的差别。

血涂片

高倍观察 进一步观察红细胞和各类白细胞。

（1）红细胞：呈双凹圆盘状，无细胞核，染成淡红色，中央部染色较浅，边缘部染色较深。

（2）白细胞：根据细胞大小、胞质以及胞质内特殊颗粒染色的特征以及细胞核形态及分叶特征，来区分五种不同类型的白细胞。

1）中性粒细胞：数量较多，比红细胞略大，直径约为 10～12μm。细胞呈圆形，细胞质内含有细小、分布均匀的淡紫红色颗粒；细胞核呈杆状或分 2～5 叶，核叶之间有细丝相连。

2）嗜酸粒细胞：数量少，不易找到，直径约为 12～16μm。细胞圆形，细胞质内含有粗大，分布均匀的橘红色颗粒；细胞核染成紫蓝色，多分成两叶（“八”字核）。

3）嗜碱粒细胞：数量极少，很难找到。细胞大小与中性粒细胞相近。细胞圆形，细胞质内含有大小不一、分布不均的紫蓝色颗粒；细胞核呈 S 形或不规则形，染色浅淡，常被嗜碱性颗粒遮盖而观察不清。

4）淋巴细胞：细胞质相少，染成天蓝色，细胞核呈圆形或卵圆形，染成深蓝色。

5）单核细胞：体积最大，直径为 14～20μm。细胞质较多，染成浅灰蓝色，细胞核呈肾形或蹄铁形，常位于细胞的一侧。细胞核染成蓝色，但比淋巴细胞的细胞核染色浅淡。

（3）血小板：体积比较小（为红细胞直径的 1/4～1/3），形态多样，与凝血功能有关。在切片中呈不规则的紫蓝色小体，常成群存在，分布在细胞之间。

数字化资源：

图谱　　案例分析　　知识拓展

【思考题】

（1）穿通管的作用是什么？

（2）在透明软骨的细胞间质中为何看不见纤维？

（3）为何在血涂片的边缘白细胞较多？

（4）中性粒细胞核分叶多少说明什么？

（5）光镜下如何区分中性粒细胞和嗜酸粒细胞？

（徐麟皓）

实验三 肌 肉 组 织

【实验目的】

（1）了解肌组织的一般结构特点。

（2）掌握骨骼肌、心肌、平滑肌在不同切面的形态结构。

【实验材料】

（1）平滑肌切片。

（2）骨骼肌切片。

（3）心肌切片。

【实验内容】

1. 平滑肌（小肠切片，HE染色）

肉眼观察 切片中染色最红的部分，为平滑肌。

低倍观察 在染色最红的部位可见平滑肌的纵切面和横切面，在两层平滑肌之间，有少量疏松结缔组织。平滑肌纤维的纵切面呈长梭形，横切面呈大小不等的点状。

高倍观察 纵切面上肌纤维呈梭状，染成红色，细胞核呈杆状，染成紫蓝色，位于肌纤维的中央。横切面上肌纤维呈大小不同的圆形结构，有的肌纤维可见圆形的核，有的则未切到核。

骨骼肌（镜下）

2. 骨骼肌（骨骼肌纵切片，HE染色）

肉眼观察 切片中染成红色的长方形结构为骨骼肌的纵切面。

低倍观察 骨骼肌纤维呈细长的圆柱状，有明暗相间的横纹。胞核呈扁椭圆形，染成紫蓝色，位于肌膜的深面，数量较多。肌纤维之间有少量结缔组织。选择轮廓清晰的肌纤维，移至视野中央，换高倍镜观察。

高倍观察 肌纤维内有许多纵行的线条状结构，即肌原纤维。下降聚光器，使光线变暗，继续观察肌原纤维及其明、暗带，观察肌纤维胞核的位置和形态。

〖绘图〗

在高倍镜下绘制骨骼肌纤维纵切面，并注明肌膜、细胞核及横纹。

3. 心肌（心室壁切片，HE染色）

肉眼观察 切片组织的肥厚部分为心室壁，主要由心肌组成。

低倍观察 可见心肌纤维的不同切面，纵切面呈带状，具有分支，横切面呈不规则的圆形。在肌纤维之间，有少量疏松结缔组织和小血管。选择典型的纵切面，移至视野中央，换高倍镜观察。

心肌（镜下）

高倍观察 心肌纤维的分支彼此吻合成网。核圆形，位于肌纤维的中央。在肌纤维中，垂直于纤维纵轴染色较深的细线为闰盘。在适当下降聚光器和缩小光圈后再观察，可见肌纤维内有横纹，但不如骨骼肌明显。

〖绘图〗

在高倍镜下绘制心肌纤维纵切面，并注明肌膜、胞核、横纹及闰盘。

【思考题】

（1）光镜下骨骼肌和心肌的区别有哪些？

（2）说出下列结构在肌组织内的分布部位：肌外膜、肌束膜、肌内膜、肌膜。

数字化资源：

图谱　　案例分析　　知识拓展

（季　华）

实验四　神经组织

【实验目的】

（1）掌握神经元胞体和突起的形态结构，神经纤维和神经的组成和构造，神经胶质细胞的形态结构和功能。

（2）熟悉触觉小体、环层小体和运动终板等神经末梢的结构特点。

（3）了解不同染色方法所显示神经组织的不同组分和形态，突触和髓鞘等的电镜结构。

【实验材料】

石蜡切片标本

（1）脊髓横切片（多极神经元，HE 染色）。

（2）神经纵横切片（有髓神经纤维，HE 染色）。

（3）脊神经节切片（假单极神经元，HE 染色）。

（4）手指皮肤切片（触觉小体，环层小体，HE 染色）。

（5）肋间肌压片（运动终板，肌梭，氯化金染色）。

【实验内容】

一、观 察 切 片

1. 脊髓横切片（多极神经元，HE 染色）

（1）肉眼观察：脊髓的横切面为椭圆形，其中央着色较深的蝶形区域称灰质，周围着色较浅的部分称白质。灰质较宽的两侧突起为脊髓前角，相对应较窄的两侧突起为脊髓后角。

（2）低倍观察：选脊髓前角观察，可见许多散在且大小不等的多极神经元，由于神经元的细胞突起在离胞体不远处被切断，细胞呈不规则形。胞体周围主要是神经元突起和神经胶质细胞突起交织成网的结构以及核小深染的神经胶质细胞（neuroglia）。

（3）高倍观察：在脊髓前角选取典型的含细胞核的神经元胞体观察：细胞体大，呈多角形，胞质着浅红色；细胞核大而圆，核边界清晰，核内染色质细疏而浅淡，内含深染圆形的核仁；尼氏体（Nissel body）散布在胞体的细胞质中，呈嗜碱性蓝紫色斑块或颗粒状；有些细胞可见有数个突起，有些只见一两个突起，注意大部分突起内也见有尼氏体，这些突起为树突（dendrite）；轴突（axon）只有一个（一般不易切到），较细长，粗细均匀，呈粉红色，不含尼氏体；轴突根部相连的胞质内形成一染色浅的圆锥形区域，即轴丘（axon hillock）。另外，也可见未切到胞核的神经元胞体部分。

脊髓横切片

神经元胞体以外是神经元突起和胶质细胞突起交织成的嗜酸性的网状结构，其间散在着神经胶质细胞。神经胶质细胞的特点是细胞明显小于神经元，胞体小，胞质少；胞核明显，染色深。HE 染色标本中不易区分各种神经胶质细胞。

〖绘图〗

在高倍镜下绘制一个多极神经元，并注明胞体、尼氏体、细胞核、树突、轴突。

有髓神经纤维

2. 神经纵横切片（有髓神经纤维，HE 染色）

（1）肉眼观察：标本有两个切面，长条状为神经的纵切面，圆形为神经的横切面。

（2）低倍观察：纵切面观察：有许多有髓神经纤维平行排列，染成粉红色较深的细带状结构为轴突，轴突两侧染色很浅的部分为髓鞘（myelin sheath）。在神经纤维之间、神经束之间以及整个神经的外表面都有结缔组织和血管。横切面观察：整个神经外周包有疏松结缔组织，称神经外膜；神经由若干个圆形、大小不等的神经束组成，这些神经束的表面又有染色深、界限清楚的神经束膜包绕；神经束膜可分两层：外层有少量的疏松结缔组织，内层由数层嗜酸性较深的扁平细胞即神经束膜上皮组成，该层细胞排列致密，同相邻组织界线明显。在每个神经束内，有大量圆形的神经纤维横断面。

（3）高倍观察：纵切面观察：一条典型有髓神经纤维的轴突居神经纤维的中轴，呈淡蓝色或蓝紫色的细带状，髓鞘为轴突两侧染色很淡的空泡状或网格状区域，这是由于组成髓鞘的脂类物质在制作切片过程中被溶解而不易着色所致。施万细胞（Schwann cell）：位于髓鞘外面，细胞质很薄，呈粉红色细线；施万细胞核呈椭圆形或杆状，染色较浅，核附近的细胞质较明显。髓鞘的两侧边缘染成粉红色的细线为神经膜（neurilemma）。在神经纤维的狭窄处可见郎飞结（Ranvier node）。横断面观察：有髓神经纤维呈圆形，每条神经纤维中央，为染成浅蓝色圆形的轴突断面，其外粉红色网状结构，即髓鞘。髓鞘外面为粉红色的神经膜；有的断面可见弯月形施万细胞核，位于髓鞘之外；神经纤维之间可见少量结缔组织，即神经内膜，其中可见深染圆形的纤维细胞（横断面）。标本中可见神经纤维粗细不等，髓鞘厚薄与轴突的粗细成正比，粗神经纤维的轴突粗，髓鞘厚，细神经纤维的轴突细，髓鞘薄。

3. 脊神经节（假单极神经元，HE 染色）

（1）肉眼观察：标本为条块结构，即脊神经节。

（2）低倍观察：神经节的外周是结缔组织构成的被膜，节内有粗细不等的神经纤维，平行排列，集合成束，把许多大而圆的脊神经节细胞分隔成若干个群。

（3）高倍观察：假单极神经元胞体呈圆形，大小不等。由于假单极神经元只有一个胞突，故很难见到胞突和胞体相连的情况；胞核较大、圆形，染色浅，核仁明显。胞质内可见分散的细颗粒状尼氏体。每一个神经元周围都有 3～5 个扁平细胞包绕着，这些细胞的核椭圆形，胞质少，呈扁平状或梭形，即卫星细胞（satellite cell）。神经元周围的神经纤维多为有髓神经纤维（详见有髓神经纤维），成束分布。此外，神经节内有少量的结缔组织。

二、示教切片

1. 手指皮肤切片（触觉小体，环层小体，HE 染色）

（1）触觉小体（tactile corpuscle）：又称梅氏小体（Meissner corpuscle），分布在皮肤真皮乳头内，长轴与皮肤表面垂直，呈椭圆形，外包有结缔组织形成的被囊，内有许多横列的扁平触觉细胞。有髓神经纤维在被囊处失去髓鞘穿入被囊内，分支盘绕。主要功能是感受触觉。

（2）环层小体（lamellar corpuscle）：又称潘申尼小体（Pacinian corpuscle），分布于真皮网织层深部或者皮下组织中，体积大，呈圆形或椭圆形，小体的被囊由多层同心圆排列的扁平细胞和纤维形成的同心圆板层，板层间充满胶样物质。小体的中轴为一均质性的圆柱，称内棍，神经纤维失去髓鞘后进入内棍，主要是感受压力、振动和张力觉等。

2. 肋间肌压片（运动终板，肌梭，氯化金染色）

（1）运动终板（motor end plate）：运动神经元的轴突抵达所支配的骨骼肌时失去髓鞘，其轴突反复分支，每一分支形成葡萄状膨大，与一条骨骼肌纤维接触，形成化学突触连接，连接处呈椭圆形板状膨大，称为运动终板，也叫神经–肌连接，是一种负责将神经的电信号传递给骨骼肌的特殊结构。

（2）肌梭（muscle spindle）：分布于骨骼肌中的细长梭形小体，长2～5mm，表面有结缔组织被囊，其内含有较细的梭内肌纤维。感觉神经纤维进入肌梭，在肌梭内反复分支，呈环状或螺旋状包绕梭内肌。此外，肌梭内还有一种细的运动神经纤维，它来自脊髓前角的小型神经元（γ神经元），其末端形成运动终板，分布于梭内肌纤维的两端。肌梭位于肌纤维束之间，当肌肉收缩或伸张时梭内肌纤维被牵强，从而刺激神经末梢，产生神经冲动，传向中枢而产生感觉，故肌梭是感觉肌肉的运动和肢体位置变化的本体感受器。肌腱中的腱梭（tendon spindle）与肌梭结构相似。

【思考题】

（1）多极神经元的形态结构特点。

（2）神经纤维的分类和构造。

（3）有被囊感觉神经末梢的种类和功能。

数字化资源：

图谱　　案例分析　　知识拓展

（吴仲敏）

第二节　胚胎学实验

实验五　人体胚胎的早期形成

【实验目的】

（1）掌握受精、卵裂、胚泡形成及植入过程。

（2）掌握二胚层、三胚层期胚胎发育情况及胚层的分化。

（3）掌握胎盘、胎膜的组成。

【实验材料】

1. 模型　从受精卵到柱形胚体建立的模型，胎盘、胎膜模型。

2. 电视录像　《受精过程》、《早期人胚的发育过程》。

3. 标本　各月正常胎儿浸渍标本及胎盘。

【实验内容】

1. 受精至胚泡形成（第1周）

（1）受精卵：一个实心的球。

（2）卵裂：受精后约30小时，受精卵分裂形成2个卵裂球。卵裂球数目越多体积越小。

（3）桑椹胚：受精后3天，形成12～16个卵裂球构成的实心胚，又称为桑椹胚。

（4）胚泡：受精后4天，形成胚泡，由滋养层、内细胞群和胚泡腔组成。

2. 二胚层期（第2周）

（1）二胚层的形成过程：内细胞群形成二胚层胚盘；邻近滋养层的细胞变为柱状细胞即为上胚

层；邻近胚泡腔的内细胞群变为立方形即为下胚层。

（2）二胚层胚盘组成：观察胚盘的形状，上下胚层、羊膜腔、卵黄囊、体蒂、胚外中胚层和胚外体腔的位置关系。

3. 三胚层形成（第3周）

（1）背面观见神经板、原结、原凹和原条。

（2）腹面观内胚层。

（3）胚体正中矢状断面见外胚层的神经板、原结、原条；中胚层和脊索；内胚层。脊索的头端见口咽膜；原条的尾侧见泄殖腔膜。

4. 三胚层的分化（第4～8周）

（1）外胚层：体表为外胚层、神经沟、神经褶。

（2）中胚层：脊索两侧依次为轴旁中胚层、间介中胚层、体壁中胚层和脏壁中胚层。

5. 胎儿期（第9周到出生）

（1）观察各月正常胎儿浸渍标本，注意胎儿外形、大小及所见器官的演变。

（2）观察多胎及与羊膜囊、胎盘的关系。

6. 胎膜与胎盘

（1）在模型上找出胎膜：羊膜、卵黄囊、尿囊、脐带、绒毛膜。观察足月胎盘的形态大小及构造。注意标本的羊膜、胎盘、脐带及胎儿之间的关系。

（2）观察标本：在大体标本上观察胎盘的子体面和母体面。

7. 观看

电视录像《受精过程》《早期人胚的发育过程》，了解各月正常胎儿，注意胎儿外形、大小及所见器官的演变。

数字化资源：

图谱　　　案例分析　　　知识拓展

（赵冬久）

第三节　病理学基础实验

实验六　细胞、组织的适应、损伤与修复

【实验目的】

（1）掌握萎缩、肥大、增生、化生的概念，熟悉它们的形态学特征。

（2）掌握变性的概念、类型、好发部位及形态特征。

（3）掌握坏死的基本病变、类型及各类型的形态特征。

（4）熟悉各种变性、坏死的相互关系及其后果。

（5）掌握肉芽组织的形态特点及功能。

（6）熟悉创伤的类型及特点。

【实验材料】

1. 大体标本　肾压迫性萎缩、心脏萎缩、心脏肥大、肝细胞水肿、肝脂肪变、心肌脂肪变、脾包膜玻璃样变、脾脏凝固性坏死、肾结核、肺结核、多发性肝脓肿、脑脓肿、右足趾干性坏疽、

肠湿性坏疽、急性坏疽性阑尾炎、肾陈旧性疤痕、创伤一期愈合——外科手术切口

2. 病理标本　肾小管上皮细胞水肿、肝细胞水肿、肝细胞脂肪变

【实验内容】

一、大 体 标 本

（一）适应

〖基本病理变化〗

1. 萎缩　萎缩的器官体积变小，重量减轻。当脂褐素明显增多时，整个器官可呈棕褐色，称褐色萎缩（brown atrophy）。

2. 肥大　器官体积增大，重量增加，切面实质增厚。

3. 增生　器官体积增大，重量增加。

4. 化生　化生通常只发生在同源组织之间，常见的化生有①上皮组织化生，如鳞状上皮化生，肠上皮化生；②间叶组织化生，如骨化生，软骨化生。

〖标本观察〗

1. 肾压迫性萎缩

观察要点　已剖开的病变肾脏外形增大，大小约 14cm×9.5 cm×（2～4）cm（正常肾 11cm×5cm×3cm），剖面可见肾盂肾盏极度扩张，肾实质变薄，厚度 0.3～0.4cm。近肾脏的输尿管极细，管腔已堵塞（因炎性粘连，瘢痕收缩之故）。

心脏褐色萎缩

2. 心脏褐色萎缩

观察要点　心脏体积缩小（正常心脏大小相当于本人的右拳），心外膜光滑，冠状动脉弯曲，呈蛇行状；切面心肌呈棕褐色，心瓣膜松弛。

3. 心脏肥大（高血压性心脏病）

观察要点　心脏体积增大，以左心为主。切面见左心室壁增厚为 1.5cm（正常为 0.8～1.2cm），肉柱及乳头肌增粗，左心室腔相对缩小。

（二）变性

〖基本病理变化〗

1. 细胞水肿　发生细胞水肿的器官体积增大，包膜紧张，边缘圆钝。切面组织隆起，边缘外翻，颜色较苍白，失去正常光泽。

2. 脂肪变性　轻度脂肪变性，受累器官一般无明显变化。严重的脂肪变性，器官体积增大，包膜紧张，颜色淡黄，边缘圆钝，表面、切面触摸有油腻感。

3. 玻璃样变　在细胞内或细胞间质内出现嗜伊红染色、均匀半透明无结构的蛋白质蓄积。常见玻璃样变性有三种：①细小动脉壁玻璃样变。②结缔组织玻璃样变性：多见于瘢痕组织和动脉粥样硬化的纤维斑块。病变处灰白色，半透明，质韧无弹性。③细胞内玻璃样变性。

〖标本观察〗

1. 肝细胞水肿

观察要点　肝脏体积增大，包膜紧张，边缘变钝，切面略隆起；肝组织呈苍白色，质地较粗糙。

2. 肝脂肪变

观察要点　肝体积增大，包膜紧张，质稍软，颜色淡黄，边缘圆钝，表面、切面触摸有油腻感。经苏丹Ⅲ浸染，呈橘红色（苏丹Ⅲ系桔红色染料，能与中性脂肪结合）。

3. 心肌脂肪变

观察要点　左心室心内膜乳头肌处可见红黄相间的花纹，状如虎斑，称“虎斑心”。

4. **脾包膜玻璃样变**（糖衣脾）

观察要点 脾包膜局部增厚，约 4 cm×0.3cm，颜色灰白，半透明，质地韧。

（三）坏死

〖基本病理变化〗

1. **凝固性坏死** 坏死区呈灰白或黄白色、干燥、质实的状态，坏死区周围形成充血出血和炎症反应带，与健康组织分界清楚。

2. **干酪样坏死** 坏死组织呈淡黄色，质地松软细腻，形似奶酪。

3. **液化性坏死** 坏死组织因酶的分解或坏死组织蛋白少而成液体状。常发生在脑、胰、脂肪坏死，以及脓肿和溶组织阿米巴原虫感染时。

4. **坏疽** ①干性坏疽：常见于动脉阻塞、静脉通畅的四肢末端。坏死组织干燥、皱缩、黑色，与正常组织分界清楚。②湿性坏疽：常见于动静脉同时阻塞的内脏器官。坏死组织肿胀，蓝绿色、分界不清、水分多。③气性坏疽：常见于深部肌肉开放性创伤合并厌氧菌感染。坏死组织湿软、肿胀、暗棕色、含气，蜂窝状，捻发感、奇臭、分界不清。

〖标本观察〗

1. **脾凝固性坏死**

观察要点 脾脏切面见新旧两个病灶，均呈三角形，尖端指向脾门，周围有明显的充血出血带。坏死区域质地实，干燥、灰白，与周围组织界限清。

2. **肺干酪样坏死**（肺结核）

观察要点 肺下叶见一球形结节，直径约 2cm，颜色灰黄，质松软似奶酪（其间黑色为炭末沉积）。

3. **肾干酪样坏死**（肾结核）

观察要点 肾表面凹凸不平，切面皮髓质结构完全破坏，代之以灰白色豆腐渣样的坏死物，质松软，部分已脱落，形成多个空洞，部分空洞内壁尚残留少量坏死物。该标本的输尿管扩张，腔内也充满此物。

4. **多发性肝脓肿**

观察要点 肝冠状切面，表面和切面弥漫分布多个淡黄色脓腔，腔内肝组织溶解坏死，呈破絮状。

5. **脑脓肿**

观察要点 大脑冠状切面，实质内见一脓腔，脑组织坏死液化，脓液流出，脓肿壁上可见黄色脓苔附着。

6. **右足趾干性坏疽**

病史摘要 患者 66 岁，男性，自 18 岁开始吸烟，每日 1～2 包，从未间断。自 1981 年 2 月 12 日起右足趾疼痛，经中西医治疗，病情不见好转，以后足趾逐渐变黑，疼痛加剧，于三个月后在某院行截肢术。

观察要点 右足三个足趾，色灰黑，质硬，干燥，边界清楚。

7. **小肠湿性坏疽**

观察要点 肠管一段，呈黑色，肿胀，失去光泽。

8. **急性坏疽性阑尾炎**

观察要点 阑尾一条，明显增粗，表面黑灰色，失去光泽。

思考 干性坏疽与湿性坏疽的病理变化有何不同？

（四）纤维性修复

〖基本病理变化〗

1. **肉芽组织** 肉芽组织呈鲜红色、颗粒状、质地柔软湿润、似鲜嫩的肉芽，因而得名肉芽组织。不良的肉芽组织颗粒不明显，颜色苍白或淡红色，水肿明显，松弛无弹性，表面覆盖脓苔（脓性渗出物），触之不易出血等。

2. 瘢痕组织　瘢痕组织呈灰白色，缺乏弹性，质地较硬。

〖标本观察〗

肾陈旧性疤痕

观察要点　肾表面有一不规则形凹陷，色灰黄，质硬，系肾梗死后形成。

（五）创伤愈合

〖基本病理变化〗

一期愈合见于组织缺损小、创缘整齐、创口对合严密、无感染、无异物的伤口。形成疤痕少、愈合时间短。二期愈合见于组织缺损较大，坏死组织较多、创缘不整，无法整齐对合、伴有感染或异物的伤口。形成疤痕大，愈合时间长。

〖标本观察〗

创伤一期愈合——外科手术切口愈合

观察要点　条形皮肤一块，表面有一稍突起规则的线条状疤痕，灰白色，质较硬。

二、病 理 切 片

（一）适应

〖基本病理变化〗

1. 萎缩　萎缩的细胞内，细胞器减少，自噬泡增多，细胞内常可见许多退化的细胞器碎片形成的残留小体，即光镜下萎缩细胞胞质内的脂褐素颗粒，尤以心肌细胞内常见。

2. 肥大　实质细胞体积增大，核大深染。

3. 增生　实质细胞数量增多，常与肥大相伴发生。

4. 化生　化生只发生在同源组织之间，常见的化生有①上皮组织化生，如鳞状上皮化生，肠上皮化生；②间叶组织化生，如骨化生，软骨化生。

（二）变性

〖基本病理变化〗

1. 细胞水肿　细胞肿大，胞质内出现许多细小的淡红色颗粒。重度水肿时，细胞肿大明显，胞质疏松呈空泡状，似气球，称气球样变。电镜观察证实，胞质内的颗粒为肿大的线粒体和扩张的内质网。

2. 脂肪变性　脂肪变的细胞质中出现大小不等的脂滴，大者可将细胞核挤于一侧。在石蜡切片 HE 染色中，脂滴呈现大小不等的空泡状。苏丹 III 染色时脂滴为橘红色，苏丹黑染色或锇酸染色时脂滴为黑色。

3. 玻璃样变性　在细胞内或细胞间质内出现嗜伊红染色、均匀半透明无结构的玻璃样物质。常见玻璃样变性有三种：①血管壁玻璃样变性：多见于高血压病时的细动脉管壁。全身细动脉壁出现玻璃样物质沉积，引起血管壁增厚变硬，管腔狭窄。②结缔组织玻璃样变性：多见于瘢痕组织和动脉粥样硬化的纤维斑块。病变处胶原纤维增粗变宽、相互融合，少有血管和纤维细胞。③细胞内玻璃样变性：常见于肾小球肾炎或其他疾病而伴有明显蛋白尿时，此时肾近曲小管上皮细胞胞质内可出现许多大小不等的圆形红染小滴。

〖切片观察〗

1. 肾小管上皮细胞水肿

观察要点　低倍镜下，找到肾小球附近的近曲小管，肾小管上皮细胞体积增大，管腔狭窄而不规则；高倍镜下，将视野调暗后可见肾小管上皮细胞的胞浆内有大量红色的细小颗粒，此乃肿胀的线粒体和扩张的内质网。

肝细胞水肿

2. 肝细胞水肿

观察要点 低倍镜下，见肝小叶结构紊乱，肝索拥挤，肝细胞肿大，肝窦狭窄、闭塞；高倍镜下，肝细胞胞质疏松、淡染呈网状，小部分肝细胞膨胀呈圆球形、胞浆透明，含少量微细颗粒，但其胞核仍居细胞中央。

3. 肝细胞脂肪变

观察要点 低倍镜下，肝组织结构完好，可见肝小叶和汇管区。部分肝细胞内有大小不等的圆形空泡（脂肪滴在制片过程中被乙醇和二甲苯等有机溶剂溶解）。高倍镜下，肝细胞内圆形空泡大小不等，空泡较大时核常被挤于一边，血窦明显受压变窄。

（三）坏死

〖基本病理变化〗

1. 凝固性坏死 坏死区域细胞结构消失，但组织轮廓尚存。细胞核发生固缩、碎裂和溶解。

2. 干酪样坏死 原有组织的结构消失，呈一片无定形红染无结构的颗粒状物质。

3. 液化性坏死 死亡细胞完全被消化和溶解。

4. 坏疽 可分为干性、湿性和气性坏疽。

〖切片观察〗

肾凝固性坏死（肾贫血性梗死）

观察要点 肉眼观察切片内有一粉染的坏死区，其余为正常肾组织。镜下可见坏死区内肾小球和肾小管的轮廓尚存，但细胞均已死亡，细胞核固缩、碎裂和溶解。正常区域可见正常肾组织。

（四）纤维性修复

〖基本病理变化〗

1. 肉芽组织 新生的毛细血管与创面垂直，近表面处呈弓状突起，相互吻合。新生的毛细血管间有大量的成纤维细胞及数量不等的中性粒细胞、巨噬细胞、淋巴细胞等炎细胞。

2. 瘢痕组织 瘢痕组织内血管稀少，有大量胶原纤维，局部胶原纤维可发生玻璃样变性。

〖切片观察〗

肉芽组织（胃溃疡）

观察要点

（1）低倍镜：可见肉芽组织由许多毛细血管组成，结构疏松。其表面有坏死和炎性渗出物，底部则有大量瘢痕组织。

（2）高倍镜：可见多种成分。①大量新生的毛细血管，内皮细胞肿胀，管腔较小，其纵轴方向与表面垂直。②成纤维细胞境界较清楚，呈短梭形或星形或椭圆形，核卵圆形，染色淡，核仁明显。③纤维细胞呈梭形，核长梭形，染色深。④数量不等的炎症细胞，如淋巴细胞、浆细胞、巨噬细胞和中性粒细胞。

数字化资源：

图谱　　案例分析　　知识拓展

（赵卫平）

实验七　局部血液循环障碍

【实验目的】

1. 掌握淤血的病理变化，尤其肝淤血、肺淤血的病变特点。
2. 掌握血栓形成的条件、血栓的形态特点及其产生的后果。
3. 掌握肺循环、体循环发生栓塞的规律及其后果。
4. 掌握梗死的形态特点、类型及其后果。
5. 了解出血的类型和病理变化。
6. 了解淤血、血栓形成、栓塞和梗死的相互关系。

【实验材料】

1. 大体标本：慢性肝淤血（槟榔肝）、急性肺淤血、慢性肺淤血（肺褐色硬化）、静脉内混合血栓、脾贫血性梗死、肠出血性梗死、肺出血性梗死、心肌梗死、脑出血、脾外伤性出血、硬膜下血肿

2. 病理切片：慢性肝淤血、慢性肺淤血、肺褐色硬化、混合血栓、肾贫血性梗死、肺出血性梗死

【实验内容】

一、大体标本

（一）淤血

〖**基本病理变化**〗　①发生淤血的局部组织和器官，体积增大，颜色暗红，温度下降。淤血可导致淤血性水肿、淤血性出血。长时间淤血引起实质细胞萎缩、变性、坏死，以及淤血性硬化。②肺淤血：急性肺淤血时，肺体积增大，暗红色，切面有泡沫状红色液体流出。长期慢性肺淤血，切面可呈棕褐色，质地变硬，称肺褐色硬化。③肝淤血：慢性肝淤血时肝脏体积增大，切面呈现红黄相间的条纹，似槟榔，称为槟榔肝。长期淤血引起淤血性肝硬化。

〖标本观察〗

1. 慢性肝淤血（槟榔肝）

观察要点　肝体积增大，被膜紧张，边缘钝圆，表面光滑。切面形成红黄相间的斑纹，似中药槟榔的切面。

思考　暗红色和灰黄色区域分别为肝小叶的什么位置及其代表什么病理变化？

慢性肝淤血（大体）

2. 急性肺淤血（肺水肿）

观察要点　肺体积明显增大，被膜紧张，肺边缘钝圆。若新鲜标本切开时可见大量血性泡沫状液体流出。

3. 慢性肺淤血（肺褐色硬化）

观察要点　小块肺组织，棕褐色，含气量减少，质地较实，失去正常肺组织的疏松状态。

思考　分析导致肺组织呈褐色、质地变实的形成机理。

（二）血栓形成

〖**基本病理变化**〗根据血栓形成发生的部位，血栓可有动脉血栓、静脉血栓、微循环血栓和心脏瓣膜血栓。按不同成分可分为白色血栓、混合血栓、红色血栓和透明血栓。血栓可呈圆柱状（血管内）、球形（心腔内）或小结节状和赘生物状（心瓣膜上）。血栓与心血管内壁粘连。

〖标本观察〗

静脉内混合血栓

观察要点 在一段纵行剖开的静脉腔内可见一条呈黑褐色的柱形血栓，与管壁紧密黏着，表面粗糙波纹状隆起、可见不明显的灰白色条纹。

（三）梗死

〖基本病理变化〗

梗死灶的形状与血管分布有关，肝、肾、脾、肺的梗死灶呈圆锥形，切面呈楔形或三角形（基底部靠近包膜，尖端指向器官门），心和脑的梗死灶呈不规则形，肠梗死呈节段性。贫血性梗死区呈白色，境界清楚，周围有明显的充血出血带。出血性梗死区呈暗红色。心、脾、肾梗死为凝固性坏死，脑梗死为液化性坏死。新鲜梗死灶表面略隆起，陈旧性梗死表面凹陷。

〖标本观察〗

1. 脾贫血性梗死

脾贫血性梗死

观察要点 脾脏体积增大，被膜增厚。脾的切面可见多个灰白色的梗死灶，呈楔形或不规则形，梗死区境界清楚，周围有一圈黑褐色的充血出血带。

2. 肠出血性梗死

观察要点 一段手术切除的结肠，呈黑褐色，肠壁肿胀，浆膜面粗糙。病变区与正常肠组织界限不清。

3. 肺出血性梗死

观察要点 肺的剖面上，靠近肺下部的边缘处有一黑褐色呈扇形，边界欠清的梗死灶，基底部靠近肺膜，尖端指向肺门，其质地变实。

4. 心肌梗死

观察要点 心脏剖面见左心室前壁心肌有大片形状不规则的灰黑色区，此处心肌纹理不清，失去光泽。

思考 出血性梗死与贫血性梗死在形态上有何不同。

（四）出血

〖基本病理变化〗出血因部位和出血量多少而表现为瘀点、瘀斑、血肿和血性积液等。新鲜出血呈鲜红色，陈旧性出血呈暗红色。

〖标本观察〗

1. 脑出血

观察要点 大脑冠状切面，脑中线偏移，两侧不对称。增大的一侧脑组织内囊区可见大块暗黑色出血灶，大小约 5cm×3cm。

2. 脾外伤性出血

观察要点 脾脏体积增大，在其脏面可见脾被膜连同被膜下实质破裂，形成一处不规则裂口，可见暗黑色血凝块。

3. 硬脑膜下血肿

观察要点 幼儿颅骨一块，内侧硬脑膜下见大块黑色血凝块。

二、病理切片

（一）淤血

〖基本病理变化〗

组织内细静脉和毛细血管扩张，血管腔内充满红细胞。组织中可见淡红色水肿液、红细胞和含有含铁血黄素颗粒的巨噬细胞。充血时间长的器官，可见实质细胞萎缩甚至消失，间质内纤维组织大量增生。

〖切片观察〗

1. 慢性肝淤血

肺淤血（镜下）

观察要点　镜下辨认肝小叶结构：中央静脉、肝索、肝血窦和汇管区。肝小叶结构尚存，肝小叶的中央静脉及其中央区的肝血窦明显扩张，充满大量红细胞，该处肝细胞因受压而萎缩，甚至消失，严重者甚至中央静脉也消失。而肝小叶周边区的肝血窦淤血较轻，该处肝细胞索完整，部分细胞发生不同程度的脂肪变性。有些肝小叶的淤血区扩展与相邻小叶的淤血区相连形成“淤血带”。

2. 慢性肺淤血

观察要点　肺间质小静脉和肺泡壁毛细血管明显扩张充血，肺泡壁增厚。肺泡腔内有淡红色均质的水肿液，少量红细胞。有的肺泡腔内可见散在的胞质含棕褐色含铁血黄素颗粒的巨噬细胞（心衰细胞）。另可见尘细胞（胞质内可见吞噬的黑色碳末颗粒）。

思考　肺泡腔内水肿液、心衰细胞的是如何形成的，临床上患者会出现哪些相应症状?

3. 肺褐色硬化

观察要点　见肺泡壁增厚，有纤维组织增生和少量平滑肌细胞增生，而肺泡壁毛细血管扩张、淤血减轻；肺泡腔内及间质内有大量心衰细胞及其死亡崩解释放的含铁血黄素颗粒。

（二）血栓形成

〖基本病理变化〗

①白色血栓：由淡粉色颗粒状血小板和红色丝状纤维素构成。②混合血栓：由珊瑚状血小板梁及小梁间纤维素网、红细胞构成，小梁表面有中性粒细胞附着。③红色血栓：由纤维素网及大量红细胞和少量白细胞构成。④透明血栓：由纤维素构成，仅存在于微血管内。

〖切片观察〗

混合血栓

观察要点　下见嗜伊红无结构的小梁状条纹和红色区相交织。嗜伊红的小梁是由血小板形成，其边缘有许多白细胞，其间红色部分是纤维蛋白构成的网状结构，网内充满红细胞。

（三）梗死

〖基本病理变化〗

梗死区域细胞死亡，但组织轮廓仍隐约可见。梗死区与正常组织交界处可见充血、出血带，此处毛细血管扩张充血，并有大量炎细胞浸润。

〖切片观察〗

1. 肾贫血性梗死

观察要点　肉眼观察切片内有一粉染的梗死区，其余为正常肾组织。镜下可见梗死区内肾小球和肾小管的轮廓尚存，但细胞均已死亡，梗死区与正常组织交界处可见充血、出血带，此处毛细血管扩张充血，并有大量炎细胞浸润。正常区域可见正常肾组织。

2. 肺出血性梗死

观察要点　肉眼观察切片部分呈暗红色致密区（梗死区），其他呈紫红色疏松区（正常区）。镜下梗死区内肺泡轮廓隐约可见，但肺泡壁组织结构不清（组织坏死的特征），肺泡腔内充满大量红细胞（出血），梗死区周围的肺组织有出血、淤血的现象。

数字化资源：

图谱　　案例分析　　知识拓展

（赵卫平）

实验八　炎　　症

【实验目的】

1. **掌握**　显微镜下各种炎细胞的形态和功能。
2. **掌握**　纤维素性炎、化脓性炎的病变特点。
3. **熟悉**　不同其他类型的急性炎症的病理特点。
4. **掌握**　一般慢性炎症和慢性肉芽肿性炎的形态特点。
5. **熟悉**　息肉及异物性肉芽肿炎的病变特点。

【实验材料】

1. **大体标本**　纤维蛋白性心包炎（绒毛心），咽喉及气管白喉，细菌性痢疾（假膜性肠炎），急性化脓性阑尾炎，化脓性脑膜炎，肝多发性脓肿，慢性胆囊炎，结肠炎性息肉，慢性纤维空洞性肺结核。

2. **切片标本**　细菌性痢疾（假膜性肠炎），肾脓肿，蜂窝织炎（阑尾），化脓性脑膜炎，慢性胆囊炎，淋巴结结核。

3. **多媒体幻灯片。**

【实验内容】

一、大 体 标 本

（一）急性炎症

〖基本病理变化〗

急性炎症的病理形态不同。根据渗出物的主要成分，急性炎症分为浆液性炎、纤维素性炎、化脓性炎和出血性炎。

1. **纤维素性炎症**（fibrinous inflammation）　纤维素性炎症以纤维蛋白原渗出并在炎症灶内形成纤维素为主。

2. **化脓性炎症**（suppurative or purulent inflammation）　化脓性炎症以中性粒细胞大量渗出，并伴有不同程度的组织坏死和脓液形成为特征。

3. **出血性炎症**（hemorrhagic inflammation）　出血性炎不是一种独立的炎症类型，只是当炎症灶内的血管壁损伤较重时，渗出物中才有大量红细胞，形成出血性炎症。

〖标本观察〗

绒毛心（大体）

1. 纤维蛋白性心包炎

观察要点　心脏体积稍增大，心外膜表面粗糙不平，淡黄色的纤维素渗出物呈棉絮状，外观为绒毛状。注意观察心外膜脂肪组织与心包壁层脂肪组织间的灰白色组织即为增生的纤维组织。

思考　绒毛心的结局是什么？

2. 咽喉及气管白喉

观察要点　咽喉部、喉部、气管、支气管黏膜表面覆盖着灰白色或灰褐色的膜状渗出物，即所谓的假膜。该标本可见气管或支气管内的假膜尚未完全脱落，可见部分或完全堵塞管腔的现象。

思考　咽喉及气管白喉的结局是什么？

3. 细菌性痢疾（假膜性肠炎）

观察要点　肠管肠黏膜皱襞出现大量黄色糠皮样假膜，假膜脱落后形成大小不等的溃疡。黄色膜状物呈密集分布的小块状。

思考　伤寒、阿米巴的患者肠道的病理变化是什么，与细菌性痢疾如何区别？

4. 急性化脓性阑尾炎

观察要点　阑尾高度肿胀，阑尾明显增粗，阑尾表面的血管扩张充血，浆膜面混浊，失去正常光泽，阑尾表面覆盖有一薄层浅黄色脓性渗出物。

化脓性阑尾炎（大体）

思考　蜂窝织炎（阑尾）与坏疽性阑尾炎的区别？

5. 化脓性脑膜炎

观察要点　标本体积增大，脑沟、脑回不明显，蛛网膜下腔充满脓性渗出物。

思考　化脓性脑膜炎与乙脑的区别和联系？

6. 肝多发性脓肿

观察要点　肝切面可见许多大小不一、散在分布、黄白色的小脓肿。脓肿与周围组织界限清楚，有的标本脓液已流失，有的标本因固定液的作用脓液浓缩，有些小脓肿相互融合成较大的脓肿。

思考　请考虑多发性脓肿发生的原因及其后果。

（二）慢性炎症

〖基本病理变化〗

1. 非特异性慢性炎　非特异性慢性炎病变主要表现为纤维母细胞、血管内皮细胞和组织细胞增生，伴有淋巴细胞、浆细胞和巨噬细胞等慢性炎细胞浸润，同时局部的被覆上皮、腺上皮和实质细胞也可增生。

2. 慢性肉芽肿性炎症（chronic granulomatous inflammation）　以在炎症局部形成主要由巨噬细胞增生构成的境界清楚的结节状病灶为特征的慢性炎症，称为慢性肉芽肿性炎症。这是一种特殊类型的慢性炎症。不同的病因可以引起形态不同的肉芽肿，因此病理学可根据典型的肉芽肿形态特点作出病因诊断。

〖标本观察〗

1. 慢性胆囊炎

观察要点　标本为胆囊。可见其体积明显增大，表面失去正常的光泽。切面观胆囊壁明显增厚，呈灰白色，质地坚实。黏膜面网状皱襞大多消失而变平坦。胆囊内可见结石。

思考　胆囊结石的形态特征？

2. 结肠炎性息肉

观察要点　肠腔可见肠黏膜表面因慢性炎症刺激而形成许多息肉。炎性息肉体积较小，表面光滑，有蒂与黏膜相连。

思考　结肠炎性息肉的结局？

3. 慢性纤维空洞性肺结核

观察要点　肺切面可见数个大小不等的空洞，空洞壁较厚且较硬，壁内侧附有少许干酪样坏死物质，空洞周围的肺组织致密。在肺切面上可见支气管壁增厚，有支气管扩张改变。

思考　结核的分型及其病理变化？

二、病 理 切 片

（一）急性炎症

〖基本病理变化〗

急性炎症的病理形态不同。根据渗出物的主要成分，急性炎症分为浆液性炎、纤维素性炎、化脓性炎和出血性炎。

1. 纤维素性炎症（fibrinous inflammation） 纤维素性炎症以纤维蛋白原渗出并在炎症灶内形成纤维素为主。

2. 化脓性炎症（suppurativeorpurulent inflammation） 化脓性炎症以中性粒细胞大量渗出，并伴有不同程度的组织坏死和脓液形成为特征。

3. 出血性炎症（hemorrhagic inflammation） 出血性炎不是一种独立的炎症类型，只是当炎症灶内的血管壁损伤较重时，渗出物中才有大量红细胞，形成出血性炎症。

〖切片观察〗

1. 细菌性痢疾（假膜性肠炎）

观察要点 病变部位肠上皮的腔面有一层纤维蛋白性渗出物，成分包括纤维蛋白、中性粒细胞、坏死上皮。黏膜和黏膜下层充血水肿，炎细胞浸润。

思考 假膜性肠炎如何与阿米巴、伤寒等肠道疾病切片区别？

2. 肾脓肿

观察要点 首先辨别肾的组织特点，病灶部位基本上不存在肾小球的正常结构，病变边界较清楚，内含大量中性粒细胞和脓细胞，部分可聚集成团，中央可见细菌的菌落。

中性粒细胞 胞质呈无色或极浅的淡红色，有许多弥散分布的细小的（0.2～0.4μm）浅红或浅紫色的特有颗粒。细胞核呈杆状或2～5分叶状，叶与叶间有细丝相连。

脓细胞 脓液中的中性粒细胞除极少数仍有吞噬能力外，大多数已发生变性和坏死，称为脓细胞.

思考 患者有哪些临床表现？应进行哪些临床检查？如何确诊？

3. 蜂窝织炎（阑尾）

阑尾炎（镜下）

观察要点 镜下可见炎性病变呈扇面形由表浅层向深层扩延，直达肌层及浆膜层。阑尾壁各层皆为大量中性粒细胞弥漫浸润，并有炎性水肿及纤维素渗出。阑尾浆膜面为渗出的纤维素和中性粒细胞组成的薄膜所覆盖，即有阑尾周围炎及局限性腹膜炎表现。

中性粒细胞 胞质呈无色或极浅的淡红色，有许多弥散分布的细小的（0.2～0.4μm）浅红或浅紫色的特有颗粒。细胞核呈杆状或2～5分叶状，叶与叶间有细丝相连。

淋巴细胞 淋巴细胞核相对较大，细胞质极少。核内染色质多，染色较深。核圆形深染，核周围浅染，胞质蓝灰色。

思考 不同白细胞的形态特征？

4. 化脓性脑膜炎

观察要点 镜下可见蛛网膜下腔扩张充满脓性渗出物，主要由中性粒细胞和纤维素构成，毛细血管扩张，脑实质无明显损害，只见部分血管扩张。

思考 乙型脑炎的镜下特征？

（二）慢性炎症

〖基本病理变化〗

1. 非特异性慢性炎 非特异性慢性炎病变主要表现为纤维母细胞、血管内皮细胞和组织细胞增生，伴有淋巴细胞、浆细胞和巨噬细胞等慢性炎细胞浸润，同时局部的被覆上皮、腺上皮和实质细胞也可增生。

2. 慢性肉芽肿性炎症　以在炎症局部形成主要由巨噬细胞增生构成的境界清楚的结节状病灶为特征的慢性炎症，称为慢性肉芽肿性炎症。结节较小，直径一般为0.5～2mm。这是一种特殊类型的慢性炎症。

〖切片观察〗

1. 慢性胆囊炎

观察要点　胆囊黏膜扁平、萎缩且显著纤维化，肌层肥厚；炎细胞数少，只有少许淋巴细胞、浆细胞及巨噬细胞。

浆细胞细胞较小，圆形或卵圆形，核圆但偏于细胞一侧，染色质粗，沿核膜呈辐射状排列成车轮状。细胞质呈嗜碱性，染为蓝色。在靠近核处，有一着色浅的区域。近细胞核处有一色较浅而透明的区域。

思考　慢性胆囊炎的结局？

2. 淋巴结结核

观察要点　淋巴组织增生，形成结节或肉芽肿，淋巴结内干酪样坏死液化；淋巴结包膜破坏，互相融合合并淋巴结周围炎；结节境界清楚，中心干酪样坏死，周围绕有类上皮细胞、Langhans巨细胞和淋巴细胞等。干酪样坏死物质呈粉染细颗粒状；类上皮细胞体积较大，胞质丰富，染色淡，核椭圆或梭形，染色质疏松；Langhans巨细胞是多核巨细胞，胞体巨大，胞质丰富，胞核与类上皮细胞核相似，数量由十几个到几十个不等，呈花环状或马蹄形排列于细胞周边部。

【思考题】

（1）如何区分炎性假瘤和肉芽肿？

（2）感染性肉芽肿和异物性肉芽肿镜下有何区别？

数字化资源：

图谱　　案例分析　　知识拓展

（张　婷）

实验九　肿　瘤

【实验目的】

1. 掌握　常见良性上皮性肿瘤的大体和镜下形态特点，常见恶性上皮性肿瘤的大体和镜下形态特点，注意区别良、恶性上皮性肿瘤的形态特点。常见间叶组织良、恶性肿瘤的大体和镜下形态特点。注意鉴别癌与肉瘤。

2. 熟悉　软骨瘤、骨瘤的病变特点。

3. 了解　神经组织肿瘤和畸胎瘤的特征。

【实验材料】

1. 大体标本　皮肤乳头状瘤，乳腺纤维腺瘤，甲状腺腺瘤，卵巢黏液性囊腺瘤，结肠多发性息肉性腺瘤，脂肪瘤，子宫平滑肌瘤，皮肤鳞状细胞癌，乳腺癌，阴茎癌，结肠癌，肺转移癌，纤维肉瘤，皮肤恶性黑色素瘤，卵巢囊性畸胎瘤。

2. **切片标本** 皮肤乳头状瘤，乳腺纤维腺瘤，平滑肌瘤，骨软骨瘤，结肠管状腺癌，鳞状细胞癌，基底细胞癌，淋巴结转移性腺癌，平滑肌肉瘤，恶性黑色素瘤。

3. **多媒体幻灯片**

【实验内容】

一、大体标本

（一）良性上皮组织肿瘤

〖基本病理变化〗

由覆盖上皮发生，向表面呈外生性生长，形成许多手指样或乳头状突起，并可呈菜花状或绒毛状外观。肿瘤的根部常较狭窄成蒂与正常组织相连。最常见是乳头状瘤和腺瘤。

〖标本观察〗

1. 皮肤乳头状瘤

观察要点 肿瘤基底部带有少量皮肤组织，颜色灰褐，稍硬，表面不平呈乳头状。切面见肿瘤组织的乳头状结构更为清楚，向表面生长，与正常组织分界清楚，无向皮下组织浸润的现象。肿瘤根部常有蒂。切面肿瘤组织呈灰白色，呈外生性生长，皮下组织无浸润现象。

思考 皮肤乳头状瘤与皮肤鳞状细胞癌的肉眼区别?

2. 乳腺纤维腺瘤

观察要点 标本为切除的部分乳房，可见略呈椭圆形的肿瘤结节，边界清楚，包膜完整，切面灰白色，质坚实，肿瘤中可见许多大小不等、不规则之裂隙。乳房的乳头无明显下陷，皮肤无明显改变。

思考 乳腺纤维腺瘤与乳腺浸润性腺癌的肉眼区别?

3. 甲状腺腺瘤

观察要点 标本取自甲状腺肿瘤部位，肿瘤有完整包膜，切面棕黄色半透明，较周围甲状腺组织致密，与周围组织分界清楚。

思考 甲状腺腺瘤与甲状腺癌的肉眼区别?

4. 卵巢黏液性囊腺瘤

观察要点 标本为卵巢肿瘤，椭圆形，膨胀性生长，表面光滑，灰白色，切面呈囊性，囊壁光滑，囊腔内有灰白半透明黏稠的液体已流失。

思考 卵巢黏液性囊腺瘤与卵巢浆液性囊腺瘤的区别?

结肠多发性息肉（大体）

5. 结肠多发性息肉性腺瘤

观察要点 标本为一段肠管，结肠黏膜面有多个息肉状突起，灰白色，息肉根部与肠管壁相连，有蒂。

思考 结肠多发性息肉性腺瘤原因和结局?

（二）良性间叶组织肿瘤

〖基本病理变化〗

间叶组织肿瘤的种类很多，包括脂肪组织、血管和淋巴管、平滑肌、横纹肌、纤维组织、骨组织等的肿瘤。这类肿瘤的形态、硬度及颜色等均与其发源的正常组织相似。肿瘤生长慢，呈膨胀性生长，一般都具有包膜。

〖标本观察〗

1. 脂肪瘤

观察要点 标本中肿瘤外形呈分叶状，有完整包膜，颜色呈黄色，质地柔软，有油腻感，肿瘤组织中可见灰白色的条索，为肿瘤之结缔组织间质。

思考　脂肪瘤的结局？

2. 子宫平滑肌瘤

观察要点　标本为切除子宫，可见肿瘤见于子宫颈处，结节状，境界清楚，呈膨胀性生长，质地坚实。切面可见灰白色纤维束呈编织状，交错存在。

思考　胃肠道平滑肌瘤的肉眼变化为何？

（三）恶性上皮组织肿瘤

〖基本病理变化〗

由上皮发生的恶性肿瘤称为癌，多见于老年人，人类常见的一类恶性肿瘤。该类肿瘤常以浸润性生长为主，故与周围组织分界不清。发生在皮肤、黏膜表面的恶性上皮组织肿瘤外观上常呈息肉状、蕈伞状或菜花状，表面常有坏死及溃疡形成；发生在器官内的常为不规则的结节状，呈树根状或蟹足状向周围组织浸润，质地较硬，切面常为灰白色，较干燥。

〖标本观察〗

1. 皮肤鳞状细胞癌

观察要点　皮肤标本表面的肿瘤组织，颜色灰白，该处正常皮肤组织已完全被破坏，肿瘤呈菜花状向表面隆起，有坏死破溃。可见肿瘤向周围组织浸润性生长。

思考　皮肤鳞状细胞癌的结局？

2. 乳腺癌

观察要点　乳房皮肤呈桔皮样外观，乳头下陷，癌组织表面凹凸不平，有破溃并形成溃疡。切面癌组织呈灰白色，边界不清，向周围脂肪组织浸润生长，其中可见黄色点块状坏死灶。

思考　乳腺癌的病因及结局？

3. 阴茎癌

观察要点　阴茎头部肿瘤，菜花状，基底部较宽，肿瘤表面坏死形成溃疡。该处皮肤已被破坏，肿瘤与周围正常组织间分界不清，向四周浸润生长并已穿破皮肤。

思考　阴茎癌的病因及结局？

4. 结肠癌

观察要点　结肠黏膜面有巨大溃疡，边缘呈围堤状隆起，质地较硬，状如火山喷口，底部不平，表面有一层灰白色坏死组织覆盖。肿瘤与周围正常组织间无明显分界。

思考　结肠癌的病因及结局？

5. 肺转移癌

观察要点　该标本是部分肺组织，可见肺表面有多数圆形结节，灰白色，境界清楚。

肺转移性癌（大体）

思考　何处肿瘤易转移至肺？

（四）恶性间叶组织肿瘤

〖基本病理变化〗

恶性间叶组织肿瘤统称为肉瘤。肉瘤多发生于青少年。肉眼观呈结节状或分叶状。由于其发生较快，除浸润生长外，也可挤压周围组织形成假包膜。肉瘤体积常较大，质软，切面多呈灰红色，均质性，湿润，外观多呈鱼肉状。肉瘤易发生出血、坏死、囊性变等继发性改变。

〖标本观察〗

纤维肉瘤

观察要点　标本为一皮肤纤维肉瘤，可见一卵圆形肿瘤，形状不规则。肿瘤切面呈淡灰色，质软而均匀细腻，局部有出血、坏死，无明显包膜，与周围分界不清。

思考 纤维肉瘤的病因及结局？

（五）其他组织的肿瘤

〖标本观察〗

1. 皮肤恶性黑色素瘤

观察要点 足部见一肿物，向外突起，突出皮肤表面，基底较宽，呈黑色，质中。

思考 皮肤恶性黑色素瘤的病因及结局？

2. 卵巢囊性畸胎瘤

观察要点 标本为切开卵巢之畸胎瘤，肿瘤为囊性，膨胀性生长。切面，肿物单房，囊壁内有一结节状突起，囊内为皮脂、毛发、骨、牙齿。

思考 卵巢实体性畸胎瘤的形态特征为何？

二、病 理 切 片

（一）良性上皮组织肿瘤

〖基本病理变化〗

由复层的覆盖上皮，腺体，导管或分泌上皮发生的良性肿瘤，这类肿瘤瘤细胞异型性小，瘤细胞与起源正常的细胞相似。实质与间质在排列、组合上存在一定差异。最常见是乳头状瘤和腺瘤。

〖切片观察〗

1. 皮肤乳头状瘤

观察要点 先找到肿瘤与正常组织交界处。瘤组织由分化良好的鳞状上皮和血管纤维间质所组成，形成大小不等的乳头结构。每个乳头以血管纤维间质为轴心，表面为鳞状上皮覆盖。上皮层次分明，靠近间质为基底细胞层，最外层为角化层，基底细胞与角化层之间为棘细胞层。

思考 哪些部位的乳头状瘤易恶变？

2. 乳腺纤维腺瘤

观察要点 正常乳腺小叶结构消失，瘤组织由增生的腺管和纤维组织组成。增生的腺管大小、形状、排列不规则，圆形、椭圆形，分枝状或囊状。腺上皮细胞为立方形、大小、形状较一致，与正常乳腺导管上皮细胞相似。纤维组织呈不规则增生，有的围绕腺管排列，有的腺管周围纤维组织增生，压迫腺管。

思考 乳腺纤维腺瘤与乳腺癌的区别？

（二）良性间叶组织肿瘤

〖基本病理变化〗

间叶组织肿瘤的种类很多，包括脂肪组织、血管和淋巴管、平滑肌、横纹肌、纤维组织、骨组织等的肿瘤。这类肿瘤的分化成熟程度高、其组织结构、细胞形态、硬度及颜色等均与其发源的正常组织相似。肿瘤生长慢，呈膨胀性长长，一般都具有包膜。

〖切片观察〗

1. 平滑肌瘤

观察要点 瘤组织由分化成熟的平滑肌细胞构成，瘤细胞聚集成束，作编织状、旋涡状排列。瘤细胞梭形，胞浆红染。核呈棒状，圆形或卵圆形，位于细胞中央，染色较淡，大小一致，无异型，不见核分裂。肿瘤组织中可见纤维间质和血管及少量炎症细胞。

思考 胃肠道平滑肌瘤有何特点？

2. 骨软骨瘤

观察要点 可见清楚的三层结构，表面为一层淡红色的纤维外膜，中层为淡蓝色的软骨帽，内层为一厚层松质骨。表面的骨膜由致密的纤维组织构成，可见玻璃样变，软骨帽由透明软骨构成，由浅入深软骨细胞逐渐增大，并排成柱状。可见血管侵入软骨，钙化和骨化现象。最内层呈松质骨小梁结构，为成熟的板层骨，骨小梁间为骨髓成分。

思考　骨软骨瘤什么情况下应考虑恶变？

（三）恶性上皮组织肿瘤

〖基本病理变化〗

由上皮发生的恶性肿瘤称为癌，多见于老年人，是人类最常见的一类恶性肿瘤。恶性上皮组织肿瘤细胞可呈腺状、巢状或条索状排列，与间质分界清楚。亦可在间质内呈弥漫性浸润生长，与间质分界不清。网状纤维染色见恶性上皮组织肿瘤细胞之间多无网状纤维，而只见于恶性上皮组织肿瘤巢的周围。

〖切片观察〗

1. 结肠管状腺癌

观察要点　癌组织由分化好的腺体（癌巢）及间质组成。癌性腺体大小不一致，形状不规则，分布紊乱。杯状细胞消失，癌细胞多为高柱状，细胞之间界限不清，核浆比例增大。细胞核的大小形状，染色极不一致，可见核分裂。细胞排列紊乱，有的为单层，有的为多层。间质血管充血，有炎症细胞浸润。

思考　癌组织两侧各有小部分正常腺体，两者有何差异？根据病变推测病人会出现哪些临床表现？

2. 鳞状细胞癌（高分化）

观察要点　癌细胞呈片状或条索状排列，形成大小不一致的癌巢。癌巢内细胞排列有一定顺序，最外是似基底细胞层，中间似棘细胞层，最内层相当于角化层，有的癌巢中央可见角化物质呈红染同心层状结构，即角化珠（keratin pearl）或癌珠。癌细胞之间可见细胞间桥，可见病理性核分裂象。癌巢之间为血管及结缔组织间质（此点与肉瘤不同）。

高分化鳞癌（镜下）

思考　肺、膀胱能够发生鳞状细胞癌吗？

3. 基底细胞癌

观察要点　真皮内有许多大小不等,形状不规则的癌细胞巢呈实体团块或条索状互相吻合成网状结构。有的癌巢中央癌细胞变性坏死，有的液化形成大小不等的囊腔，有的则成腺样结构。癌巢周边癌细胞似基底细胞，呈单层高柱状栅栏状排列，中央的癌细胞呈多边形、卵圆、圆形或梭形，胞浆红染，核圆形或卵圆形，可见核分裂。部分癌细胞有形成角化倾向。间质为纤维结缔组织，有大量的淋巴细胞，浆细胞浸润。表皮鳞状上皮增生，过度角化。

思考　基底细胞癌临床有何特点？

4. 淋巴结转移性腺癌

观察要点　淋巴结结构完整，淋巴滤泡增生，生发中心扩大。淋巴结被膜下窦内可见癌细胞呈不规则腺体结构，髓质扩张的淋巴窦内含有脱落的窦壁细胞。

思考　淋巴结肿大是否均为癌转移？为什么？

（四）恶性间叶组织肿瘤

〖基本病理变化〗

恶性间叶组织肿瘤统称为肉瘤。镜下，肉瘤细胞大多弥漫排列，不形成细胞巢，与间质分界不清，网状纤维染色可见肉瘤细胞间存在网状纤维。肿瘤间质的结缔组织少，但血管较丰富，故肉瘤多先由血道转移。

〖切片观察〗

平滑肌肉瘤

观察要点　瘤组织主要由大量梭形细胞构成。瘤细胞丰富，密集，呈纵横交错排列或形成旋窝状结构。瘤细胞呈梭形，胞浆丰富，红染，核较大，棒状，两端钝、深染，大小形状不一，可见核分裂象。间质为少量纤维组织，血管扩张充血及灶性出血。周围无包膜。

思考　如何区别平滑肌肉瘤与纤维肉瘤？

（五）其他组织的肿瘤

〖切片观察〗

黑色素瘤

观察要点　肠道的黑色素瘤，瘤细胞和腺体交错排列。瘤细胞体积大，多边形，轮廓清楚，胞浆丰富，有少量细胞含有黑色素颗粒，核大，圆形或椭圆形，深染，核仁明显。纤维间质很少。

思考　当病理切片诊断黑色素瘤有困难时，用哪些方法进行鉴别诊断？

数字化资源：

图谱　　案例分析　　知识拓展

（张　婷）

第四节　运 动 系 统

实验十　骨与骨连结

【实验目的】

（1）熟悉骨的形态分类，掌握骨的构造及滑膜关节的基本结构。

（2）掌握各部椎骨、骶骨、胸骨和肋的形态结构，脊柱的组成、整体观和各椎骨的连结，胸廓的组成和整体观。

（3）熟悉颅的分部，脑颅骨和面颅骨的名称、位置，颅各面的形态结构，新生儿颅的形态结构特点，颞下颌关节的组成和构造。

（4）掌握上肢骨的组成和各骨的名称、位置，肩关节、肘关节、桡腕关节的组成和构造特点。

（5）掌握下肢骨的组成和各骨的名称、位置，骨盆的组成和分部，髋关节、膝关节、距小腿关节的组成和构造特点。

【实验材料】

（1）骨架标本、全身各部游离骨标本、儿童长骨剖面标本（纵横切）及脱钙骨和煅烧骨标本。

（2）脊柱标本，椎骨连结的标本。胸廓前壁的解剖标本。男、女骨盆标本及模型；已打开人体关节囊的肩关节、肘关节、髋关节、膝关节、颞下颌关节和桡腕关节标本。

（3）整颅标本、分离颅骨标本、颅的水平切及矢状切标本、新生儿颅标本和鼻旁窦标本；颅顶层次解剖标本。

【实验内容】

（一）骨的分类和构造

1. 骨的概述　在骨架上辨认各种形态的骨，观察它们的形态特点和分布。观察长骨剖面标本并区分长骨的骨干和两端，辨认骨髓腔、松质间隙、骨膜、骨质和关节面。

2. 骨的化学成分与骨物理特性的关系　取经稀盐酸脱钙后的骨标本和经煅烧除去有机质的骨标本，观察它们的外形和比较它们的物理特性。

（二）骨连结的分类和构造

1. 直接连结　取脊柱腰段矢状切面和颅的标本，分别观察椎间盘和缝。

2. 滑膜关节　关节的基本构造：取肩关节标本观察关节囊的构造和附着部位，关节面的形状，关节腔的构成。关节的辅助结构：取膝关节标本，观察韧带、两块半月板的位置和形态。

（三）躯干骨及其连结

1. 脊柱　在人体骨架标本上观察脊柱的位置和组成。

胸椎

（1）椎骨：取胸椎观察辨认椎体、椎弓（椎弓板、椎弓根）、横突、棘突和上、下关节突，观察椎孔和椎间孔的形态和位置。区别不同部位椎骨的形态结构特点。观察骶骨的岬、骶前孔、骶后孔、骶管裂孔、骶角以及耳状面，骶管与骶前孔、骶后孔的交通关系。

（2）椎骨的连结：取切除1～2个椎弓的脊柱腰段标本，观察椎间盘的位置、外形和构造。观察前、后纵韧带的位置；棘上韧带、棘间韧带和黄韧带的附着部位。

（3）脊柱的整体观：在脊柱标本上，从前面观察椎体自上而下的大小变化，从后面观察棘突纵行排列的情况，从侧面观察4个生理性弯曲的部位和方向。

2. 胸廓　在人体骨架标本上观察胸廓的组成及各骨的位置和各肋前、后端的连结关系。在胸骨标本上区分胸骨柄、胸骨体和剑突，辨认颈静脉切迹和胸骨角。

在活体上摸辨以下结构：第7颈椎棘突、颈静脉切迹、胸骨角、第2～12肋、肋弓和剑突。

（四）颅骨及其连结

1. 颅的组成　取整颅及颅的水平切和正中矢状切标本，观察颅的分部和各块颅骨在整颅中的位置。观察下颌骨的形态。

2. 颅的整体观　取新生儿颅标本及颅的水平切和正中矢状切标本观察。

（1）颅的顶面：观察颅缝的位置和形态，新生儿颅的特点，前、后囟的位置、形态和大小。

（2）颅底内面：由前向后，依次区分颅前窝、颅中窝和颅后窝。观察各窝内的孔和裂，多数与颅外相通，观察时应同时注意它们在颅外的位置。

1）颅前窝：查看筛板的位置和形态，筛板及颅前窝外侧部下方的毗邻。

2）颅中窝：中央的隆起是蝶骨体，上方的凹窝即垂体窝。然后分别辨认视神经管、眶上裂、圆孔、卵圆孔、棘孔、颞骨岩部和鼓室盖。

3）颅后窝：在枕骨大孔周围寻认舌下神经管、横窦沟、乙状窦沟和颈静脉孔以及位于颈静脉孔前上方的内耳门。

（3）颅底外面：在前区内辨认骨腭及两侧的牙槽弓和牙槽。在后区寻认枕骨大孔、枕外隆凸和颈动脉管外口。从颈静脉孔向外，依次寻认茎突、茎乳孔和乳突。由乳突向前，查看下颌窝和关节结节。

（4）颅的侧面：由乳突向前，辨认外耳门、颧弓及颞窝。在颞窝内侧壁上寻认翼点，观察其位置以及骨质的厚薄。

（5）颅的前面

1）眶：观察眶的位置及毗邻，寻认眶上切迹（眶上孔）和眶下孔；查看泪囊窝，以及与它相连续的鼻泪管。在眶外侧壁的后部查看眶上裂和眶下裂。用细铜丝探查视神经管、鼻泪管、眶上裂和眶下裂，观察它们各与何处相通。

2）骨性鼻腔：检查梨状孔、鼻后孔和骨性鼻中隔的位置，辨认骨性鼻腔外侧壁上的上、中、下鼻甲，以及相应鼻甲下方的上、中、下鼻道。在上鼻甲的后上方查找蝶筛隐窝。

3）鼻旁窦：取颅的正中矢状切和显示各鼻旁窦的标本，观察各鼻旁窦的位置和形态。

3. 颞下颌关节 取关节囊外侧壁已切除的颞下颌关节标本，观察颞下颌关节的组成、关节囊的结构特点和关节盘的形态。结合活体，验证颞下颌关节的运动。

颞下颌关节

在活体上摸辨以下结构：枕外隆凸、乳突和下颌角。

（五）四肢骨及其连结

1. 上肢骨

（1）肩胛骨：辨认肩胛骨的2面、3角和3缘。查找肩胛骨前面的肩胛下窝，后面的肩胛冈、肩峰及冈上、下窝，确认外侧角上的关节盂。在人体骨架标本上察看上、下角与肋的对应关系。

（2）锁骨：分辨锁骨的内、外侧端，对照人体骨架标本，观察它们的邻接关系。

（3）肱骨：在上端观察肱骨头的外形、大结节、小结节和外科颈。在肱骨体寻认三角肌粗隆和桡神经沟。在下端依次寻认内上髁、肱骨滑车、肱骨小头和外上髁。

（4）桡骨：上端细小，下端粗大；观察上端的桡骨头，以及与肱骨小头的对应关系。在下端，辨认外侧的茎突，内侧与尺骨头相对的尺切迹，并观察桡骨下端与腕骨相接的关节面。

（5）尺骨：上端粗大，下端细小。观察上端的鹰嘴、冠突和滑车切迹：在冠突的外侧面寻认桡切迹，观察桡切迹与桡骨头的对应关系。在下端辨认尺骨头和茎突。

（6）腕骨、掌骨和指骨：取手骨标本观察，注意它们的位置排列及邻接关系。

2. 上肢骨的连结

（1）肩关节：取纵行切开关节囊的肩关节标本，观察其组成、关节面的形态和大小差别、关节囊的形态结构特点及肱二头肌长头腱。结合活体，验证肩关节的运动。

（2）肘关节：取横行切开关节囊前、后壁的标本，观察肱桡关节、肱尺关节和桡尺近侧关节的组成。查看关节囊的形态结构特点，桡骨环状韧带的位置、形态以及与桡骨头的关系。观察肘关节在作屈、伸运动时，肱骨内、外上髁和鹰嘴3点位置的变化。

肘关节

（3）桡腕关节：取冠状切开的桡腕关节标本，观察关节的组成，并结合活体，验证其运动。

在活体上摸辨锁骨、肩胛冈、肩峰、肩胛骨下角、肱骨内上髁、肱骨外上髁、尺骨鹰嘴和桡骨茎突。

3. 下肢骨

（1）髋骨：根据髋臼和闭孔的位置，先判定髋骨的侧别和方位，明确髂骨、坐骨和耻骨在髋骨中的位置。然后寻认髂嵴、髂前上棘、髂后上棘、髂结节、髂窝、耳状面、弓状线、耻骨梳、耻骨结节和耻骨下支，注意耻骨梳与弓状线的关系。在髋骨的后下部辨认坐骨结节、坐骨棘、坐骨大小切迹和坐骨支。

（2）股骨：观察股骨头、股骨颈、大转子和小转子，注意股骨头与髋臼的关系和股骨上端的方向。观察股骨下端的内、外侧髁。

（3）髌骨：对照人体骨架标本观察它的位置。

（4）胫骨：在胫骨上端观察内、外侧髁与股骨同名髁的对应关系。寻认胫骨粗隆及胫骨下端的内踝。

（5）腓骨：辨认上端膨大的腓骨头和下端呈略扁三角形的外踝。

（6）跗骨、跖骨和趾骨：取足骨的串连标本或人体骨架标本观察，注意各骨的排列关系。

4. 下肢骨的连结

（1）髋骨的连结：取骨盆标本或模型观察。

1）骶髂关节和耻骨联合：观察骶髂关节的组成，辨认骶结节韧带和骶棘韧带，观察坐骨大、小孔的围成及耻骨联合的位置。

2）骨盆：观察骨盆的组成，大、小骨盆的分界，小骨盆上、下口的围成，耻骨弓的构成，比较男、女骨盆的差异。

（2）髋关节：取环形切开关节囊的髋关节标本，观察其组成、两骨关节面的形态及关节囊的厚薄。验证其运动。

（3）膝关节：取关节囊前壁向下翻开，后壁横行切开的膝关节标本，观察其组成和两骨关节面的形态，髌韧带、前后交叉韧带的位置、内外侧半月板的位置和形态，验证其运动。

（4）距小腿关节：在距小腿关节标本上，观察其组成，验证其运动。

（5）足弓：在足关节标本上，观察足弓的形态和维持足弓的韧带。

在活体上摸辨以下结构：髂嵴、髂前上棘、髂结节、坐骨结节、耻骨结节、大转子、股骨内、外侧髁、髌骨、胫骨粗隆、腓骨头及内、外踝。

【思考题】

（1）骨的基本形态。

（2）关节的辅助结构。

（3）颅中窝的主要孔裂。

（4）椎骨的连结。

（5）肩、肘、腕、髋、膝和踝关节的构成。

（6）骨盆的构成及男女骨盆的差别。

数字化资源：

图谱　　案例分析　　知识拓展

（高喜仁）

实验十一　骨　骼　肌

【实验目的】

1. 熟悉斜方肌、背阔肌、胸锁乳突肌、胸大肌、前锯肌、肋间肌的位置和作用。

2. 掌握膈的位置、形态和作用。

3. 掌握腹前外侧壁各肌的位置和形态特点，辨认腹直肌鞘的位置和形态。腹股沟管的位置、形态和内容物。

4. 熟悉三角肌、肱二头肌、肱三头肌、臀大肌、股四头肌、小腿三头肌的位置和作用。了解前臂肌、股肌、小腿肌的分群和作用。

5. 了解腋窝、肘窝和腘窝的位置和境界。掌握股三角的位置、境界和内容物。

【实验材料】

全身骨骼肌标本、躯干肌标本、膈标本、头肌标本、颈肌标本、上肢肌标本和下肢肌标本或模型

【实验内容】

（一）肌的分类和构造

在全身肌标本上观察长肌、短肌、扁肌和轮匝肌的形态，辨认肌腹、肌腱和腱膜。

背阔肌

（二）躯干肌

在全身骨骼肌标本、躯干肌标本、膈标本（或模型）上观察。

1. 背肌 观察斜方肌、背阔肌、竖脊肌的位置、起止点，理解它们的作用。

2. 胸肌 确认胸大肌、前锯肌的起止点和肌束方向以及与肩关节运动轴的关系。验证它们的作用。在肋间隙内区别肋间内、外肌。

3. 膈 检查膈附着于胸廓下口周缘的情况，膈周围部和中央部的结构差别，辨认膈的 3 个裂孔和通过的结构。

4. 腹肌 检查腹壁 3 层扁肌的位置和肌束走行方向，腱膜与腹直肌鞘的关系，腹直肌鞘包绕腹直肌的情况。辨认腹外斜肌腱膜与腹股沟韧带的关系，以及腹股沟韧带的附着部位。观察腹股沟管的位置、形态、内外两口的部位、四壁和内容物。寻找腹股沟三角的位置和境界。

5. 会阴肌 观察肛提肌和覆盖在它的上、下两面的筋膜，盆膈的位置和穿过盆膈的结构。会阴深横肌和尿道括约肌和覆盖在它们上、下面的筋膜，尿生殖膈的位置和穿过它的结构。

（三）头颈肌

在头颈肌和颅顶层次解剖标本上，辨认枕额肌，观察眼轮匝肌、口轮匝肌。观察咬肌和颞肌的位置，并咬紧上、下颌牙，在自己身上触摸两肌的轮廓。

在颈肌标本上观察胸锁乳突肌的位置和起止点，查看舌骨的位置以及舌骨上、下肌群。观察斜角肌间隙的围成、内容物。

胸锁乳突肌

（四）四肢肌

1. 上肢肌 在上肢肌标本结合全尸解剖标本上查找三角肌、肱二头肌、肱三头肌的位置和起止点。观察前臂各肌的位置、起止概况和肌腱的分布。观察手肌外侧群、内侧群和中间群的位置以及鱼际和小鱼际的形成。

辨认腋窝和肘窝的位置，观察手腱滑膜鞘的结构特点。

2. 下肢肌 在下肢肌标本结合全尸解剖标本上观察髂腰肌、臀大肌、梨状肌及股前群肌、股内侧群肌、股后群肌和小腿前群肌、外侧群肌和后群肌的位置。寻找臀大肌、缝匠肌、股四头肌和小腿三头肌的起止点及跟腱的抵止部位。足肌主要分布于足底，可免查。辨认围成股三角和腘窝的结构及内容物。

【思考题】

（1）骨骼肌的形态和分类。
（2）舌骨上、下肌群的配布。
（3）腹肌的配布及腹股沟管的构成。
（4）膈的主要裂孔及穿行结构。
（5）屈、伸膝关节的肌。
（6）屈、伸肘关节的肌。
（7）髋肌后群的配布。

数字化资源：

图谱　　案例分析　　知识拓展

（高喜仁）

第五节　感觉器官

实验十二　视　　器

【实验目的】

（1）掌握眼球壁各层的名称、位置、分部及主要形态结构。
（2）掌握角膜、虹膜、睫状体、视网膜的组织结构。
（3）掌握房水、晶状体、玻璃体的位置和形态结构。
（4）熟悉房水循环的途径。
（5）熟悉眼睑的结构层次。
（6）熟悉结膜的位置和分部。
（7）熟悉泪器的组成和鼻泪管的开口位置。
（8）熟悉眼球外肌的组成和作用。

【实验材料】

（1）颅底骨标本。
（2）头面部标本（打开眼眶上壁和外侧壁，示泪腺、眼球、视神经、眼球外肌、眼动脉等）。
（3）头面部标本（示泪腺、泪小管、泪囊、鼻泪管等）。
（4）头面部标本（示眼睑层次）。
（5）新鲜牛或猪眼球。
（6）眼球放大模型。
（7）眼外肌放大模型。
（8）眼球切片（HE 染色）。
（9）眼睑切片（HE 染色）。

【实验内容】

一、大体标本

（一）眼球

利用眼标本、模型、新鲜牛或猪眼球，并对照活体观察。可反复拆卸组装眼球模型以便理解眼球构造：

眼球	眼球壁	纤维膜	角膜
			巩膜
		血管膜	虹膜
			睫状体
			脉络膜
		视网膜	盲部
			视部
	眼球内容物	房水	
		晶状体	
		玻璃体	

1. 眼球壁

（1）外膜：又称纤维膜，在眼球模型上观察。

1）角膜：约占纤维膜的前 1/6，无色透明，有屈光作用，无血管，有神经末梢。

2）巩膜：约占纤维膜的后 5/6，巩膜与角膜交界处深面的环形小管称巩膜静脉窦（在眼球水平切模型上观察）。

（2）中膜：又称血管膜，在眼球水平切模型上观察。

1）虹膜：模型结合活体观察。圆盘状，中央有一圆形的瞳孔，瞳孔周围呈环形排列的为瞳孔括约肌，呈放射状排列的为瞳孔开大肌，均为平滑肌。虹膜与角膜周缘形成的夹角，称虹膜角膜角（前房角）。

2）睫状体：位于虹膜与脉络膜之间，是血管膜最厚的部分。睫状体内含睫状肌，为平滑肌，该肌的舒缩可通过睫状小带的牵拉调节晶状体的曲度。在通过眼轴的切面上，睫状体的断面呈三角形，其后部 2/3 较平坦，整体上称睫状环，前 1/3 较肥厚，内表面有 70～80 个向内突出的皱襞，称睫状突。

3）脉络膜：约占血管膜的后 5/6，内面紧贴视网膜，富含血管和色素细胞，可营养眼球壁和吸收散射光线。

眼球壁

（3）内膜：又称视网膜，在眼球水平切模型上观察。

1）贴在虹膜和睫状体内面的部分无感光作用，为视网膜盲部；贴在脉络膜内面的部分有感光作用，为视网膜视部。

2）视神经盘：又称视神经乳头，为眼球后极偏鼻侧的圆盘状隆起，是视神经纤维汇聚的部位，无感光作用，为生理性盲点。

3）黄斑：视神经盘颞侧约 3.5mm 稍下方的黄色区域，中央凹陷，富含视锥细胞，是感光和辨色最敏锐的部位。

2. 眼球内容物 包括房水、晶状体和玻璃体，它们与角膜一起构成眼的屈光装置，在眼球水平切模型上观察。

（1）房水：角膜与晶状体之间的腔隙即眼房，被虹膜分隔为眼前房和眼后房，两房之间通过瞳孔相通。房水充满眼房，理解房水的产生、循环途径和临床意义（由睫状体产生，眼后房→瞳孔→眼前房→虹膜角膜角→巩膜静脉窦→睫前静脉→眼静脉）。

（2）晶状体：呈双凸透镜状，无色透明，无血管，无神经末梢。观察其曲度，凸度较大这为后面，较小者为前面，理解其在物体成像中的作用、变化及临床意义。

（3）玻璃体：活体上呈胶冻状，无色透明，约占眼球体积的 4/5，观察其形状，理解其对眼球壁的支撑作用及临床意义。

（二）眼副器

1. 眼睑和结膜

（1）在活体上观察眼睑的形状及结构，将眼睑翻起，观察眼睑内面透明的睑结膜、巩膜表面的球结膜、睑结膜与球结膜移行处的结膜穹隆。

（2）在眼睑层次标本上，辨认眼睑的 5 层结构，从外向内为皮肤、皮下组织、肌层（眼轮匝肌和上睑提肌）、睑板和睑结膜，睑板呈半月形，触之较硬，理解霰粒肿和麦粒肿的成因。

2. 泪器 在显示泪器的标本上，观察位于眼眶上外侧部泪腺窝内的泪腺、泪乳头和泪点；用较硬的细铁丝自泪点深入泪小管，经泪囊、鼻泪管至下鼻道。理解泪液的产生、排出途径及临床意义（由泪腺产生，泪腺排泄小管→结膜囊→泪点→泪小管→泪囊→鼻泪管→下鼻道）。

3. 眼球外肌 在眼球外肌标本和模型上观察。上睑提肌可上提上眼睑，内直肌可使瞳孔转向内侧，外直肌可使瞳孔转向外侧，上直肌可使瞳孔转向上内方，下直肌可使瞳孔转向下内方，上斜肌可使瞳孔转向下外方，下斜肌可使瞳孔转向上外方。

二、组 织 切 片

（一）眼球（人眼球切片，HE 染色）

低倍与高倍观察

1. 角膜 从前至后依次分为 5 层。

（1）角膜上皮：紫蓝色，未角化复层扁平上皮，基部平坦，不含色素，有 5～6 层细胞组成，表层细胞扁平，基底部细胞呈立方或矮柱状，偶可见分裂象。

（2）前界层：粉红色均质状薄膜。

（3）角膜基层：最厚，由数百层与表面平行的胶原板层构成，层间可见扁平的成纤维细胞，无血管。

（4）后界层：深红色均质状膜。

（5）角膜内皮：单层扁平上皮或单层立方上皮。

2. 巩膜　厚，规则致密结缔组织，在小梁网后内侧向前内侧伸出一短嵴状突起，为巩膜距，其上附着睫状肌。

3. 角膜缘　位于角膜和巩膜之间，上皮较厚，有 10 余层细胞，包括黑素细胞；基底层细胞呈矮柱状，可见分裂象，为角膜缘干细胞；巩膜静脉窦位于角膜缘内侧，窦腔狭长，不规则，腔面衬以内皮；小梁网在巩膜静脉窦内侧，毗邻前房角，呈三角形网格状，弱嗜酸性，表面衬以内皮。

4. 虹膜　从前至后依次分为 3 层。

（1）前缘层：为一层不连续的成纤维细胞和色素细胞。

（2）虹膜基质：厚，富含血管和黑素细胞的疏松结缔组织，近瞳孔处的平滑肌束为瞳孔括约肌。

（3）虹膜上皮：前层见粉红色丝线，为瞳孔开大肌，后层由 2 层黑素细胞组成。

5. 睫状体　从外向内依次分为 3 层。

（1）睫状肌：附着于巩膜距，含纵行、放射状和环形三种走向的平滑肌束，肌纤维间散在黑素细胞。

（2）睫状体基质：疏松结缔组织，内含丰富的血管和色素细胞。

（3）睫状体上皮：外层为立方形色素上皮细胞，内层为立方形不含黑素颗粒的分泌细胞；基质连同上皮凸入后房形成多条指状突起，称为睫状突，睫状突表面呈放射状伸出多条半透明的睫状小带，嵌于晶状体囊内，形成晶状体悬韧带。

6. 晶状体　从外向内依次分为 3 层。

（1）晶状体囊：粉红色均质状薄膜，不含细胞，为晶状体上皮的基膜。

（2）晶状体上皮：位于晶状体前和侧面的晶状体囊深面，为单层柱状上皮。

（3）晶状体纤维：源自晶状体上皮，呈长柱状；新形成的晶状体纤维纵轴与表面平行，环层排列，构成晶状体皮质；晶状体核位于中央，此处的晶状体纤维排列致密，核多消失，融合成均质状。

7. 脉络膜　为疏松结缔组织，成纤维细胞多，富含血管和黑素细胞，最内层紧贴视网膜，呈均质粉染粗线，称为玻璃膜，为色素上皮层的基膜。

8. 视网膜　位于眼球壁最内层、锯齿缘后方，由外向内依次分为 10 层；在锯齿缘处，视网膜由 10 层结构延续为 2 层的睫状体上皮，其中外层为色素上皮层。

（1）色素上皮层：单层低柱状或立方上皮，上皮基部紧贴玻璃膜；核圆，胞质内含大量棕黄色色素颗粒。

（2）视杆视锥层：由视杆细胞和视锥细胞的外突排列而成，染成粉红色。

（3）外界膜：为一粉色均质细线状结构。

（4）外核层：较厚，由 5～6 层视杆和视锥细胞的胞体组成，核小而圆，深染，密集排列，胞体轮廓不清。

（5）外网层：较窄的粉红色区带，由视锥细胞的内突、双极细胞的树突和水平细胞的突起构成。

（6）内核层：较外核层薄，双极细胞、水平细胞、无长突细胞、网间细胞和放射状胶质细胞（Muller 细胞）等密集排列，多数细胞核圆，大小不一，细胞轮廓可模糊辨认，胞质嗜碱性。

（7）内网层：较宽的浅粉色区带，由双极细胞的轴突、节细胞的树突、无长突细胞和网间细胞的突起构成。

（8）节细胞层：稀疏排列大致成单层，多数节细胞胞体大，轮廓模糊，核大而圆，染色浅，核仁明显，胞质嗜碱性；少数节细胞胞体小核染色深，胞质嗜碱性，为侏儒节细胞。

（9）神经纤维层：较宽的嗜酸性区带，可见纵行排列的无髓神经纤维，由节细胞轴突组成。

（10）内界膜：为一强嗜酸性均质线状结构，为放射状胶质细胞的基膜。

（二）眼睑（人眼睑切片，HE 染色）

肉眼观察 长三角形，稍弯曲，一侧深紫蓝色波浪状条带为皮肤，其深面深染带状结构为眼轮匝肌，对侧平坦浅紫蓝色条带为睑结膜，两者延续部为睑缘，可见睫毛。

低倍与高倍观察

（1）皮肤及皮下组织：薄皮，有毛皮（参见皮肤结构）。

（2）主要为成束的眼轮匝肌（骨骼肌）的横断面，也可见少量睑肌（平滑肌）。

（3）睑板：增厚的致密结缔组织，有大量平行排列的睑板腺，开口于睑缘。

（4）睑缘：可见睫毛，睫毛根部的皮脂腺为睑缘腺（Zeis 腺），开口于睫毛毛囊；睫毛根部的汗腺为睫毛腺（Moll 腺），腺腔大而规则，衬以单层立方或扁平上皮，腺腔内可见淡粉红色分泌物；导管衬以复层立方上皮，开口于毛囊。

（5）睑结膜：复层柱状上皮，含杯状细胞，固有层为薄层结缔组织。

数字化资源：

图谱　　案例分析　　知识拓展

（王　征）

实验十三　前庭蜗器

【实验目的】

（1）掌握鼓膜的位置、形态与分部。

（2）掌握鼓室六个壁的名称及毗邻。

（3）掌握内耳迷路的组成、分部及形态结构，内耳感受器的名称、位置和作用。

（4）熟悉 3 块听小骨的名称及其连结。

（5）熟悉咽鼓管位置与功能，小儿咽鼓管形态特点及临床意义。

（6）了解耳廓的外形、中耳的位置。

【实验材料】

（1）颞骨（完整和锯开）标本。

（2）头面部标本（暴露外耳道、鼓室等）。

（3）听小骨标本。

（4）内耳灌注标本。

（5）耳放大模型。

（6）内耳放大模型。

（7）内耳切片（HE 染色）。

【实验内容】

一、大体标本

前庭蜗器又称位听器，包括前庭器（位觉器）和蜗器（听器）两部分；按部位可分为外耳、中耳和内耳三部分。

前庭蜗器	外耳	耳郭	
		外耳道	
		鼓膜	
	中耳	鼓室	
		咽鼓管	
		乳突窦	
		乳突小房	
	内耳	骨迷路	骨半规管
			前庭
			耳蜗
		膜迷路	膜半规管
			椭圆囊和球囊
			蜗管

（一）外耳

1. 耳郭　在活体上观察耳郭的形态及主要结构。

2. 外耳道　外耳道由外侧 1/3 的软骨部和内侧 2/3 的骨部构成，在耳模型上，探查其弯曲情况；观察成人的外耳道和鼓膜时，应向后上方牵拉耳郭使外耳道呈近似直线的管道；观察婴幼儿的外耳道和鼓膜时，应向后下方牵拉耳郭。

3. 鼓膜　位于外耳道底与中耳之间，为卵圆形半透明薄膜，朝向外前下方，与外耳道下壁呈 45 度角；外侧面中心凹陷为鼓膜脐；鼓膜上 1/4 为松弛部（淡红色），下 3/4 是紧张部（灰白色）；鼓膜内侧面与锤骨柄紧密附着。活体鼓膜中心前下部有一三角形反光区，称为光锥，此为物理现象，光锥消失是鼓膜内陷的主要标志。

（二）中耳

1. 鼓室　有 6 个壁、3 块听小骨。

（1）上壁：鼓室盖壁，简称盖壁，与颅中窝相邻。

（2）下壁：颈静脉壁，分隔鼓室与颈内静脉起始部。

（3）前壁：颈动脉壁，为颈动脉管后外壁，上有鼓膜张肌半管和咽鼓管半管。

（4）后壁：乳突壁，上部有乳突窦开口，向后通乳突小房。

（5）内侧壁：迷路壁，即内耳外侧壁，中部隆凸为岬，岬后下方有圆形的蜗窗，岬后上方有卵圆形的前庭窗，前庭窗后上方有面神经管凸，内有面神经通过。

（6）外侧壁：鼓膜壁，大部分为鼓膜，鼓膜上方为骨性部，即鼓室上隐窝的外侧壁。

（7）在听小骨标本和耳模型上观察 3 块听小骨的位置、结构和连结，理解锤骨柄与鼓膜脐的关系、镫骨底与前庭窗的关系、听小骨链的作用及临床意义。

2. 咽鼓管　为连通鼓室与鼻咽的管道，近鼓室的 1/3 段为骨部，近咽的 2/3 段为软骨部；骨部向后外侧开口于鼓室前壁的咽鼓管鼓室口，软骨部向前内侧开口于鼻咽侧壁的咽鼓管咽口；可维持鼓膜内外两侧气压平衡。小儿的咽鼓管短粗，走向平直，咽部感染易蔓延至鼓室，引起中耳炎。

3. 乳突窦和乳突小房　在颞骨标本上，观察鼓膜上隐窝后方的乳突窦，颞骨乳突深面的蜂窝样腔隙即乳突小房，此处常为中耳手术的入颅部位。

（三）内耳

在耳模型上观察，内耳位于鼓室与内耳道底之间，埋藏于颞骨岩部的骨质内；在内耳模型上观

内耳

察骨迷路和膜迷路。

1. 骨迷路

（1）骨半规管：为三个互相垂直的半环形小管，可分为前骨半规管、后骨半规管、外骨半规管，每管都有一个膨大的骨壶腹和较细的单骨脚，前、后骨半规管的两个单骨脚合成一个总骨脚，5 个脚均连于前庭后壁。

（2）前庭：位于骨半规管与耳蜗之间，其外侧壁即鼓室内侧壁。

（3）耳蜗：形如蜗牛壳，由一骨性蜗螺旋管环绕蜗轴旋转两圈半构成，其尖端称蜗顶，朝向前外方，基底部称蜗底，有蜗神经穿出；由蜗轴发出骨螺旋板，连于蜗管将耳蜗管腔分为上方的前庭阶和下方的鼓阶，在蜗孔处，前庭阶与鼓阶相通。

2. 膜迷路

（1）膜半规管：为套嵌于骨半规管内的三个互相垂直的半环形小管，可分为前膜半规管、后膜半规管、外膜半规管，每管都有一个膨大的膜壶腹和较细的单膜脚，前、后膜半规管的两个单膜脚合成一个总膜脚，5 个脚均连于椭圆囊后壁；膜壶腹壁上的隆起称壶腹嵴，为位觉感受器，能感受旋转变速运动的刺激。

（2）椭圆囊和球囊：均位于前庭内，椭圆囊内有椭圆囊斑，球囊内有球囊斑，均为位觉感受器，能感受直线变速运动的刺激和静止状态下的位置觉。

（3）蜗管：位于耳蜗内，上壁为前庭膜，下壁为基底膜（螺旋膜），基底膜上有螺旋器，即听觉感受器。

二、组 织 切 片

内耳（豚鼠内耳切片，HE 染色）

肉眼观察 切面呈锥体形或不规则形，含排列成两排的多个空泡样结构，即耳蜗；两排耳蜗中央着色较深处为蜗轴，蜗轴两侧各有 3～4 个卵圆形断面，即耳蜗的横切面，内含蜗管；耳蜗下方及周围浅蓝色结构为颞骨片段，其内可有骨（膜）半规管和（或）前庭的结构。

低倍观察

1. 耳蜗

（1）蜗轴：为骨松质，可见骨髓、血管和蜗神经纤维；蜗轴的骨组织向外伸出的薄片为骨螺旋板，其根部成群的神经元胞体即螺旋神经节。

（2）蜗管：蜗轴周围的卵圆形腔隙即耳蜗的横切面，中部呈三角形的结构为蜗管，其上方为前庭阶，下方为鼓阶；蜗管的上壁为前庭膜，下壁为基底膜（螺旋膜），外侧壁为血管纹。

2. 骨（膜）半规管和壶腹嵴 骨半规管横切面呈圆形或卵圆形空腔，内衬骨膜；一侧附以圆形或椭圆形的膜半规管，管壁覆以单层扁平上皮；膜半规管和骨半规管之间的空隙散在分布少量细胞，细胞有突起连接成不连续的网；骨壶腹管腔大，其内的膜半规管一侧向腔内凸出形成高嵴状隆起，即壶腹嵴；壶腹嵴顶部表面有均质嗜酸性冠状物为壶腹帽，其基部上皮为单层柱状上皮，染色较深，游离面无纤毛；中部以上上皮染色浅，呈高柱状上皮，游离面可见细长纤毛，纤毛根部呈嗜酸性粗线，为纤毛基部；壶腹嵴两侧上皮为单层立方上皮。

3. 椭圆囊斑和球囊斑 管径较膜半规管大，管壁局部上皮和骨膜增厚形成椭圆囊斑和球囊斑，上皮为假复层纤毛柱状上皮。

高倍观察

1. 蜗管

（1）前庭膜：膜中间为薄层结缔组织，两侧覆以单层扁平上皮。

（2）血管纹：复层柱状上皮，内含丰富的毛细血管。

（3）基底膜：连接骨螺旋板和螺旋韧带，呈粉红色粗线，内含听弦；基底膜上方的上皮特化，形成螺旋器。

（4）螺旋器：三角形间隙为内隧道，由其两侧的内柱细胞和外柱细胞（基部宽，顶部窄，核位于基部）顶部和基部相连围成；指细胞呈柱状，基部位于基膜上，顶部伸出指状突起，核圆居中，细胞界限不清；内指细胞排成一行，位于内柱细胞的内侧；3～4 排外指细胞位于外柱细胞外侧。毛细胞呈烧瓶状，核圆居中，胞质嗜酸性，可见静纤毛；每个指细胞上方都有一个毛细胞，故有一排内毛细胞，3～4 排外毛细胞。

（5）盖膜：螺旋器上方的嗜酸性均质膜样结构，毛细胞的纤毛插入盖膜。

2. 骨半规管和壶腹嵴　骨半规管内的细胞为成纤维细胞。壶腹嵴上皮（隆起部分）中位于浅部的细胞核（卵圆形或梭形）多属于毛细胞，上皮基部的卵圆形细胞核（核仁明显）则属于支持细胞；壶腹嵴基部上皮则全部由支持细胞（核仁增多）组成；壶腹嵴两侧上皮细胞（核仁多）与其下方的色素细胞连接紧密，某些上皮细胞胞质内含色素颗粒。

3. 椭圆囊斑和球囊斑　上皮为假复层纤毛柱状上皮，上皮细胞有支持细胞和毛细胞（与壶腹嵴类似），毛细胞游离面有纤毛；纤毛埋入嗜酸性胶冻样物质，即位砂膜，位砂膜上方可见一层紫蓝色颗粒状位置，即位砂。

数字化资源：

图谱　　案例分析　　知识拓展

（王　征）

实验十四　皮　　肤

【实验目的】

（1）掌握表皮和真皮的组织结构。

（2）熟悉毛、皮脂腺和汗腺的组织结构。

【实验材料】

（1）人手指掌侧皮肤切片（HE 染色）。

（2）人头皮切片（HE 染色）。

【实验内容】

（一）手指掌侧皮肤（人手指掌侧皮肤切片，HE 染色）

肉眼观察　表面深红、下呈紫蓝色的为表皮，表皮下方为粉红色、很厚的真皮，真皮下方为染色极浅的皮下组织。

低倍观察

1. 表皮　为角化的复层扁平上皮，表面深红色部分为角质层，下接紫蓝色部分为表皮其他各层。

2. 真皮　位于表皮下方，与表皮交界处凹凸不平，但分界清楚。分为两层：

（1）乳头层：为紧邻表皮的薄层疏松结缔组织，向表皮底部突入，形成许多嵴状或乳头状隆起，称真皮乳头。乳头层含丰富的毛细血管和游离神经末梢，手指掌侧真皮乳头内含有较多的触觉小体。

（2）网织层：位于乳头层下方，较厚，是真皮的主要组成部分，由致密结缔组织构成，粗大的胶原纤维交织成网，并有许多的弹性纤维，使皮肤具有较大的韧性和弹性。此层含有较多的血管、神经和淋巴管，深部常见环层小体，毛囊、皮脂腺和汗腺等皮肤附属器也存在于此层。

（3）皮下组织（浅筋膜）：位于网织层的深面，与网织层无明显分界，由疏松结缔组织和脂肪组织组成，可见汗腺分泌部及导管、血管、神经和环层小体。

高倍观察

1. 表皮 由基底面至游离面分为5层。

（1）基底层：附着于基膜，由一层矮柱状或立方形的基底细胞组成，胞核大且深染，呈卵圆形，胞质少，嗜碱性。此层中胞质清亮、核椭圆深染的圆形细胞为黑素细胞。

（2）棘层：位于基底层上方，一般由4～10层的棘细胞组成，棘细胞胞体较大，呈多边形，胞核圆形，胞质弱嗜碱性。此层中胞质清亮、核椭圆深染的圆形细胞为朗格汉斯细胞。

（3）颗粒层：位于棘层上方，由3～5层较扁的梭形细胞组成，胞核和细胞器已退化，胞质中充满大小和形状不一的透明角质颗粒，呈强嗜碱性。

（4）透明层：位于颗粒层上方，较薄，仅在厚表皮中可见。由数层无核、界限不清的扁平细胞组成，呈现为一层薄而均质状的强嗜酸性带，折光度高。

（5）角质层：较厚，由多层无核且已经完全角化的死细胞构成，细胞中含有大量的角蛋白，呈嗜酸性均质状。角质层中成串的圆形小腔隙，为螺旋状走行的汗腺导管横切面。

2. 汗腺 分泌部位于真皮深层和皮下组织，由单层锥形腺细胞组成，胞核呈圆形，近基底部，胞质着色浅，腺细胞外有一层明显的基膜。腺细胞与基膜之间有肌上皮细胞。导管较细较直，其与腺体连接处弯曲，之后直行穿过真皮，与表皮相连续且螺旋状穿过表皮，开口于皮肤表面，导管由两层小立方形细胞围成，胞质嗜碱性。

（二）头皮（人头皮切片，HE染色）

肉眼观察 染色深的一侧为表皮，可见露在表皮外的毛干，在真皮和皮下组织中有一些斜行的紫蓝色结构，即毛囊。

低倍和高倍观察 表皮较薄，只能分辨基底层、棘层和角质层，基底细胞中可见较多黄褐色黑素颗粒。

1. 毛

（1）毛干：露在皮肤外部。

（2）毛根：位于毛囊内，呈长带状，黄褐色。

（3）毛囊：由内向外分为上皮根鞘和结缔组织鞘两层。内层为上皮根鞘，与表皮相连，结构类似表皮，又分为内根鞘和外根鞘两层；外层为结缔组织鞘，由致密结缔组织构成。

（4）毛球：毛根与毛囊上皮根鞘的下端融合，膨大为毛球，毛球内的毛母质细胞界限不清，毛母质细胞和毛根上皮细胞中含大量黑素颗粒。毛球底部有少量结缔组织突入形成毛乳头，毛乳头是富含血管和神经的结缔组织。

2. 竖毛肌 位于毛根与表皮呈钝角的一侧，为一束斜行平滑肌，有时可见其一端附着于毛囊，另一端终止于真皮浅层。

3. 皮脂腺 多位于毛囊和竖毛肌之间，为泡状腺，分泌部染色浅，由一个或几个囊状腺泡与一个短而粗的导管构成，导管极短，多开口于毛囊上部。

数字化资源：

图谱　　案例分析　　知识拓展

（王　征）

第三章

综合性实验

第一节　循 环 系 统

实验一　心脏解剖结构

【实验目的】

1. **掌握**　心的位置、形态及各心腔主要结构；心传导系的组成、位置和功能；冠状动脉的起始、行径和主要分支的分布。

2. **熟悉**　心静脉的位置和汇入，冠状窦的位置和开口；心包的分布和心包腔的构成。

3. **了解**　心壁的构造和心纤维性支架的构成；房间隔、室间隔缺损的常见部位和临床意义；心包横窦、心包斜窦的位置及临床意义；心的体表投影。

【实验材料】

（1）胸腔解剖标本，胸腔纵隔标本（切开心包）或示胸腔脏器位置的模型。

（2）完整的离体心标本和心模型，切开心房和心室的离体心标本和模型。新鲜的猪心标本（带有大血管根部）。

（3）示心传导系的牛心标本和心模型。示冠状动脉分布的离体心标本。

【实验内容】

1. **心的位置**　取胸腔解剖标本，胸腔纵隔标本（十字形切开心包）或胸腔脏器模型进行观察。心位于胸腔内，纵隔的前下部，约 1/3 位于身体正中线右侧，2/3 位于正中线左侧。前方大部分被肺和胸膜遮盖，少部分与胸骨体下部和第 4～6 肋软骨相对；后方平对第 5～8 胸椎，两侧与胸膜腔和肺相邻；上连出入心的大血管；下方邻膈。

2. **心的外形**　取离体心标本和心模型进行观察。心大小似拳头，呈圆锥形。心尖朝向左前下方，其体表投影位置在左侧第 5 肋间隙、左锁骨中线内侧 1～2cm 处。心底朝向右后上方，连接出入心脏的大血管。心脏表面有四条浅沟：冠状沟是心房和心室表面分界的标志；前室间沟和后室间沟是左、右心室表面分界的标志；后房间沟是左、右心房表面分界的标志。

心脏外形

3. **心腔的形态**　取切开心房和心室的离体心标本和模型及新鲜猪心标本进行观察。

（1）右心房：以界沟（界嵴）为界分为前部的固有心房和后部的腔静脉窦。有三个入口：上腔静脉口、下腔静脉口和冠状窦口；一个出口：右房室口。右心房的后内侧壁为房间隔，其下部有一浅凹为卵圆窝。固有心房内面平行排列的肌束为梳状肌。

（2）右心室：入口即右房室口，其周缘有三尖瓣环环绕，该纤维环上有三尖瓣附着，三尖瓣借腱索连至乳头肌。三尖瓣环、三尖瓣、腱索和乳头肌在功能上成一整体，称为三尖瓣复合体，保证血液的单向流动。出口即肺动脉口，其周缘附有肺动脉瓣。

（3）左心房：有四个入口：左、右肺上下静脉口；出口即左房室口。左心耳内亦有梳状肌。

（4）左心室：入口即左房室口，口的周缘有两片近似三角形的瓣膜，称二尖瓣。二尖瓣的形状、结构及作用与三尖瓣类似。同样，二尖瓣环、二尖瓣、腱索和乳头肌在功能上作为一个整体，称二尖瓣复合体。左房室口的前内侧有主动脉口，通主动脉。主动脉口周缘附有主动脉瓣。主动脉瓣的形状、结构及作用与肺动脉瓣基本一致。

心传导系统

4. 心的传导系统 借助牛心和心传导系模型进行观察。窦房结是心的正常起搏点，位于上腔静脉与右心房交界处的心外膜深面。房室结位于右房室口与冠状窦之间的心内膜深面。房室束进入室间隔分成左、右束支，分别沿室间隔左、右两侧面的心内膜深面下行，最后以浦肯野纤维分布于一般心肌纤维。

5. 心的血管 利用示冠状动脉分布的离体心标本或心模型在主动脉根部附近寻找左、右冠状动脉的起始，并追踪观察其行程、分支和分布。右冠状动脉沿冠状沟向右行，至心的下面转入后室间沟，主要分支为后室间支和左室后支等，主要分布于右心房、右心室、室间隔后 1/3 部、部分左心室后壁。左冠状动脉在左心耳与肺动脉干之间左行，主要分支为沿前室间沟下行的前室间支和沿冠状沟向左行至心下面的旋支，主要分布于左心房、左心室、室间隔前 2/3 部、右心室前面。心壁的静脉主要汇入冠状沟后部的冠状窦，其主要属支为心大静脉、心中静脉和心小静脉。

6. 心包 心包是包在心和出入心的大血管根部的囊状结构，外层为纤维心包，内层为浆膜心包。浆膜心包脏、壁两层之间的潜在性腔隙为心包腔。

7. 心的体表投影 心在胸前壁的体表投影常用下列四点的连线表示：左上点在左侧第 2 肋软骨下缘，距胸骨左缘 1～2cm；右上点在右侧第 3 肋软骨上缘，距胸骨右缘约 1cm；左下点在左侧第 5 肋间隙，左锁骨中线内侧 1～2cm（距正中线 7～9cm）；右下点在右侧第 6 胸肋关节处。用弧线连接上述四点，即为心在胸前壁的投影位置。

【思考题】

（1）如何定位心尖搏动点？

（2）简述二尖瓣复合体、三尖瓣复合体的组成及其功能。

（3）各心腔的出口、入口及防止血液倒流的结构主要有哪些？

（4）心传导系的组成和功能。

（5）左、右冠状动脉的起始、行程、主要分支和分布。

（6）何谓心包腔？

数字化资源：

图谱　　案例分析　　知识拓展

（崔怀瑞）

实验二　动、静脉解剖结构

【实验目的】

1. 掌握

（1）动脉：肺动脉干和左、右肺动脉的行径及动脉韧带的位置；主动脉分部以及升主动脉和主动脉弓的起止、位置和分支；身体各部主干动脉的名称、起始、行径及主要分支、分布（头颈部：颈总动脉、颈外动脉；上肢：锁骨下动脉、腋动脉、肱动脉、桡动脉、尺动脉、掌浅弓和掌深弓；胸部：胸主动脉、肋间后动脉；腹部：腹主动脉、肾动脉、腹腔干、肠系膜上动脉、肠系膜下动脉；盆部：髂总动脉、髂内动脉、髂外动脉；下肢：股动脉、腘动脉、胫前动脉、胫后动脉、足背动脉）；颈动脉窦和颈动脉小球的位置、形态和功能；子宫动脉的行径、分布及其与输尿管的关系；颞浅动脉、面动脉、颈总动脉、锁骨下动脉、肱动脉、桡动脉、股动脉和足背动脉的搏动点、压迫止血部位。

（2）静脉：上腔静脉、颈内静脉、下腔静脉、髂总静脉、髂内静脉、髂外静脉的组成、起止和行径；颈外静脉、头静脉、贵要静脉、肘正中静脉、大隐静脉、小隐静脉的起止、行径、注入部位及临床意义；肝门静脉的组成、行程及属支，门-腔静脉的吻合及临床意义。

2. 熟悉

（1）动脉：肾上腺中动脉、睾丸动脉或卵巢动脉的行径和分布范围；腹壁下动脉的起止、行径和分布范围。

（2）静脉：左、右肺静脉行径与归宿。

3. 了解

（1）动脉：支气管、食管和心包等的动脉供应来源；腋动脉主要分支、腰动脉、足背动脉弓、腓动脉、足底内、外侧动脉、足底弓的来源和分布范围；锁骨下动脉、腋动脉、肱动脉、桡动脉、尺动脉、股动脉、腘动脉、胫前动脉和胫后动脉的体表投影。

（2）静脉：静脉系的组成概念、回流因素，硬脑膜窦、板障静脉和导静脉的结构特点；上、下肢深静脉与动脉伴行情况；奇静脉、半奇静脉、副半奇静脉的起止和行程；椎静脉丛的位置和交通。

【实验材料】

（1）示全身主要动脉、深静脉、浅静脉的人体标本。心肺联合标本。

（2）全身或局部动脉铸型标本。

（3）显示主要动脉的模型。示全身主要浅静脉的模型。示全身主要深静脉的模型。

（4）示肝门静脉系及门-腔静脉吻合途径的电动模型。

【实验内容】

（一）肺循环的动脉

利用人体动脉标本及模型探查肺动脉干，其起自右心室，在升主动脉的前方向左后上方斜行，至主动脉弓的下方分为左、右肺动脉，分别行向左、右肺门。重点观察动脉韧带，其位于肺动脉干分叉处稍左侧与主动脉弓下缘之间，是胚胎时期动脉导管闭锁后的遗迹。

（二）体循环的动脉

1. 主动脉　借助人体动脉标本及模型识别体循环的动脉主干—主动脉。其由左心室发出，先斜向右上，再弯向左后，沿脊柱左前方下行，穿膈的主动脉裂孔入腹腔，至第 4 腰椎下缘处分为左、右髂总动脉。依据其行程分为升主动脉、主动脉弓和降主动脉。降主动脉又以膈的主动脉裂孔为界，分为胸主动脉和腹主动脉。

（1）升主动脉：在心脏模型或标本上观察发自升主动脉的冠状动脉走行、分布情况。

（2）主动脉弓：利用标本及模型观察主动脉凸侧发出的三大分支动脉，从右侧向左侧依次为：头臂干、左颈总动脉、左锁骨下动脉。

主动脉弓

2. 头颈部动脉

（1）颈总动脉：在头颈部血管标本上和铸型标本上观察。颈总动脉位于气管和食管的外侧，达甲状软骨上缘处分为颈内动脉和颈外动脉。颈内动脉与颈外动脉的鉴别方法有：①位于后外侧的为颈内动脉，前内侧的是颈外动脉；②颈部有分支血管的是颈外动脉，无分支的是颈内动脉；③向上入颅腔者是颈内动脉，在颅腔外的是颈外动脉。在颈内动脉起始处管壁上观察稍膨大的颈动脉窦，其为压力感受器。在颈总动脉分叉处后方观察到的多个扁圆形小体即为颈动脉小球，其为化学感受器。

（2）颈外动脉：在头颈部血管标本和模型上观察。辨识颈外动脉自下而上发出的分支。

1）甲状腺上动脉：起自颈外动脉发出处稍上方，向内侧行至甲状腺。

2）舌动脉：在舌骨大角高度发出，经下颌下三角入口底。

3）面动脉：在舌动脉稍上方发自颈外动脉，经下颌下腺深面上行，浅出后绕下颌骨表面、咬肌前缘至面部。重点观察面动脉行经下颌骨表面的部位，为面动脉的压迫止血点。

4）颞浅动脉、上颌动脉：为颈外动脉在下颌颈高度发出的两条终末分支。观察行经外耳门前方、颧弓上方的颞浅动脉，此处在活体上可触摸其搏动。

（3）颈内动脉：上行至颅内，颈部无分支。

3. 上肢的动脉

（1）锁骨下动脉：在上肢动脉标本或动脉铸型标本上观察上肢的动脉主干及其主要分支情况。上肢的动脉主干是锁骨下动脉，其左侧起自主动脉弓，右侧起自头臂干。向外下方至第1肋外侧缘续为腋动脉。腋动脉向外下方行至背阔肌处移行为肱动脉。肱动脉下行至桡骨颈高度分为桡动脉和尺动脉。桡、尺动脉的终末端或分支在掌心组成掌浅弓和掌深弓。

1）椎动脉：从锁骨下动脉的上壁发出沿前斜角肌内侧缘上行穿上6位颈椎横突孔，再经枕骨大孔至颅内。

2）胸廓内动脉：从锁骨下动脉的下壁发出，在胸骨侧缘后方下行。可探查其终末分支肌膈动脉和腹壁上动脉。

3）甲状颈干：通常在椎动脉外侧由锁骨下动脉的上壁发出，为一长约1cm的短干。探查其重要分支甲状腺下动脉经颈总动脉后方至甲状腺下极处。

（2）腋动脉：将整尸标本上肢外展，辨识腋动脉。

（3）肱动脉：探查行于肱二头肌内侧沟处的肱动脉，其在发起出分出肱深动脉向后下行于肱骨桡神经沟内。在活体上可于臂中部肱二头肌内侧沟触摸到肱动脉搏动，可作为压迫止血及测量血压的部位。

（4）桡动脉、尺动脉：在肱桡肌深面可观察到下行于前臂桡侧的桡动脉，下行至腕关节上方绕桡骨茎突至手背，继而穿第1掌骨间隙至手掌深面。桡动脉发出掌浅支、拇主要动脉。其在腕部稍上方行于肱桡肌腱与桡侧腕屈肌间之间，位置表浅，可触摸到其搏动，是中医切脉的常用部位。在尺侧腕屈肌深面可观察到下行于前臂尺侧的尺动脉，经豌豆骨的桡侧至手掌，发出掌深支。探查在尺动脉起始处附近发出的短干骨间总动脉，其再分支为骨间前动脉和骨间后动脉，沿骨间膜前、后面下降。

（5）掌浅弓、掌深弓：掌浅弓由桡动脉掌浅支和尺动脉末端吻合而成，位于指浅屈肌、指深屈肌及蚓状肌的表面。观察从弓的突出发出的3条指掌侧总动脉，行至掌指关节附近分为2条指掌侧固有动脉。掌深弓由桡动脉末端和尺动脉的掌深支吻合而成，由弓的凸侧发出3条掌心动脉。用镊子提起指掌侧总动脉，观察位于掌指关节附近加入的掌心动脉。

4. 胸部的动脉　胸部的动脉主干是胸主动脉。

（1）壁支：相对于脏支而言，壁支管径较大。在胸部的动脉标本上，可用镊子提起胸主动脉，观察其后外侧壁发出的肋间后动脉及肋下动脉。观察其与相应的静脉、神经伴行于肋沟、肋间隙的情况。

（2）脏支：管径细小，不易观察。

5. 腹部的动脉　腹部的动脉主干是腹主动脉，其分支包括：

（1）壁支：在腹部动脉标本上观察。相对于脏支而言，壁支管径较小。

1）膈下动脉：在膈下面主动脉裂孔稍下方探查，可试寻找由其发出的肾上腺上动脉。

2）腰动脉：可将腹主动脉分别向左前方、右前方提起，寻找其后外侧壁发出的4对腰动脉。

（2）脏支：在腹部动脉标本上观察。可分为不成对脏支和成对脏支2类。

不成对脏支

A. 腹腔干：可在主动脉裂孔稍下方探查，为一长约1cm的短干，可见其很快分为向左行至胃小弯侧胃壁的胃左动脉（较细）、向右行至肝的肝总动脉（较粗）和向左经胰体后方行至脾的脾动脉。追踪观察各如下分支：

<table>
<tr><td rowspan="10">腹腔干</td><td>胃左动脉</td><td colspan="2"></td><td rowspan="3"></td></tr>
<tr><td rowspan="5">肝总动脉</td><td rowspan="3">肝固有动脉</td><td>胃右动脉</td></tr>
<tr><td>左支</td></tr>
<tr><td>右支</td><td>胆囊动脉</td></tr>
<tr><td rowspan="2">胃十二指肠动脉</td><td>胃网膜右动脉</td><td rowspan="6"></td></tr>
<tr><td>胰十二指肠上动脉</td></tr>
<tr><td rowspan="4">脾动脉</td><td>胃短动脉</td><td rowspan="4"></td></tr>
<tr><td>胃后动脉</td></tr>
<tr><td>胰支</td></tr>
<tr><td>胃网膜左动脉</td></tr>
</table>

B. 肠系膜上动脉：将胰翻起，在胰颈的后方可见由腹主动脉前壁发出肠系膜上动脉。探查其经十二指肠水平部前方进入小肠系膜两层之间的情况。将小肠翻向左侧，观察肠系膜上动脉发出的空肠动脉、回肠动脉、回结肠动脉、右结肠动脉和中结肠动脉，分别分布于相应肠管。其中，特别需探查由回结肠动脉发出的阑尾动脉。

C. 肠系膜下动脉：将小肠翻向右侧，可见肠系膜下动脉在第 3 腰椎高度由腹主动脉前壁发出，观察肠系膜下动脉发出的左结肠动脉、乙状结肠动脉和直肠上动脉，分别分布于相应肠管。

6. 盆部的动脉 在骶髂关节水平可见髂总动脉分支为髂内动脉和髂外动脉。

（1）髂内动脉 可利用盆部正中矢状切面标本观察其有关分支。

1）壁支：探查行向闭膜管的闭孔动脉和穿梨状肌上、下孔的臀上、下动脉。

2）脏支

A. 膀胱上、下动脉：采用逆向追踪的方法分别从膀胱体、膀胱底向上探寻膀胱上、下动脉。探查膀胱上动脉自脐动脉发出的情况。

B. 子宫动脉：自子宫体侧缘逆向寻找子宫动脉，注意观察子宫动脉与输尿管的位置关系，可见在子宫颈外侧约 2cm 处子宫动脉从输尿管前上方跨过（通常形象地比喻成“小桥流水”），术中结扎子宫动脉时应注意此位置关系。

C. 阴部内动脉：探查经梨状肌下孔穿出的阴部内动脉，向下追踪可见其穿坐骨小孔至坐骨肛门窝，分部于肛门、会阴部和外生殖器。

（2）髂外动脉：探查经腰大肌内侧缘下降的髂外动脉，其经腹股沟韧带中点深面至股前区，移行为股动脉。

7. 下肢的动脉 下肢的动脉主干为髂外动脉。利用下肢动脉灌注标本或铸型标本观察髂外动脉及其分支。

（1）股动脉：在股三角内探查股动脉，可见其向下经收肌管下口的收肌腱裂孔穿出至腘窝，移行为腘动脉。活体上，在腹股沟韧带中点附近稍下方可触摸到股动脉的搏动。下肢出血时，可在此处进行暂时性压迫止血。

（2）腘动脉：在腘窝深处探查腘动脉，可见其在腘肌下缘处分为胫前动脉和胫后动脉。腘动脉发出数条关节支和肌支。

（3）胫后动脉：在小腿后面浅、深群肌之间查看胫后动脉，其下行经内踝后方转至足底，分为足底内、外侧动脉。观察胫后动脉在小腿上部发出较粗的腓动脉。

（4）胫前动脉：探查胫前动脉由后向前穿小腿骨间膜至小腿前群肌之间下行的情况。胫前动脉在踝关节前方移行为足背动脉。

（5）足背动脉：在足背沿踇长伸肌腱的外侧行向前下方，穿第 1 跖骨间隙与足底外侧动脉吻合成足底弓。在活体，可在内踝与外踝连线的中点、踇长伸肌腱的外侧触摸到足背动脉的搏动。

（三）肺循环的静脉

从心肺联合标本的后面观察连于肺门与左心房之间的左肺上、下静脉和右肺上、下静脉。

（四）体循环的静脉

1. 上腔静脉系 主要收纳头颈部、上肢和胸部（除心、肺以外）等上半身的静脉血。

（1）头颈部的静脉：利用头颈部静脉标本和模型进行观察。

1）面静脉：位置表浅，观察其伴行于面动脉后方。通过静脉吻合与颅内海绵窦相交通。观察鼻根至口角两侧的面部“危险三角”。

2）颈外静脉：沿胸锁乳突肌表面下行，理解婴幼儿常选用颈外静脉采血的原因。

3）颈内静脉：观察其伴行颈内动脉、颈总动脉最后汇入头臂静脉的情况。

（2）上肢的静脉：利用上肢静脉标本和模型进行观察。

1）头静脉：起自手背静脉网的桡侧，经前臂和臂部的外侧上行，最后汇入深静脉（腋静脉或锁骨下静脉）

2）贵要静脉：起自手背静脉网的尺侧，经前臂和臂部的内侧上行，在臂中部汇入深静脉（肱静脉）。

3）肘正中静脉：在肘窝处连接于头静脉和贵要静脉之间。

4）上肢的深静脉桡静脉、尺静脉、肱静脉和腋静脉常是 2 条伴行与相应动脉两侧上行，最后汇入锁骨下静脉。

（3）胸部的静脉：利用胸部静脉标本和模型进行观察。

1）头臂静脉：观察左、右两侧锁骨下静脉、颈内静脉分别汇合形成左、右头臂静脉的情况。同侧锁骨下静脉与颈内静脉汇合处的夹角为静脉角。

2）上腔静脉：探查由左、右头臂静脉汇合形成上腔静脉的情况。观察上腔静脉在升主动脉的右侧下行注入右心房。

3）奇静脉：探查奇静脉起自右腰升静脉，收集右侧肋间后静脉、食管静脉、支气管静脉和副半奇静脉的血液。注意观察奇静脉勾绕右肺根的上方注入上腔静脉。

2. 下腔静脉系 主要收纳下肢、会阴、盆部、腹部等下半身的静脉血。

（1）下肢的静脉：利用下肢的浅、深静脉标本和模型进行观察。

1）大隐静脉：观察大隐静脉起于足背静脉弓内侧，经内踝前方，沿小腿内侧上行，再沿大腿内侧转至大腿前面上行，在耻骨结节外下方 3～4 cm 处注入股静脉。在大隐静脉注入股静脉前，收纳了 5 条属支，即股内侧浅静脉、股外侧浅静脉、腹壁浅静脉、旋髂浅静脉和阴部外静脉。在内踝的前上方是临床上大隐静脉输血、输液的常用部位。

2）小隐静脉：起于足背静脉弓外侧，经外踝后方，沿小腿后面正中上行，最后注入腘静脉。

3）下肢深静脉与同名动脉伴行。注意观察在腹股沟韧带下方处股静脉与股动脉的，理解股静脉穿刺在位置选择上的依据。

（2）盆、会阴部的静脉：利用盆、会阴部正中矢状切面的静脉标本和模型进行观察。盆部静脉与同名动脉伴行，需注意盆部静脉常在脏器周围形成静脉丛（如直肠静脉丛、膀胱静脉丛、子宫静脉丛），再汇合成相应静脉。

（3）腹部的静脉：利用腹部的静脉标本和模型进行观察。

1）下腔静脉：观察位于脊柱右前方的下腔静脉，可见其腔大壁薄，由左、右髂总静脉在第 5 腰椎前方汇合而成，向上经肝的腔静脉沟，穿膈的腔静脉孔注入右心房。

2）肾静脉：经肾动脉前面注入下腔静脉，可见左肾静脉长于右肾静脉。

3）睾丸或卵巢静脉：与同名动脉伴行，注意观察右侧睾丸或卵巢静脉直接汇入下腔静脉，而左侧睾丸或卵巢静脉则汇入左肾静脉。通过观察左侧睾丸静脉行程理解男性睾丸静脉曲张好发于左侧的原因。

4）肾上腺静脉：右侧汇入下腔静脉，而左侧汇入左肾静脉。

5）肝门静脉系：肝门静脉及其属支构成了肝门静脉系。在腹部标本上探查行于肝十二指肠韧带内的肝门静脉，切断胰颈部，可见肝门静脉由脾静脉和肠系膜上静脉在胰头和胰体交界处的后方汇合而成，此处亦可见肠系膜下静脉汇入脾静脉或肠系膜上静脉。

在肝门静脉–腔静脉吻合电动模型上观察肝门静脉的属支包括：脾静脉、肠系膜上静脉、肠系膜下静脉、胃左静脉、胃右静脉、胆囊静脉和附脐静脉。肝门静脉收集除肝、齿状线以下肛管以外腹腔不成对器官的静脉血（食管下段、胃、小肠、大部分的大肠、胆囊、胰和脾等）。理解肝门静脉系的两个特点：①起始端和汇入末端都与毛细血管相连；②属支内没有功能性的静脉瓣。因此，当肝门静脉压过高时，血液易发生倒流。

肝门静脉

理解肝门静脉系与上、下腔静脉系之间具有丰富的吻合，在肝硬化患者，肝门静脉回流受阻时，可通过这些吻合途径，分流肝门静脉血液。主要吻合部位有：食管静脉丛、直肠静脉丛、脐周围静脉丛、脊柱静脉丛等。理解肝门静脉与上、下腔静脉吻合的重要临床意义。

3. 心静脉系　参见心的解剖结构实验内容。

【思考题】

（1）身体上哪些部位可以触摸到动脉的搏动?

（2）外伤致股动脉出血时，如何进行现场急救止血?

（3）简述腹腔干的主要分支及其营养部位。

（4）人体颈部、上肢及下肢有哪些主要的浅静脉?

（5）何谓静脉角?

（6）简述门-腔吻合途径及意义。

数字化资源：

图谱　　案例分析　　知识拓展

（崔怀瑞）

实验三　淋巴系统解剖结构

【实验目的】

1. 掌握　胸导管的起始、行程、注入部位和收集范围；脾的位置和形态。

2. 熟悉　右淋巴导管的形成、注入部位和收集范围；下颌下淋巴结、颈外侧浅淋巴结、颈外侧深淋巴结的位置、收集范围和颈干的形成；腋淋巴结的位置、收集范围和锁骨下干的形成；胸、腹、盆腔各淋巴结群的位置、收集范围和支气管纵隔干、腰干、肠干的形成；腹股沟淋巴结的分群，各群的位置、收集范围和输出管的去向。

3. 了解　胸腺的位置和形态。

【实验材料】

（1）全身浅淋巴结标本和模型。

（2）胸导管及右淋巴导管标本和模型。
（3）胸、腹、盆腔淋巴结标本和模型。
（4）小儿胸腺标本和模型。
（5）腹腔解剖标本和模型。
（6）脾标本和模型。

【实验内容】

（一）胸导管及右淋巴导管

取胸导管和右淋巴导管标本和模型观察。在第1腰椎前方寻认膨大的乳糜池及汇入其中的左、右腰干和肠干，观察胸导管的行程和注入部位。在观察其行程时，注意胸导管与脊柱、食管的位置关系。在胸导管注入静脉角处，寻认左颈干、左支气管纵隔干、左锁骨下干。在右静脉角附近寻认右淋巴导管以及汇入右淋巴导管的右颈干、右支气管纵隔干、右锁骨下干。

（二）淋巴结的形态和全身重要的淋巴结群

取全身浅淋巴结标本和胸、腹、盆腔淋巴结标本和模型观察。
（1）取一个外形正常的腹股沟浅淋巴结，仔细辨认其输入淋巴管和输出淋巴管。
（2）观察下列淋巴结群的分布
1）下颌下淋巴结、颈外侧浅淋巴结、颈外侧深淋巴结。
2）腋淋巴结。
3）胸骨旁淋巴结和支气管肺门淋巴结。
4）腰淋巴结、胃周围淋巴结和肠系膜上、下淋巴结。
5）髂总淋巴结、髂内淋巴结和髂外淋巴结。
6）腹股沟淋巴结。

（三）脾

在腹腔的解剖标本和模型上，观察脾在腹腔内的位置，注意脾和左侧肋弓的位置关系；取脾标本和模型，观察其形态，辨认其脏面的脾门和上缘的脾切迹。

（四）胸腺

在小儿胸腺标本和模型上，观察胸腺的位置和形态。

【思考题】

（1）胸导管的起始、行程、引流的淋巴干和收纳淋巴范围。
（2）哪些器官的肿瘤可引起腹腔淋巴结转移？
（3）脂肪入血的途径。

数字化资源：

图谱　　案例分析　　知识拓展

（王　征）

实验四　脉管系统组织结构

【实验目的】

（1）掌握心壁的三层结构及心内膜和心外膜的特点。
（2）掌握大动脉、中等动脉管壁结构，熟悉静脉管壁结构。
（3）掌握淋巴结的微细结构。
（4）熟悉胸腺、脾的微细结构。

【实验材料】

（1）心室壁切片。
（2）人中等动、静脉切片。
（3）人大动脉切片。
（4）人胸腺切片。
（5）人淋巴结切片。
（6）人脾切片。

【实验内容】

（一）心（心室壁切片，HE 染色）

肉眼观察　组织呈红色带状，其凹凸不平的一面为心腔面，心外膜侧浅染，常见脂肪组织。

低倍观察　区分心内膜、心肌膜、心外膜，心肌膜最厚，心外膜次之。

高倍观察

1. 心内膜

（1）内皮：位于腔面，较薄，为单层扁平上皮。
（2）内皮下层：由薄层细密结缔组织组成，染色淡，有少许平滑肌纤维。
（3）心内膜下层：着色较浅，主要为疏松结缔组织，有血管、神经和浦肯野纤维等分布。浦肯野纤维较一般心肌纤维粗染色较浅，肌浆丰富，肌原纤维少，横纹不太明显；细胞连接处闰盘发达。

2. 心肌膜　很厚，由多种切面的心肌纤维所构成，纵切的心肌纤维，为细长形，有分支和明暗相间的横纹，核长圆形，位于肌纤维的中央，细胞连接处可见闰盘；横切的心肌纤维为多边形，中央有一圆形核。心肌纤维之间有少量结缔组织和丰富的毛细血管，有些部位还有较多脂肪细胞。

3. 心外膜　由结缔组织构成，最外被覆一层间皮，结缔组织中有脂肪细胞、血管和神经分布。

（二）中等动、静脉（人中等动、静脉切片，HE 染色）

肉眼观察　标本中有两个较大的血管横断面。管壁较厚、管腔较圆、较小的是中动脉。管壁较薄、管腔较大且不规则的是中静脉。

低倍观察

1. 中等动脉：管壁厚而圆，管腔面呈波纹状。管壁分三层，由腔面向外观察依次为内膜、中膜、外膜，中膜最厚，外膜次之。

2. 中等静脉：管壁薄，管腔不规则，腔面光滑。管壁分三层，由腔面向外观察依次为内膜、中膜、外膜，外膜比中膜厚。

中等动脉（镜下）

高倍观察

1. 中等动脉

（1）内膜：很薄，在腔面只见一层内皮细胞核。内皮下可见内弹性膜，为一层红色、折光性强、呈波浪状的膜，是内膜与中膜的分界线。

（2）中膜：最厚，由 20 层左右环行平滑肌组成。其间有少量弹性纤维和胶原纤维。

中等静脉（镜下）

（3）外膜：比中膜稍薄，主要成分是结缔组织，其中含有折光性强的弹性纤维，多为纵行。在中膜与外膜交界处有外弹性膜，故与中膜分界明显。外膜内有营养血管及神经的断面。

2. 中等静脉

（1）内膜：分为三层。内皮细胞核呈扁圆形突向管腔。内弹性膜不明显。

（2）中膜：主要为 3～5 层环行平滑肌，常呈束状，被结缔组织所隔开。

（3）外膜：无外弹性膜。近中膜处有时见纵行平滑肌的横断面。此外，可见胶原纤维、弹性纤维以及血管、神经的断面。

（三）大动脉（人大动脉切片，HE 染色）

肉眼观察 此系大动脉壁的一段。较平坦的一侧为腔面，对侧为管壁的外面。

低倍观察 内、中、外三层膜的界限不清，内膜较薄，中膜最厚，外膜的结缔组织中有小血管的断面。

高倍观察

1. 内膜 可见内皮、内皮下层；内皮下层的结缔组织中散在有纵行平滑肌和弹性纤维；内弹性膜不明显，因此与中膜的分界不清。

2. 中膜 最厚以弹性膜为主，其间夹有平滑肌和结缔组织。

3. 外膜 较薄，由结缔组织构成，含有弹性纤维、胶原纤维、营养血管和神经。在外膜内寻找小动、静脉进行观察对比，小动脉管腔小，管壁相对较厚，内膜除内皮外，其余二层不明显，中膜较厚，由几层平滑肌构成；外膜与周围的结缔组织相移行。小静脉管腔较大，管壁甚薄，除内皮外，只有 1～2 层平滑肌和少量的结缔组织。

（四）淋巴结（淋巴结切片，HE 染色）

肉眼观察 标本为卵圆形的实质性器官，表面有薄层红色被膜，被膜下染成深紫蓝色的部分是皮质；中央部染色较浅的是髓质。

低倍观察 淋巴结表层染成淡红色的薄膜，是结缔组织构成的被膜。被膜深入实质内形成的长短不等的淡红色条状结构是小梁。在淋巴结凸侧可见数条输入淋巴管；在淋巴结凹侧有较多结缔组织，其中可见血管、神经和输出淋巴管，此处为淋巴结门。

1. 皮质

（1）淋巴小结：浅皮质内由淋巴组织聚集成的圆形结构即淋巴小结。淋巴小结中央染色较浅的区域为生发中心；生发中心周围有一层密集的小淋巴细胞，染色深，以顶部最厚，称小结帽；淋巴小结中心染色浅，为生发中心的明区，其深面靠近髓质的部分染色深，为生发中心的暗区。

（2）副皮质区（胸腺依赖区）：为弥散分布于皮质深层的淋巴组织。

（3）皮质淋巴窦：位于淋巴小结与被膜之间或淋巴小结与小梁之间，呈空网状，染色浅淡，窦腔内细胞稀疏。

2. 髓质

（1）髓索：髓质内由淋巴组织聚集成的条索状结构即髓索，呈紫红色，粗细不一，形状不规则，相互连接成网。

（2）髓窦：髓索之间或髓索与小梁之间的染色浅淡区是髓质淋巴窦，宽阔而迂曲，相互连接成网。

高倍观察

1. 皮质

（1）淋巴小结：生发中心内的明区近被膜侧，染色浅，主要是中等大小的较幼稚的淋巴细胞、网状细胞和巨噬细胞；暗区近髓质侧，染色深，主要是大而幼稚的淋巴细胞；生发中心顶部的小结帽呈新月形，染色深，为大量密集的小淋巴细胞。

（2）副皮质区（胸腺依赖区）：可见大量小、圆、嗜碱性的淋巴细胞；网状细胞稀疏，核为不规则的卵圆形，胞质淡粉红色；巨噬细胞的核较网状细胞小而色深，胞质嗜酸性强。

（3）皮质淋巴窦：窦内有散在的淋巴细胞、网状细胞和巨噬细胞。

2. 髓质

（1）髓索：以小淋巴细胞为主，可见浆细胞、巨噬细胞和小血管等。

（2）髓窦：窦壁可见扁平的内皮细胞；窦内有星形内皮细胞，形态似网状细胞，突起明显；巨噬细胞胞体较大呈圆形或卵圆形，核较小，胞质嗜酸性，常以突起附着于内皮细胞；淋巴细胞散在。

〖绘图〗　在低倍镜下绘淋巴结图，注明被膜、小梁、淋巴小结、生发中心、副皮质区、髓索、皮质淋巴窦及髓质淋巴窦等。

（五）脾（脾切片，HE 染色）

肉眼观察　标本为实质性器官，一侧表面粉红色的为被膜；脾实质大部分呈红紫色，为红髓，散在分布的紫蓝色小团或索状结构是白髓。

低倍观察

1. 被膜和小梁　被膜的结缔组织较厚，富含弹性纤维和平滑肌纤维，表面覆有单层扁平上皮即间皮。被膜的结缔组织伸入实质形成小梁，呈粉红色的条状或块状，内含小梁动、静脉。

2. 白髓　染成深蓝色，主要由密集的淋巴组织构成，沿中央动脉分布，由动脉周围淋巴鞘和脾小体组成。

（1）动脉周围淋巴鞘：为中央动脉周围的弥散淋巴组织。由于动脉走行方向不一，可见动脉周围淋巴鞘的纵、横、斜切面。

（2）脾小体：是脾脏内的淋巴小结，常位于动脉周围淋巴鞘的一侧，小结帽朝向红髓，小结内有中央动脉分支。

（3）边缘区：是白髓周边向红髓移行的狭窄区域，与红髓脾索无明显界限，淋巴组织较白髓稀疏，有中央动脉分支而来的毛细血管开口，是血液中的淋巴细胞进入淋巴组织的重要通道。

3. 红髓　位于白髓之间及白髓与小梁之间，含大量红细胞，染色较红。由脾血窦和脾索构成，两者相间分布。

（1）脾血窦：为不规则形腔隙，大小不等，有的空虚，有的含大量血细胞。

（2）脾索：为不规则的条索，互连成网，网孔即脾血窦。

高倍观察

1. 脾血窦　位于相邻脾索之间，相互连接成网。窦壁的长杆状内皮细胞多被横切，核圆突向窦腔，细胞间可见小的间隙。窦腔内有大量红细胞。

2. 脾索　条索状，互连成网，由富含血细胞的淋巴组织构成。红细胞与有核细胞（淋巴细胞、网状细胞、巨噬细胞和浆细胞等）聚集，呈红蓝色点状相间，以此与脾血窦和白髓相区别。

（六）胸腺（人胸腺切片，HE 染色）

肉眼观察　标本表面有薄层被膜，呈粉红色。内部是许多大小不等的紫色小块即小叶。每个小叶周围染色深的为皮质，中心染色淡的为髓质。小叶之间染成淡红色处是小叶间隔。

低倍观察

1. 被膜　由薄层结缔组织构成，被膜伸入腺实质内形成小叶间隔，将实质分成许多不完全分隔的胸腺小叶。

2. 胸腺小叶　皮质呈强嗜碱性染深蓝色，位于小叶周边；髓质嗜碱性较弱，位于小叶深部，各小叶的髓质相互连续，其中可见嗜酸性染红色的胸腺小体。

高倍观察

1. 皮质　由密集的胸腺细胞和少量胸腺上皮细胞组成。胸腺细胞体积小、圆，核染色深，胞质少，嗜碱性染蓝色。胸腺上皮细胞散在分布，形状不规则；核卵圆形，较大，染色浅，核仁明显；胞质较多，呈弱嗜酸性染粉红色。

2. 髓质 与皮质相比，胸腺上皮细胞增多，淋巴细胞较少。染红色的胸腺小体散在，大小不等，圆形或形状不规则，由胸腺上皮细胞大致呈同心圆排列而成，内可见少量淋巴细胞；胸腺小体外周的细胞，为扁平形，胞核明显，呈新月状，胞质嗜酸性染色；近胸腺小体中心的上皮细胞退化，核消失，结构不清楚，胞质嗜酸性强。

【思考题】

（1）心内膜下层的束细胞与心肌纤维在结构上有何异同？

（2）光镜下中动脉有哪些特点？内中外三层膜如何分界？

（3）中动脉和大动脉的中膜成分有何不同？

（4）淋巴结和脾的淋巴小结存在部位有何不同？

（5）淋巴窦与脾血窦、髓索与脾索在结构和功能上有何异同？

（6）胸腺的髓质有何特殊结构？

数字化资源：

图谱　　　案例分析　　　知识拓展

（赵冬久）

实验五　心血管系统疾病

【实验目的】

（1）掌握动脉粥样硬化的基本病变，冠心病的病变特点及后果。

（2）掌握原发性高血压的各期病变特点，心、脑、肾等重要器官的病变及临床后果。

（3）掌握风湿病的基本病变，风湿性心脏病的病变特点。

（4）熟悉感染性心内膜炎的病变特点及后果。

（5）了解心肌炎、心肌病的概念、病变及其后果。

【实验材料】

1. 大体标本 主动脉粥样硬化、脑动脉粥样硬化、冠状动脉粥样硬化、心肌梗死、高血压性心脏病、高血压病固缩肾、高血压脑出血、风湿性心瓣膜病、风湿性心外膜炎（绒毛心）、亚急性感染性心内膜炎、二尖瓣狭窄、主动脉瓣狭窄

2. 病理切片 主动脉粥样硬化、风湿性心肌炎

【实验内容】

一、大 体 标 本

（一）动脉粥样硬化

〖基本病理变化〗

动脉粥样硬化主要累及全身的大中型动脉。①脂纹：是早期病变，可见平坦或略隆起于内膜的黄色斑点或条纹，条纹宽 1-2mm。②纤维斑块：为突出于内膜表面的灰黄色或瓷白色斑块。③粥

样斑块：在切面上斑块表面一层纤维帽，深层为粥样物质。

〖标本观察〗

1. 主动脉粥样硬化

观察要点　主动脉一段，其内膜表面可见有许多大小不等，呈不规则圆形、突起的斑块。有的斑块颜色灰白，表面光滑似蜡；有的色稍黄；有的表面破溃形成溃疡。另可见动脉一端局部管壁向外膨出呈瘤状，即动脉瘤。

动脉粥样硬化（大体）

思考　主动脉粥样硬化有哪些继发性改变?

2. 脑动脉粥样硬化

观察要点　脑基底动脉透过动脉管壁可见黄白色斑块。

思考　脑动脉粥样硬化对脑组织有何影响，可导致什么后果，患者会出现哪些临床表现?

（二）高血压病

〖基本病理变化〗

病变主要累及全身细小动脉。病变发展过程可分三期：①机能障碍期：血管和内脏器官无器质性病变。②血管病变期：细小动脉管壁增厚，管腔狭窄。③内脏病变期：左心室代偿期向心性肥大，失代偿期离心性肥大；肾脏呈原发性颗粒性固缩肾，肾脏体积缩小，质地变硬，表面呈细颗粒状，切面皮髓质界限不清；脑出现水肿、软化灶和出血病灶；视网膜中央动脉硬化，乳头水肿，视网膜有渗出和出血。

〖标本观察〗

高血压性心脏病（大体）

1. 高血压性心脏病

病史摘要　张某，54 岁，男性，几年前诊断为高血压，近三年来血压持续升高，达 160/120mmHg。

观察要点　心脏体积增大，左心室壁明显增厚，达 2～3cm，心腔不扩大（向心性肥大），乳头肌和肉柱增粗，瓣膜无明显改变。

2. 高血压病脑出血

观察要点　冠状切面脑组织，一侧内囊区见出血灶，大小约 5cm×3cm。

3. 原发性高血压固缩肾

观察要点　肾脏体积缩小，重量减轻，皮质变薄，皮髓质分界不清，表面呈凹凸不平的细颗粒状。

原发性固缩肾（大体）

（三）风湿病

〖基本病理变化〗

①病变常累及心脏、血管、关节和皮下结缔组织；②浆膜病变以浆液纤维素渗出为主；③心脏病变可累及三层结构，心外膜常为浆液纤维素性炎，心肌炎以风湿小体病变为主，心内膜炎以二尖瓣受累最常见，急性时形成疣状赘生物，位于二尖瓣心房面及主动脉瓣心室面的闭锁缘上，呈单行串珠状排列，灰白半透明，附着牢固，不易脱落。慢性时赘生物逐渐机化，形成灰白色瘢痕，导致瓣膜口狭窄或关闭不全，引起慢性心瓣膜病。

〖标本观察〗

1. 风湿性心内膜炎（心脏模型）

观察要点　二尖瓣闭锁缘上可见淡黄色、单行排列的疣状赘生物。

2. 纤维素性心外膜炎

观察要点　心脏增大，心包脏层与壁层被覆大量纤维素从而增厚、粗糙。

（四）亚急性细菌性心内膜炎

〖基本病理变化〗

病变瓣膜上形成赘生物。瓣膜增厚、变形，其表面的赘生物大小不一，单个或多个，形状不规则，呈息肉状、菜花状，色灰黄污秽，干燥质脆，易于脱落成为栓子引起栓塞。

〖标本观察〗

亚急性细菌性心内膜炎

观察要点 主动脉瓣增厚缩短，整个瓣膜缘及部分瓣膜均有粟米至绿豆大小、淡褐色不规则赘生物附着。其中靠瓣膜左侧的赘生物直径约 3cm，部分边缘色黑。左心室扩张肥大，心室壁厚 1.7cm，乳头肌增粗，右心亦扩大。

二、病 理 切 片

（一）动脉粥样硬化

〖基本病理变化〗

①脂纹：病灶处形成大量泡沫细胞。②纤维斑块：斑块表层为厚薄不一的纤维帽，由大量胶原纤维、SMC 和细胞外基质组成。纤维帽下方可见多少不等的 SMC、巨噬细胞和泡沫细胞以及细胞外基质和脂质。③粥样斑块：纤维帽的胶原纤维呈玻璃样变性，深层为大量无定形坏死物质，其内富含细胞外脂质，可见胆固醇结晶和钙化。斑块底部和边缘出现肉芽组织，外周见少量淋巴细胞浸润和泡沫细胞。

〖切片观察〗

主动脉粥样硬化

观察要点 眼观切片为一条带状组织，可见表面有丘状隆起，镜下观察隆起处，可见主动脉内膜因大量纤维组织（继发玻璃样变）增生而明显增厚，在内膜深层的淡红色坏死物质内可见针状或叶状空隙（此乃胆固醇结晶溶解后留下之空隙）。

（二）风湿性心脏病

〖基本病理变化〗

风湿小体（镜下）

病变过程分为三期：①变质渗出期：结缔组织的基质发生黏液样变性和胶原纤维发生纤维素样坏死。②增生期：病变特征为风湿小体的形成。风湿小体多位于心肌间质小血管旁、心内膜下和皮下结缔组织。风湿小体略呈梭形，风湿细胞聚集于纤维素样坏死灶内，外周为少量的成纤维细胞、淋巴细胞。风湿细胞胞体肥大，圆形或多边形，胞质丰富，略嗜碱性，一个或多个核，核大，核膜清楚，染色质凝集于核中央，横切枭眼状，纵切毛虫状。③瘢痕期：风湿小体中的纤维素样坏死物质逐渐被吸收，细胞成分逐渐减少，成纤维细胞演变为纤维细胞，并产生胶原纤维，进而发生玻璃样变性而成为梭形瘢痕。

〖切片观察〗

风湿性心肌炎

观察要点 在心肌间质或间质血管旁，可找到风湿小体，观察风湿小体的组成成分及风湿细胞的形态特点。

【思考题】

（1）动脉粥样硬化的各期变化各有什么特点？

（2）高血压病内脏病变期一般出现在哪些脏器，其病理特征如何？

数字化资源：

图谱　　案例分析　　知识拓展

（刘迎福）

第二节　呼 吸 系 统

实验六　呼吸系统解剖结构

【实验目的】

（1）掌握呼吸系统的组成及上、下呼吸道的划分。

（2）熟悉鼻旁窦的组成及开口部位以及上颌窦的结构特点。

（3）掌握喉的位置，喉腔的形态结构和分部。

（4）比较左、右主支气管的位置、形态。

（5）掌握肺的位置、形态、分叶、体表投影。

（6）掌握胸膜的分布、胸膜腔的构成及肋膈隐窝的位置。

（7）了解纵隔的境界、分部和主要内容。

【实验材料】

（1）呼吸系统概观标本，人体半身模型，切除胸前壁的半身标本和模型。

（2）头颈部正中矢状切面模型或标本，鼻旁窦模型或标本，切除鼻甲、显露鼻道的标本，喉模型或标本，喉软骨模型或标本。

（3）气管及主支气管模型或标本，支气管树的铸型标本，肺小叶模型，左、右肺模型或标本，肺的透明模型。

（4）胸腔解剖模型或标本，纵隔模型或标本。

【实验内容】

（一）鼻

在活体上观察和确认鼻根、鼻背、鼻尖、鼻翼和鼻孔。在头颈部正中矢状切面模型或标本区分鼻前庭和固有鼻腔，辨认嗅区及呼吸区范围。确认上、中、下鼻甲；上、中、下鼻道；鼻泪管开口。在鼻旁窦模型或标本上，辨认额窦、上颌窦、蝶窦和筛窦的位置及其开口部位。观察各窦与鼻腔的位置关系。

（1）外鼻：位于面部中央，呈三棱锥形，以骨与软骨为支架，外覆皮肤。外鼻上端位于两眼之间，狭窄的部分称鼻根，中部称鼻背，下端称鼻尖，其两侧呈弧状扩大称鼻翼，左、右鼻翼下方各围成一个鼻孔。

（2）鼻腔：以骨和软骨为基础，内面覆以黏膜和皮肤。鼻腔被鼻中隔分为左、右两腔。每侧鼻腔被鼻阈分为鼻前庭和固有鼻腔。鼻前庭位于鼻腔前下部，由鼻翼围成，内衬以皮肤，生有鼻毛，借以滤过、净化空气。固有鼻腔的外侧壁自上而下有上鼻甲、中鼻甲和下鼻甲。三个鼻甲的下方依次是上鼻道、中鼻道和下鼻道。

（3）鼻旁窦：共四对，即上额窦、额窦、筛窦和蝶窦，分别位于同名的颅骨内。上额窦、额窦、筛窦前中群开口于中鼻道；筛窦后群开口于上鼻道；蝶窦开口于蝶筛隐窝。

（二）喉

在活体上观察喉的位置及吞咽时喉的运动，触摸喉结、环状软骨。在离体的喉标本和喉软骨标本上，识别甲状软骨、环状软骨、会厌软骨、杓状软骨的形态及其连接。在喉模型或标本上观察喉口的位置，注意会厌与喉口的位置关系；辨认喉腔中部侧壁的两对矢状位黏膜皱襞。比较前庭裂与声门裂的大小。观察喉腔三部分即喉前庭、喉中间腔（包括喉室）和声门下腔。

1. 喉软骨 构成喉的支架，包括单块的甲状软骨、环状软骨，会厌软骨和成对的杓状软骨。

（1）甲状软骨：是喉软骨中最大的一块，位于舌骨下方，由两块甲状软骨板的前缘借前角合成，前角上端向前突出，在成年男子尤为明显，称喉结。

（2）环状软骨：位于甲状软骨下方，是喉软骨中唯一完整的软骨环。环状软骨弓平对第 6 颈椎。

（3）会厌软骨：形似树叶，上宽下窄，上端游离，下端借韧带连于甲状软骨前角内面，会厌软骨外覆黏膜构成会厌。

（4）杓状软骨：成对，坐落于环状软骨板上缘，形似三棱锥形，可分尖、底和二突。由底向前伸出的突起称声带突，有声韧带附着。

2. 喉腔 上经喉口同喉咽，下通气管。

（1）喉口：为喉腔的入口，朝向后上方。

（2）前庭襞及声襞：喉腔侧壁上有两对前后方向走行的黏膜皱襞，上方一对称前庭襞，活体呈粉红色，左右前庭裂之间的裂隙，称前庭裂。下方一对称声襞，活体颜色较白，比前庭襞更为突向喉腔，左右声襞及杓状软骨声带突之间的裂隙，称声门裂，是喉腔最狭窄的部分。

（3）喉腔的分部

1）喉前庭：从喉口至前庭裂之间的部分

2）喉中间腔：前庭裂和声门裂之间的部分，其向两侧延伸的隐窝，称喉室。

3）声门下腔：声门裂至环状软骨下缘之间的部分。

（三）气管与主支气管

取气管与主支气管模型或标本、观察气管软骨的形态，观察气管后壁的结构。比较左、右主支气管形态特点和差异，理解气管异物易掉入右主支气管的原因。在人体半身模型上，观察气管颈部及其毗邻关系。

1. 气管 位于食管前方，上接环状软骨，经颈部正中下行入胸腔，在胸骨角分为左、右主支气管，分叉处为气管杈。

2. 主支气管 是气管分出的一级支气管，即左、右主支气管。左主支气管细而长，约 4～5cm，与气管中线的延长线形成 35°～36°的角，走行较倾斜，经左肺门入左肺。右主支气管粗而短，长 2～3cm，与气管延长线的夹角为 22°～25°，走行较陡直，经右肺门入右肺。

气管与主支气管

（四）肺

在切除胸前壁的半身标本或模型上，观察肺的质地、颜色、形态及位置。注意左、右肺外形的差异；辨认出入肺门的主支气管及血管等重要结构。观察两肺的裂隙，辨认各肺叶。注意肺尖与锁骨、肺底与膈的位置关系。在支气管树的铸型标本上观察支气管的各级分支。

1. 肺的位置 肺位于胸腔内，位于隔上方、纵隔的两侧。肺表明覆有脏胸膜，光滑湿润。肺质软而轻，呈海绵状，富有弹性。婴幼儿的肺呈淡红色，随着年龄的增长，肺的颜色逐渐变为暗红色或深红色。

2. 肺的形态 肺形状圆锥形，肺尖呈钝圆形，经胸廓上口突至颈根部，位于锁骨中内 1/3 交界处上方约 2.5cm。肺底凹向上，贴于隔上面，故又称隔面，肋面隆凸，邻接肋和肋间隙。内侧面毗邻纵隔，亦称纵隔面，其中部凹陷，称肺门，是主支气管、

肺

肺动脉、肺静脉、淋巴管和神经等出入之处。这些结构被结缔组织包绕，构成肺根。肺的前缘薄锐，左肺前缘下部有左肺心切迹；肺的后缘圆钝；肺的下缘亦较薄锐。

3. 左、右肺外形的差异及裂隙　左肺狭长，右肺宽短。左肺由从后上斜向前下的斜裂，将左肺分为上、下两叶。右肺除了斜裂外，还有一条近于水平方向的水平裂，二裂将右肺分为上、中、下三叶。

4. 肺内支气管　左、右主支气管进入肺门，分为叶支气管。叶支气管在各肺叶内再分为段支气管，并在肺内反复分支，呈树枝状，称支气管树。每一肺段支气管及其所属的肺组织，称支气管肺段。

（五）胸膜与纵隔

在胸腔解剖模型或标本上，观察脏胸膜、壁胸膜的配布，壁胸膜的分部，注意观察肋胸膜与膈胸膜转折形成的肋膈隐窝，并观察肋膈隐窝的位置和形态。在纵隔模型或标本上，观察纵隔的境界、分部及主要内容。

1. 胸膜　是一层薄而光滑的浆膜，可分为脏胸膜和壁胸膜两部分。

（1）脏胸膜：紧贴肺表面，与肺紧密结合而不能分离，并伸入肺叶间裂内。

（2）壁胸膜：因衬覆部位不同可分为四部分：①胸膜顶：覆盖于肺尖上方，突出胸膜上方，伸向颈根部，位于锁骨中内 1/3 交界处上方约 2.5cm；②肋胸膜贴附于肋骨肋间隙内面；③纵隔胸膜衬覆于纵隔的两侧，其中部包绕肺根移行于脏胸膜，并在肺根下方前后两层重叠，连于纵隔与肺内侧面之间的下部，称肺韧带，是肺手术的标志；④膈胸膜覆盖于膈的上面，与膈紧密相贴。

（3）肋膈隐窝：存在于肋胸膜和膈胸膜相互转折处，是胸膜腔的最低部分，胸膜腔积液常积聚于此。

2. 纵隔　是左、右侧纵隔胸膜之间所有器官、结构和结缔组织的总称，以胸骨角平面为界将纵隔分为上纵隔与下纵隔，下纵隔再以心为界，分为前纵隔、中纵隔和后纵隔。

（1）上纵隔：主要有胸腺、头臂静脉、上腔静脉、膈神经、迷走神经、喉返神经、主动脉及其三条大分支、食管、气管、胸导管和淋巴结等。

（2）前纵隔：位于胸骨与心包之间，内有胸腺下部，部分纵隔前淋巴结及疏松结缔组织等。

（3）中纵隔：位于心包前、后界之间，内有心包、心和大血管、膈神经、奇静脉末端、心包膈血管及淋巴管等。

（4）后纵隔：位于心包与脊柱之间，内有主支气管、食管、胸主动脉、胸导管、奇静脉、半奇静脉、迷走神经、胸交感干和淋巴管等。

数字化资源：

图谱　　　案例分析　　　知识拓展

（季　华）

实验七　呼吸系统组织结构

【实验目的】

（1）熟悉气管组织结构特点。

（2）掌握肺组织结构。

【实验材料】

（1）气管切片。

（2）肺切片。

【实验内容】

（一）气管（气管横切面，HE 染色）

气管（镜下）

肉眼观察 从内向外分为黏膜、黏膜下层和外膜。标本呈环形，在管壁中部可见浅蓝色的呈“C”形的透明软骨。

低倍观察 由管壁的管腔面向外依次是黏膜层、黏膜下层和具有软骨的外膜。

高倍观察

（1）黏膜 分上皮和固有层。上皮为假复层纤维柱状上皮，染成淡紫红色，其内夹杂有大量空泡状的杯状细胞。上皮的外周为固有层，染成粉红色。固有层由富含弹性纤维的结缔组织组成，内含血管、神经、弥漫的淋巴组织和浆细胞。

（2）黏膜下层 位于黏膜外周，与固有层无明显界限。由疏松结缔组织组成，其特点是胶原纤维粗且排列，内含较多的小血管、淋巴管和气管腺（混合腺）。在气管下段，黏膜层与黏膜下层间尚有平滑肌束。

（3）外膜 有淡蓝色的“C”形的透明软骨环及其外周的结缔组织组成，软骨环的缺口向后，被横行平滑肌和结缔组织构成的膜壁封闭。

（二）肺

肺（镜下）

1. 尘细胞（肺切片，HE 染色）

高倍观察 在肺泡隔或肺泡腔内可见核圆、体积较大而不规则的尘细胞，其胞质内含有许多黑色的灰尘颗粒。

2. 肺（肺切片，HE 染色）

肉眼观察 组织疏松，其内有较大的腔隙为血管和支气管的断面。

低倍观察 视野中大小不等外形不规则和染色浅淡的泡状结构为肺泡的断面。肺泡之间的薄层结缔组织为肺泡隔。肺泡之间还可见到大小不等的支气管和肺血管分支的断面。

高倍观察

（1）细支气管：管壁无软骨，终末细支气管的上皮为单层柱状上皮，一般有纤毛，外周有环形平滑肌，注意与血管的横断面区别。

（2）呼吸性细支气管：管壁不完整，连有少数肺泡。上皮为单层立方上皮，外周有少量平滑肌和结缔组织。

（3）肺泡管：呈不规则的弯曲状，连有许多肺泡，相邻肺泡开口处之间的粉红色结节状膨大，即为肺泡管的管壁上残留的平滑肌和结缔组织。

（4）肺泡：壁极薄，上皮的边缘不清晰。不易一一辨认。

（5）肺泡隔：位于肺泡之间，其内可见许多毛细血管的断面和外形大而不规则的巨噬细胞，细胞质内含有黑色颗粒者为尘细胞，尘细胞也可见于肺泡内。

〖绘图〗

在低倍镜下选择结构较典型的肺呼吸部，在高倍镜下绘图，注明呼吸性细支气管、肺泡管、肺泡囊和肺泡。

【思考题】

光镜下如何区分小支气管、细支气管、终末细支气管和呼吸性支气管？

数字化资源：

图谱　　案例分析　　知识拓展

（季　华）

实验八　呼吸系统疾病

【实验目的】

（1）掌握慢性支气管炎、慢性阻塞性肺气肿、慢性肺源性心脏病的病变特点及临床病理联系。

（2）掌握大叶性肺炎、小叶性肺炎的病理变化、临床病理联系、并发症及两者之间的区别。

（3）掌握结核病的病变特点及其转归，原发性肺结核病和继发性肺结核病的病理变化及两者之间的区别。

（4）熟悉支气管扩张症、鼻咽癌、肺癌、肺硅沉着症的病变特点。

（5）了解间质性肺炎的病变特点。

【实验材料】

1. 大体标本　支气管扩张症、慢性阻塞性肺气肿、慢性肺源性心脏病、大叶性肺炎（灰色肝样变期）、小叶性肺炎、硅肺（三期）、肺癌（中央型）、肺癌（周围型）、原发性肺结核病、肺粟粒性结核病、慢性纤维空洞性肺结核、结核球。

2. 病理切片　慢性阻塞性肺气肿、大叶性肺炎（灰色肝样变期）、小叶性肺炎、硅肺、肺结核病。

【实验内容】

一、大 体 标 本

（一）支气管扩张症

〖基本病理变化〗

①病变的支气管可呈囊状或筒状扩张，病变可局限于一个肺段或肺叶，也可累及双肺，以左肺下叶最多见。②扩张的支气管、细支气管可呈节段性扩张，也可连续延伸至胸膜下，扩张的支气管数目多少不等，多者肺切面可呈蜂窝状。③扩张的支气管腔内可见黏液脓性渗出物或血性渗出物，若继发腐败菌感染可带恶臭，支气管黏膜可因萎缩而变平滑，或因增生肥厚而呈颗粒状。

〖标本观察〗

支气管扩张症

观察要点　肺脏切面可见部分支气管呈圆柱状、梭形或囊状扩张，一直延伸到胸膜。扩张支气管的腔内可见黄绿色的脓性渗出物，黏膜表面有横行网状的皱襞，管壁明显纤维化、增厚。扩张支气管周围的肺组织有不同程度萎缩和纤维化。

（二）慢性阻塞性肺气肿

〖基本病理变化〗

病变肺明显膨胀，边缘变钝，表面可见肋骨压痕，肺组织柔软而缺乏弹性，色灰白，切面肺组织呈蜂窝状，触之捻发音增强。

〖标本观察〗

慢性阻塞性肺气肿

观察要点　肺脏体积明显增大，颜色灰白，边缘钝圆，质地柔软而弹性减退，压痕不易消退；切面呈海绵状或蜂窝状，肺膜下可见大小不等的囊腔。

（三）慢性肺源性心脏病

〖基本病理变化〗

①肺部病变　肺内除原有肺部疾病如慢性支气管炎、肺气肿、肺结核、尘肺等病变外，其主要病变是肺小动脉的改变。②心脏病变　心脏体积增大，重量增加，右心室肥厚，心腔扩张，心尖钝圆（主要由右心室构成，从位置来讲）或心尖上抬（从组成来讲）。肺动脉圆锥显著膨隆，肥厚的右心室内乳头肌、肉柱增粗，室上嵴增厚。通常以肺动脉瓣下 2cm 处右心室壁厚≥5mm（正常为 3～4mm）为肺心病的病理诊断标准。

〖标本观察〗

慢性肺源性心脏病

观察要点　心脏体积增大，重量增加，心尖钝圆；右心室扩张，心室壁明显增厚，乳头肌增粗；肺动脉圆锥显著膨隆。

（四）大叶性肺炎

〖基本病理变化〗

病变累及整个肺段或大叶，根据病变发展可分为四个期：①充血水肿期：见于发病后的第 1～2 天，病变肺叶肿大，呈暗红色。②红色肝样变期：见于发病后的第 3～4 天，病变肺叶肿大，呈暗红色。由于此期肺泡壁毛细血管充血，肺泡内含有大量的红细胞、纤维素，故病变区切面灰红色，质实如肝。③灰色肝样变期：见于发病后的第 5～6 天。肉眼观，肺叶肿胀，质实如肝，切面干燥粗糙，由于此期肺泡壁毛细血管受压而充血消退，肺泡腔内的红细胞大部分溶解消失，而纤维素渗出显著增多，故实变区呈灰白色。④溶解消散期：发病后 1 周左右，病变肺叶质地变软，实变病灶逐渐消失，最终可完全恢复正常。

〖标本观察〗

大叶性肺炎（灰色肝样变期）

观察要点　病变肺叶肿大，颜色呈灰白色；病变区与正常肺组织界限较清楚，切面灰白色，干燥，呈细颗粒状，质实如肝；病变相应的胸膜表面有少量纤维素渗出。

（五）小叶性肺炎

〖基本病理变化〗

是以细支气管为中心、小叶为单位的化脓性炎症。典型病例双肺出现散在分布的多发性实变病灶，尤以下叶及背侧多见，病灶大小不等，直径一般在 1cm 左右（相当于肺小叶范围）。病灶形状不规则，色暗红或灰黄色，多数病灶中央可见受累的细支气管，挤压可见淡黄色脓性渗出物溢出。严重者，病灶互相融合成片，甚至累及全叶，形成融合性小叶性肺炎。

小叶性肺炎（大体）

〖标本观察〗

小叶性肺炎

观察要点　肺组织切面可见许多散在分布的实变病灶，呈灰黄色或灰红色，直径多在 0.5～1cm，以下叶及背侧部为多，病灶中心可见呈化脓性炎的细小支气管，挤压时有脓性渗出物自支气管或细支气管腔流出。

（六）硅肺

〖基本病理变化〗

主要为硅结节的形成和弥漫性肺纤维化。硅结节是硅肺的特征性变化。硅结节境界清楚，直径2～5mm，呈圆形或椭圆形，灰白色，质硬，触之有沙粒感。硅结节的形成过程大致可以分为三个阶段：细胞性结节，为早期硅结节，由吞噬硅尘的巨噬细胞局灶性聚集形成，巨噬细胞间有网状纤维；纤维性结节由纤维母细胞、纤维细胞、胶原纤维组成，纤维组织呈同心圆状排列；玻璃样结节，纤维性结节从中央开始发生玻璃样变，逐渐向周围发展，结节中央往往可见内膜增厚的血管。

〖标本观察〗

硅肺（三期）

观察要点　肺组织明显纤维化，弹性差。两肺布满灰白色粟粒大小的硅结节，硅结节坚硬，触之有砂粒样感，边界清楚，因其周围常有炭末沉积，而呈黑色；有的结节互相融合，呈绿豆或黄豆大，或形成团块状。在结节周围及结节之间有灰白色质地致密的纤维组织。胸膜广泛增厚。

（七）肺癌

〖基本病理变化〗

①中央型（肺门型）：肿块位于肺门部，发生于主支气管壁或叶支气管壁。从支气管壁向周围肺组织浸润、扩展，并经淋巴道蔓延至支气管肺门淋巴结，在肺门处融合成环绕支气管的巨大肿块，与肺组织界限不清，肿块周围可有卫星灶。②周围型：起源于肺段以下的支气管，与周围肺组织界限较清晰，但无包膜。发生肺门淋巴结转移常较中央型晚。③弥漫型：比较少见，癌组织沿肺泡管、肺泡弥漫浸润生长，呈肺炎样外观，癌组织呈大小不等的结节散布于多个肺叶中，此时须与肺转移癌和肺炎进行鉴别。

〖标本观察〗

1. 肺癌（周围型）

观察要点　肺叶周边部近胸膜处可见一孤立的结节状肿块，表面凹陷。肿瘤直径多在2～8cm，切面灰白色，边界较清楚，无包膜。癌组织区域可见有坏死。

2. 肺癌（中央型）

观察要点　肺门部可见一灰白色肿块，与主（叶）支气管关系密切，形状不规则或呈分叶状，呈浸润性生长，支气管壁被癌组织侵犯破坏；与肺组织界限不清，癌块周围可有卫星灶；切面灰白色、干燥、质脆，可有坏死；肺门淋巴结明显肿大。

（八）原发性肺结核病

〖基本病理变化〗

原发性肺结核病的病理特征是原发综合征形成，包括肺的原发病灶、淋巴管炎和肺门淋巴结结核。最初引起的病灶为原发病灶（Ghon 灶），通常位于通气较好的上叶下部或下叶上部近胸膜处，直径1～1.5cm的灰白色炎性实变灶，病变以结核性肉芽肿形成为特征，病灶中央有干酪样坏死。结核杆菌游离或被巨噬细胞吞噬，很快侵入淋巴管，循淋巴液引流到局部肺门淋巴结，引起结核性淋巴管炎和淋巴结炎，表现为淋巴结肿大和干酪样坏死。X线呈哑铃状阴影。

〖标本观察〗

1. 原发性肺结核病　其病变特点为原发综合征，即肺原发病灶，结核性淋巴管炎和肺门部淋巴结结核。

2. 肺粟粒性结核病　由肺结核病通过血道播散引起。为全身粟粒性结核的一部分，也可以单独局限在两侧肺。多见于成年人，病程较长。肉眼观，两肺充血，重量增加，肺表面和切面可见密布灰白或灰黄色粟粒大小的结节，微隆起于表面。

（九）继发性肺结核病

〖基本病理变化〗

继发性肺结核病根据病变特点和临床经过可分为以下几种类型：①局灶性肺结核：为早期病变，病变多位于肺尖下 2～4cm，右肺较多，单个或多个结节状病灶，境界清楚，一般为 0.5～1cm。病变多以增生为主，中央有干酪样坏死，周围有纤维组织包裹。②浸润型肺结核：最常见，属活动性肺结核，病变常位于肺尖部或锁骨下肺组织。病变以渗出为主，中央有干酪样坏死。③慢性纤维空洞性肺结核：肺内有一个或多个厚壁空洞，多位于肺上叶，大小不一，不规则，壁厚可达 1cm 以上。④干酪样肺炎：发生于机体抵抗力低并对结核杆菌变态反应过高的病人，病变肺叶肿大实变，切面黄色干酪样，坏死物液化排出后可有急性空洞形成。⑤结核球：是由纤维包裹的孤立的境界清楚的干酪样坏死灶，直径 2～5cm，多为单个，常位于肺上叶。X 线片上有时很难与周围型肺癌相鉴别。⑥结核性胸膜炎：以病变性质可分为渗出性和增生性结核性胸膜炎。渗出性结核性胸膜炎病变以浆液纤维素渗出为主，形成胸腔积液。增生性胸膜炎病变以增生为主，引起胸膜增厚粘连。

〖标本观察〗

1. 慢性纤维空洞性肺结核病

观察要点 肺上叶可见一个或多个厚壁空洞，大小不一、形状不规则，空洞内壁有干酪样坏死物，外层为较厚的纤维结缔组织。

2. 肺结核球

观察要点 在肺上叶可见一个孤立的、有纤维包裹的、境界清楚的球形干酪样坏死病灶，直径多为 2～5cm，X 线片有时很难与周围型肺癌相鉴别。

二、病理切片

（一）慢性阻塞性肺气肿

〖基本病理变化〗

肺泡明显扩张，间隔变窄断裂，扩张的肺泡融合形成较大的含气囊腔，肺泡壁毛细血管受压且数量减少。肺小动脉内膜纤维性增厚，小气道可见慢性炎症。腺泡中央型肺气肿的气囊壁上有呼吸上皮、平滑肌束残留及炭末沉积。全腺泡型肺气肿的囊跑上偶见残留的平滑肌束片段。

〖切片观察〗

观察要点 可见肺泡管、肺泡囊及肺泡腔呈弥漫性、囊状扩张，间隔变窄断裂，扩张的肺泡融合形成较大的含气囊腔；肺泡壁毛细血管受压且数量减少；肺小动脉内膜纤维性增厚。细小支气管壁增厚，有淋巴细胞、单核细胞浸润。

（二）小叶性肺炎

〖基本病理变化〗

受累的细支气管壁充血水肿，中性粒细胞浸润，黏膜上皮细胞坏死脱落，管腔内充满大量中性粒细胞、浆液、脱落的黏膜上皮细胞。支气管周围受累的肺泡壁毛细血管扩张充血，肺泡腔内见中性粒细胞、脓细胞、脱落的肺泡上皮细胞，尚可见少量红细胞和纤维素。病灶周围肺组织呈不同程度的代偿性肺气肿和肺不张。肺组织内各病灶可呈炎症的不同发展阶段，病变不一致，早期主要表现为炎性充血水肿，浆液性渗出；有些病灶表现为细支气管炎及细支气管周围炎；有些则呈化脓性病变，支气管及肺泡壁遭破坏。

〖切片观察〗

小叶性肺炎

观察要点：低倍镜见肺组织结构大致正常，其内可见散在分布的、以细支气管为中心的病灶。

高倍镜见病灶中心的细支气管管腔内充满脓性渗出物和坏死脱落的黏膜上皮，部分纤毛柱状上皮变性、坏死、脱落，支气管壁血管扩张充血，中性粒细胞浸润；肺泡腔内可见浆液及数量不等的中性粒细胞渗出，肺泡壁毛细血管扩张充血。

（三）大叶性肺炎

〖基本病理变化〗

病变主要累及肺泡，根据病变发展可分为四个期：①充血水肿期：肺泡壁的毛细血管扩张充血，肺泡腔内有液体渗出。②红色肝样变期：肺泡壁的毛细血管仍然扩张充血，肺泡腔内有大量的红细胞，一定量的纤维素和中性粒细胞。③灰色肝样变期：肺泡腔渗出物以纤维素为主，纤维素网中见大量嗜中性粒细胞，红细胞较少。肺泡壁毛细血管受压而呈贫血状态。渗出物中肺炎链球菌多已被消灭，故不易检出。④溶解消散期：渗出的纤维素逐渐被中性粒细胞释放出的酶溶解，细胞碎片被巨噬细胞吞噬，病变逐渐消散。

〖切片观察〗

大叶性肺炎（灰色肝样变期）

观察要点　低倍镜见肺组织结构存在，所有肺泡腔内有炎性渗出物。高倍镜可见肺泡腔内渗出物以丝网状的纤维素为主，网眼中见大量中性粒细胞及少量巨噬细胞，部分细胞变性坏死，相邻肺泡之间纤维素可见连接现象。肺泡壁毛细血管受压，处于贫血状态。

大叶性肺炎（镜下）

（四）硅肺

〖基本病理变化〗

典型的硅结节是由呈同心圆状或漩涡状排列的、已发生玻璃样变的胶原纤维构成，结节中央往往可见内膜增厚的血管。肺门淋巴结内也有硅结节形成和弥漫性纤维化及钙化，淋巴结因而肿大、变硬。此外，胸膜也可发生广泛的纤维组织增生。

〖切片观察〗

硅肺

观察要点　低倍镜见肺组织结构破坏，可见弥漫性的纤维组织增生及硅结节的形成。高倍镜见硅结节主要由大量玻璃样变的胶原纤维组成，胶原纤维呈同心圆状或旋涡状排列，结节内偶尔见到内膜增厚的血管，结节周围可见到纤维母细胞、单核细胞及淋巴细胞。

（五）肺结核病

〖基本病理变化〗

结核病具有诊断意义的基本病变为结核结节和干酪样坏死。结核结节是在细胞免疫的基础上，由类上皮细胞和郎罕斯巨细胞以及外围局部聚集的淋巴细胞和成纤维细胞构成，典型的结核结节中央可出现干酪样坏死。上皮样细胞呈梭形或多角形，胞浆丰富，淡伊红色，境界不清；核呈圆形或卵圆形，染色质甚少，甚至可呈空泡状，核内可有1～2个核仁。郎罕斯巨细胞胞体巨大，胞浆丰富，多核，核呈圆形或卵圆形、在细胞的周边部呈花环状或马蹄形分布。干酪样坏死灶呈淡黄色、均匀细腻，质地较实，状似奶酪而命名。镜下为红染无结构的颗粒状物。

〖切片观察〗

粟粒性肺结核病（结核结节）

观察要点　低倍镜可见肺组织内有多个散在、大小不一的结节状病灶。高倍镜可见结节状病灶（结核结节）主要由类上皮细胞和郎罕斯巨细胞以及外围局部聚集的淋巴细胞和成纤维细胞构成，典型的结核结节中央有淡粉红染的干酪样坏死。上皮样细胞呈梭形或多角形，胞浆丰富，淡伊红色，境界不清。核呈圆形或卵圆形，染色质甚少，甚至可呈空泡状，核内可有 1～2 个核仁。郎罕斯巨细胞胞体巨大，胞浆丰富，多核，核呈圆形或卵圆形、在细胞的周边部呈花环状或马蹄形分布。

数字化资源：

图谱　　案例分析　　知识拓展

（杜月光）

第三节　消 化 系 统

实验九　消化系统解剖结构

【实验目的】

1. 掌握　消化系统的组成和分部；咽峡的构成；牙的形态和结构；舌的形态和黏膜特征；颏舌肌的作用；大唾液腺的位置、形态和腺管开口部位；咽的位置、分部以及各部的形态结构和交通；食管的形态、位置及狭窄部位，各狭窄部至中切牙的距离；胃的形态和位置；十二指肠的形态、位置、分部及形态特征；大肠的分部；盲肠和阑尾的形态、位置；阑尾根部的体表投影；直肠的形态、位置及构造；肝的形态和位置；胆囊的形态、位置、功能及胆囊底的投影；输胆管道的组成；胰的形态和位置；小网膜、大网膜、网膜囊的位置及组成。

2. 熟悉　各扁桃体的位置和功能；空肠、回肠的位置、形态及主要区别；结肠的形态特征、分部及各部的位置；男女盆腔腹膜陷凹的位置。

3. 了解　口腔的境界、分部；唇、颊和腭的形态；恒牙和乳牙的牙式；牙周组织的概念；舌肌的一般配布和功能；食管和胃的构造；肝的体表投影和肝段概念；肝和胰的功能。

【实验材料】

（1）示消化器官形态及位置的原位解剖标本，消化器官概观的模型。

（2）示口腔、咽侧壁及唾液腺导管开口的头颈正中矢状切面标本及模型。

（3）牙的标本及模型。颅骨标本。

（4）示咽的结构特点的咽后壁切开的标本。咽肌模型。

（5）游离的食管、胃相连的标本、胃整体及切开的标本及模型。

（6）游离的空肠、回肠纵切标本。游离的回肠末端、盲肠、阑尾相连的标本。

（7）整体及纵切的直肠、肛管标本及模型。

（8）游离的十二指肠、胰的标本及模型，可示胆总管、胰管、十二指肠大乳头。

（9）肝、胆、肝外胆道的标本及模型。肝内管道铸型标本。

（10）男、女盆腔正中矢状切标本及模型。

【实验内容】

1. 消化管　消化系统由消化管和消化腺两部分组成。从口腔至十二指肠的这一段消化管称上消化道，空肠以下的消化管称下消化道。

（1）口腔

1）在头颈部正中面标本上，观察口腔的境界以及口腔前庭和固有口腔。

2）同学之间相互观察口唇、颊及颊黏膜，辨识人中、鼻唇沟和口角。特别注意观察颊黏膜上腮腺导管的开口部位及形态。

3）观察构成口腔顶的腭。

A. 在颅底外面观标本上，辨认骨腭，其由上颌骨腭突和腭骨水平板构成。

B. 在头颈部正中面标本上，观察口腔顶前 2/3 是硬腭，后 1/3 是软腭。软腭后部游离部分为腭帆，腭帆后缘中央向后下方的突起是腭垂。腭帆游离缘形成两个黏膜皱襞，前方的称腭舌弓，后方的称腭咽弓，两者之间的隐窝是扁桃体窝，内含腭扁桃体。

C. 张口做“啊”的动作，同学之间相互观察口腔与咽的分界处即咽峡，辨识腭帆、腭垂、腭舌弓、腭咽弓、舌根和腭扁桃体。

D. 利用牙的标本及模型观察牙的位置、排列及分类。在牙的纵切标本上观察牙的形态（牙冠、牙颈、牙根）和牙的构造（釉质、牙质、牙骨质和牙髓）。识别牙周组织（牙周膜、牙龈、牙槽骨）。理解乳牙及恒牙的牙式“+”表达方式。

E. 在活体及标本上观察舌的形态，可分为舌尖、舌体和舌根三部分。舌背的舌黏膜上的小突起为舌乳头，可分为丝状乳头、菌状乳头、叶状乳头和轮廓乳头四种。后三种乳头上均含有味蕾，为味觉感受器。活体上将舌尖翘起，观察舌下正中的舌系带及其根部两侧的黏膜隆起，即舌下阜及舌下襞。在头颈正中切标本上观察舌内肌及舌外肌。重点观察颏舌肌，通过了解该肌的起、止点，来理解其作用：双侧收缩，伸舌；单侧收缩，舌尖偏向对侧。

F. 在显示大唾液腺的头颈部标本及模型上，观察其位置、形态及导管开口位置。腮腺位于耳廓的前下方及下颌后窝内，腮腺导管开口于平对上颌第二磨牙牙冠的颊黏膜上。下颌下腺位于下颌骨内侧的下颌下三角内，导管开口于舌下阜。舌下腺位于舌下襞深面，其大管开口于舌下阜，小管开口于舌下襞。

（2）咽

1）在头颈部正中面标本上，观察咽的位置：颈椎前方，上端起自颅底，下端至第 6 颈椎下缘处续为食管。

2）咽可分为鼻咽、口咽和喉咽三个部分。鼻咽前经鼻后孔通鼻腔，在鼻咽侧壁上，观察隆起的咽鼓管圆枕，在其下方及后上方分别识别咽鼓管咽口和咽隐窝。口咽前经咽峡通口腔，观察位于扁桃体窝内的腭扁桃体。喉咽位于喉的后方，前经喉口通喉腔，观察位于喉口两侧的梨状隐窝。

（3）食管

1）在原位解剖标本，消化器官概观的模型及头颈部正中面标本上观察食管，依据其行程可分为颈部、胸部和腹部 3 部分。注意观察食管与气管、左主支气管、主动脉及左心房的位置关系。

2）在食管、胃相连的标本上观测食管的 3 个生理性狭窄：①第 1 狭窄位于咽与食管交接处，距中切牙 15cm；②第 2 狭窄位于气管杈水平，食管经过左主支气管后方与其交叉处，相当于胸骨角或第 4 与第 5 胸椎间盘水平，距中切牙 25 cm；③第 3 狭窄为食管通过膈的食管裂孔处，相当于第 10 胸椎水平，距中切牙 40 cm。这些狭窄是异物滞留和肿瘤的好发部位。

（4）胃

1）在原位解剖标本，消化器官概观的模型上观察胃的位置及毗邻。中等度充盈时，胃大部分位于左季肋区，小部分位于腹上区。注意观察胃前壁的游离面及后壁相邻的胰、横结肠、左肾、左肾上腺、膈及脾。

胃

2）利用游离的胃整体及切开的标本及模型观察胃的形态和分部。胃的形态可分为两壁（前、后壁），两缘（胃小弯、胃大弯）和两口（入口即贲门，接于食管；出口即幽门，接于十二指肠。用手捏两口，贲门较柔软，无明显括约肌；幽门较硬，有较厚的环形幽门括约肌）。胃的分部可分为贲门部、胃底、胃体和幽门部四个部分。其中，幽门部是位于角切迹与幽门之间的部分，临床上称为胃窦。幽门部又可分为左侧与胃体相连的幽门窦和右侧与十二指肠相连的幽门管。幽门部和胃小弯侧胃壁是胃溃疡的好发部位。

3）利用切开的胃标本及模型观察了解胃黏膜和胃肌层的特点。

（5）小肠

1）在原位解剖标本，消化器官概观的模型上观察小肠的位置、分部（十二指肠、回肠和回肠）。

触摸自膈右脚连于十二指肠空肠曲的十二指肠悬韧带（Treitz 韧带），该韧带由十二指肠悬肌被覆腹膜皱襞形成，是术中确认空肠起始端的重要标志。

2）利用游离的十二指肠、胰的标本及模型观察十二指肠的分部及各部主要特点。十二指肠可分为 4 部：上部有十二指肠球，是十二指肠溃疡的好发部位；降部后内侧壁有十二指肠大乳头，是胆总管和胰管的共同开口处；水平部前方有肠系膜上动、静脉跨过；升部的十二指肠空肠曲有十二指肠悬韧带附着。

3）在原位解剖标本和切断的空、回肠标本上观察空、回肠的特点。空、回肠的区别见下表：

比较项目	空肠	回肠
位置	左上腹	右下腹
长度	占全长前 2/5	占全长后 3/5
管径	较大	较小
管壁	较厚	较薄
血供	丰富	较少
黏膜皱襞	密、高	疏、低
淋巴滤泡	孤立淋巴滤泡	孤立、集合

盲肠

（6）大肠

1）在原位解剖标本上观察大肠的位置及分部（盲肠、阑尾、结肠、直肠和肛管）。

2）辨识大肠特征性结构：结肠带、结肠袋和肠脂垂。

3）辨认结肠的四部：升结肠、横结肠、降结肠和乙状结肠。

4）在原位解剖标本上于右髂窝内观察盲肠，阑尾根部连于盲肠后内侧壁。利用游离的回肠末端、盲肠、阑尾相连的标本，切开观察回盲瓣及阑尾口。

5）在原位解剖标本上观察阑尾的位置类型。观察三条结肠带（独立带、网膜带、系膜带）汇集到阑尾根部的情况。在自身腹壁上比划出阑尾根部的体表投影点：脐与右髂前上棘连线的中、外 1/3 交界处，该处亦称为 McBurney 点。

6）在盆部正中矢状切标本及模型上观察直肠。直肠位于小骨盆腔内，上端于第 3 骶椎水平续于乙状结肠，向下穿盆膈续于肛管。矢状切面上，直肠有骶曲、会阴曲两个弯曲。

7）在纵切的肛管标本及模型上观察其形态。肛管内纵行的黏膜皱襞称为肛柱。肛柱下端相连的半月形黏膜皱襞称为肛瓣。肛瓣与相邻的肛柱下端围成开口向上的隐窝称为肛窦。肛柱下端与肛瓣围成锯齿状的环行线称为齿状线，是皮肤与黏膜的分界线，也是内、外痔的分界线和不同感觉神经（内脏神经、躯体神经）分部的分界线。齿状线下方宽约 1cm 的环形区称为肛梳。肛梳下缘有一不明显的环行线称为白线，是肛门内、外括约肌的分界线。

2. 消化腺 包括大消化腺和位于消化管壁内的小消化腺。大消化腺包括唾液腺、肝和胰。

（1）肝

1）在肝的原位解剖标本上观察其位置。肝大部分位于右季肋区和腹上区，小部分位于左季肋区。肝的体表投影：上界在右锁骨中线平第 5 肋，左锁骨中线平第 5 肋间；成人肝的下界在右侧与右肋弓下缘一致，中部在剑突下约 3cm，左侧被左肋弓掩盖。

2）利用肝的游离标本及模型，观察其形态。肝可分为上、下两面，前、后、左、右四缘。肝上面，也称膈面，借镰状韧带分为左、右两叶。肝下面，也称脏面，借“H”形沟分为左叶、右叶、方叶和尾状叶四叶。其中，左纵沟前份为肝圆韧带，后份为静脉韧带；右纵沟前份为胆囊窝，容纳胆囊，后份为腔静脉沟，容纳下腔静脉；横沟即肝门，是肝固有动脉左、右支，肝左、右管，肝门静脉左、右支，神经和淋巴管进出肝的部位。重点观察肝门处结构。

3）在肝内管道铸型标本及模型上观察进出第一、二肝门的结构。了解肝的 Glisson 系统和肝段。

4）利用肝外胆道的标本及模型辨识肝左右管及汇合成的肝总管、胆囊、胆囊管，肝总管与胆囊管汇合成的胆总管。胆总管经十二指肠降部与胰头之间，在十二指肠降部中份，与胰管汇合于肝胰壶腹，开口于十二指肠大乳头。

（2）胰

1）在原位解剖标本上观察胰的位置及形态。胰紧贴腹后壁，横位于第 1、2 腰椎的前方，可分为头、颈、体和尾四部分。胰头被十二指肠从上方、下方和外侧包绕。胰头与十二指肠降部之间有胆总管经过。胰头、胰颈与钩突之间有肝门静脉起始部和肠系膜上动、静脉经过。胰尾邻近脾门。

2）在游离标本上观察胰的形态，观察胰管、副胰管及其开口位置。

3. 腹膜 取腹膜完好的整体标本、模型观察。

（1）腹膜的配布：腹膜是覆盖于腹、盆腔壁内面和腹、盆腔脏器表面的一层浆膜，分为脏腹膜和壁腹膜。脏、壁腹膜相互移行，围成不规则的潜在性腔隙，称为腹膜腔。男性腹膜腔为一完全封闭的腔隙，女性腹膜腔借输卵管腹腔口经输卵管、子宫、阴道与外界相通。

（2）网膜

1）小网膜：是从肝门向下移行至胃小弯和十二指肠上部的双层腹膜结构。小网膜左侧连于肝门与胃小弯之间的部分称肝胃韧带，右侧连于肝门和十二指肠上部之间的部分称肝十二指肠韧带。

2）大网膜：似围裙覆盖于空、回肠和横结肠的前方，由四层腹膜结构组成，即胃前、后壁的两层腹膜自胃大弯和十二指肠上部下垂，形成大网膜的前两层，降至脐平面稍下方返折向上，形成大网膜的后两层，至横结肠包绕其前、后壁，形成横结肠系膜，连于胃大弯和横结肠之间的大网膜前两层则形成胃结肠韧带。

3）网膜囊：是小网膜和胃后方的扁窄间隙，属于腹膜腔的一部分，又称小腹膜腔，借网膜囊的右侧的网膜孔与大腹膜腔相通。

（3）系膜：是将器官系连固定于腹、盆壁的双层腹膜结构。包括肠系膜、阑尾系膜、横结肠系膜、乙状结肠系膜等。肠系膜与腹后壁腹膜的移行部称肠系膜根，长约 15cm，起自第 2 腰椎左侧，斜向右下止于右骶髂关节前方。

（4）陷凹：取男、女性整体标本及盆腔矢状切面标本观察。男性在直肠和膀胱之间有直肠膀胱陷凹；女性在膀胱和子宫之间有膀胱子宫陷凹，在子宫和直肠之间有直肠子宫陷凹，又称 Douglas 腔，与阴道后穹隔以阴道后壁和腹膜。立位或坐位时，男性的直肠膀胱陷凹和女性的直肠子宫陷凹是腹膜腔最低位。

【思考题】

（1）何谓咽峡？

（2）简述咽的分部及各部主要形态特征。

（3）简述食管的三个生理性狭窄的位置，距离中切牙的距离，狭窄处的临床意义。

（4）简述肝的位置及肝脏面的形态特征。

（5）用箭头表示胆汁的产生及其排出途径。

数字化资源：

图谱　　案例分析　　知识拓展

（崔怀瑞）

实验十　消化系统组织结构

一、消　化　管

【实验目的】

（1）了解消化管壁的四层结构。

（2）掌握食管、胃、小肠的组织结构。

（3）熟悉大肠、阑尾的组织结构，区别大肠与小肠的结构。

【实验材料】

（1）食管切片。

（2）胃底切片。

（3）空肠切片。

（4）结肠切片。

（5）阑尾切片。

【实验内容】

（一）食管（食管切片，HE 染色）

肉眼观察　本切片为中空结构,其腔面一层深紫色带状结构为上皮;上皮外是管壁的其他各层。

低倍观察

1. 黏膜

（1）上皮：紫色，为复层扁平上皮。

（2）固有层：着粉红色，由结缔组织组成，纤维细密。可见淋巴组织、小血管及食管腺导管等结构。

（3）黏膜肌层：红色，是一层纵行的平滑肌。

2. 黏膜下层　为疏松结缔组织，呈粉红色，可见较大的血管。此外，此层可以观察到灰蓝色团块样的黏液性食管腺的腺泡和导管。

3. 肌层　分为内环、外纵两层，两层之间的结缔组织内有肌间神经丛。根据取材部位的不同而肌组织类型不同。取自食管上三分之一部分，为骨骼肌；若取自食管下三分之一部分，则为平滑肌；若取自中三分之一部分，则出现这两种肌组织的移行混合构成。

高倍观察

1. 上皮　未角化复层扁平上皮。

2. 黏液性腺　腺泡为圆形、卵圆形或不规则形，腺腔很小，腺细胞呈柱状或锥状，胞质着浅蓝色，核染色深，位于细胞底部。导管由单层立方细胞渐次为复层立方至开口处则由复层扁平上皮围成。

3. 肌间神经丛　包括神经元和无髓神经纤维，神经核大而圆、染色浅、核仁明显、胞质嗜碱性。

（二）胃（胃底切片，HE 染色）

肉眼观察　一长条形的组织,一侧染蓝紫色为胃的黏膜层,其余染成粉红色的是胃壁其他层次。

胃底（镜下）

低倍观察　先全面观察胃壁四层结构，辨认清楚黏膜层、黏膜下层、肌层和外膜的界限。

1. 黏膜层　厚、表面起伏不平。有许多较浅的上皮凹陷即是胃小凹

（1）上皮：为单层柱状上皮。

（2）固有层：于上皮的下方，由结缔组织构成。其中大部分由胃底腺所占据，

结缔组织则很少，被挤在腺体之间。

（3）黏膜肌层：为内环外纵的平滑肌。

2. 黏膜下层 为疏松结缔组织，内有血管、神经。

3. 肌层 较厚，排列不规整，大致可分为三层，内斜、中环、外纵走行。

4. 外膜 为浆膜，较薄，主要为疏松结缔组织，外表有间皮（不完整）。

高倍观察

1. 黏膜上皮及胃小凹的上皮 细胞呈柱形，细胞核呈椭圆形，靠近基底部；顶部细胞质内充满黏原颗粒，因制片中溶解而呈空泡状。

2. 胃底腺 管状腺，由主细胞、壁细胞、颈黏液细胞等组成。

（1）主细胞：数量较多，多分布在腺体体部和底部。细胞呈柱状，细胞核圆形，位于细胞的底部，胞质强嗜碱性，染成紫蓝色。

（2）壁细胞：多分布在腺体的颈部和体部，细胞较大，圆形或多边形，胞质嗜酸性，染红色，核圆居中央。

（3）颈黏液细胞：数量最少，散布在腺体的颈部，胞体呈低柱状或烧瓶状，核扁圆位于基底部。

（三）小肠（空肠切片，HE 染色）

肉眼观察 长条形，一侧染色蓝紫色为腔面，其较大的突起为环形皱襞，皱襞上较小的突起为小肠绒毛。另一侧染红色为肠壁的其他各层。

低倍观察

1. 黏膜层 表面有许多指状突起的小肠绒毛，是由上皮和固有层向腔面突起形成的。上皮向内凹陷形成小肠腺，开口在绒毛之间。固有层结缔组织中有时可见密集成团的淋巴小结，黏膜肌层很薄，为内环、外纵的平滑肌。

2. 黏膜下层 为疏松结缔组织，内含血管、淋巴管、神经。

3. 肌层 较厚，由平滑肌构成，分为内环、外纵两层。由于本切片为小肠的纵断面，因此环行平滑肌为横断面，纵行肌层的平滑肌细胞为纵断面。

4. 外膜 为浆膜，由疏松结缔组织和间皮所构成。

高倍观察

1. 上皮 为单层柱状上皮，游离面有纹状缘，核卵圆形位于细胞的基底侧。在柱状细胞间夹有杯状细胞，其胞质顶端浅染，核不规则，位于细胞的底部。

2. 绒毛中轴 为固有层，其中央有时可见中央乳糜管；此外，还可见毛细血管、平滑肌纤维、淋巴细胞等。

3. 小肠腺 分布在固有层中，为管状腺。腺上皮可见柱状细胞，少许杯状细胞和潘氏细胞。潘氏细胞常三五成群分布于小肠腺的底部，胞体成锥形，核圆形近基部，顶部胞质充满粗大嗜酸颗粒。本切片在制作过程中，颗粒大多溶解，故胞质着色浅。

（四）结肠（结肠切片，HE 染色）

低倍观察

1. 黏膜 无绒毛。固有层中充满大量大肠腺，较小肠腺粗、直；在固有层结缔组织中可见到孤立的淋巴小结和弥散的淋巴细胞。

2. 黏膜下层 为疏松结缔组织，其内有较大的血管和黏膜下神经丛等。

3. 肌层 为内环、外纵的平滑肌。局部外纵肌增厚成结肠带。

4. 外膜 浆膜，外表覆盖一层间皮细胞。

高倍观察 上皮为单层柱状上皮，柱状细胞的纹状缘不如小肠明显，有大量杯状细胞。

（五）阑尾（阑尾切片，HE 染色）

肉眼观察 阑尾管腔小而不规则。腔面不整齐的紫色层是黏膜，外围环绕的粉红色部分为黏膜下层、肌层、外膜。

低倍观察 阑尾的黏膜结构类似结肠，但固有层内肠腺很少，淋巴细胞和淋巴小结则很发达，有时侵入黏膜下层，以致黏膜肌层很不完整。黏膜下层含大量淋巴组织及脂肪细胞。肌层的内环层较厚，外纵层较薄，没有结肠带。外膜为浆膜。

高倍观察 黏膜上皮及肠腺中的杯状细胞较少，黏膜肌层由于固有层及黏膜下层的淋巴组织较为发达以致断断续续很不完整。淋巴小结的生发中心、暗区、明区及小结帽都很明显。

二、消　化　腺

【实验目的】

（1）掌握下颌下腺的结构特征，辨认腺泡和导管。

（2）掌握胰腺的结构特点。

（3）掌握肝脏的结构特点。

【实验材料】

（1）下颌下腺切片。

（2）胰切片。

（3）肝切片。

【实验内容】

（一）下颌下腺（下颌下腺切片，HE 染色）

低倍观察

1. 被膜 为薄层结缔组织。被膜深入实质，将实质分成许多小叶。

2. 小叶 其内充满了圆形、卵圆形或不规则形切面的腺泡，染色深浅不一。其中染色深的浆液性腺泡较多，色浅的黏液性腺泡及混合性腺泡较少。小叶内闰管较少，但可见许多红染的分泌管。

高倍观察

1. 腺泡

（1）浆液性腺泡：呈圆形或椭圆形，由锥体形或柱状的浆液性细胞围成，中央有一小的腺泡腔；细胞核圆近基部，核下区深紫色，核上区红色。

（2）黏液性腺泡：占多数，由黏液性腺细胞组成。细胞呈锥体形或柱状；细胞核呈扁圆形，贴近细胞的基底部；胞质着色浅淡。

（3）混合性腺泡：由浆液性、黏液性两型腺细胞组成。

2. 分泌管 管腔较大，管壁由单层柱状上皮构成。细胞核圆形，居细胞中央或稍偏顶端。胞质强嗜酸性，着鲜红色，在细胞的基部有垂直于基底面的红色纵纹。

（二）胰（胰切片，HE 染色）

低倍观察

1. 被膜 薄层结缔组织，并深入实质，将其分割成大小不一的小叶，小叶间有单层矮柱状上皮所构成的小叶间导管。

2. 腺泡与胰岛 小叶内大部分为紫红色的腺泡，胰岛分散于腺泡之间，是大小不等、染色较浅的细胞团。

高倍观察

1. 腺泡 为纯浆液性腺泡。腺泡细胞呈锥体形；细胞核圆形，着紫色，位于基底部；细胞质基部呈强嗜碱性，着色较深，远端胞质含酶原颗粒，呈嗜酸性，着色较红。在腺泡腔中央常见有泡心细胞，胞质着色很浅，其细胞核呈扁圆形，位于腔面。

2. 闰管　管径较小，由单层扁平上皮或单层立方上皮围成，周围有薄层结缔组织，有时可见闰管与泡心细胞相连续。由于闰管较长，故切片内闰管的纵、横断面较多。

3. 小叶内导管　位于小叶内，为单层立方上皮，周围结缔组织渐增多。

4. 小叶间导管　位于小叶之间，管腔较大，上皮变为矮柱状细胞，周围结缔组织更多。

5. 胰岛　为散在分布于外分泌部腺泡之间的染色较浅、大小不等、形状不定的细胞团，周围被覆少量结缔组织，与腺泡相分隔。胰岛细胞呈圆形、椭圆形或多边形，相互连接成索状或团状；细胞核呈圆形，位于细胞中央。内有丰富的毛细血管。

（三）肝（肝切片，HE 染色）

低倍观察

1. 被膜　由致密结缔组织组成。

2. 肝小叶　呈多边形或不规则形。肝小叶之间分界不清。小叶中央有一条中央静脉；肝细胞以此为中轴呈索状（或板状）向四周略呈放射状排列，称为肝索或肝板；肝板之间的腔隙为肝血窦。

肝（镜下）

3. 门管区　在相邻肝小叶之间结缔组织较多的地方，其内含有小叶间动脉、小叶间静脉和小叶间胆管。

高倍观察

1. 肝索（肝板）　由肝细胞组成。肝细胞的体积较大，呈多边形；细胞核呈圆形，位于中央，可见双核或多倍体核，可见核仁；细胞质呈红色。

2. 肝血窦　为肝板之间的空隙，窦壁衬以内皮。内皮细胞核呈扁圆形，突入血窦腔内。在血窦腔内有许多体积较大、形状不规则、具有吞噬能力的星形细胞，为肝巨噬细胞（Kuffer 细胞）。血窦与中央静脉相通连。

3. 门管区　在邻近几个肝小叶之间的结缔组织内，常见下列三种管道伴行。

（1）小叶间动脉：腔小壁厚，可见中膜环行平滑肌。

（2）小叶间静脉：管壁薄，管腔大而不规则。

（3）小叶间胆管：管径较小，管壁衬以单层立方上皮或单层柱状上皮，细胞呈立方形，胞质着色浅，细胞核呈圆形，着色较深。

数字化资源：

图谱　　案例分析　　知识拓展

（赵冬久）

实验十一　消化系统疾病

【实验目的】

（1）掌握慢性萎缩型胃炎、消化性溃疡的病理变化特点。

（2）掌握食道癌、胃癌、结直肠癌的病理变化特点。

（3）掌握肝炎、肝硬化、肝癌的病理变化及其临床病理联系。

（4）熟悉慢性胆囊炎、胆石症、胰腺炎的病理变化特点。

【实验材料】

1. 大体标本　慢性萎缩型胃炎、慢性胆囊炎、胆石症、急性重症肝炎、亚急性重症肝炎、肝硬化、急性出血坏死性胰腺炎、胃溃疡病、食道癌、胃癌、肝癌、胰腺癌。

2. 病理切片　慢性萎缩性胃炎、胃溃疡、病毒性肝炎、门脉型肝硬化、胃腺癌、肝细胞性肝癌。

【实验内容】

一、大 体 标 本

（一）慢性萎缩型胃炎

慢性萎缩型胃炎通常分两种类型：A型：欧美多见，好发于胃体和胃底，与自身免疫多伴有恶性贫血。血清中可检出：抗内因子，抗内因子－VB_{12}复合物，抗壁细胞等三种自身抗体。B型：我国多见，好发于胃窦部，无自身抗体，但与胃癌关系密切。

〖基本病理变化〗

①黏膜变薄，皱壁变平或消失，表面细颗粒状；②正常桔红色消失、变浅，呈灰白或灰黄；③黏膜下血管清晰可见，伴渗出、糜烂。

〖标本观察〗

慢性萎缩型胃炎

观察要点：胃壁黏膜变薄，黏膜皱襞消失，黏膜下血管显露。

（二）消化性溃疡

消化性溃疡指发生于胃和十二指肠的溃疡，又称慢性消化性溃疡。胃溃疡多发生于胃小弯近幽门处，尤胃窦部，直径一般<2cm。胃和十二粘肠均有溃疡时称复合性溃疡。十二指肠溃疡多发生于球部的前壁或后壁，直径一般<1cm。发生于球部以下的溃疡称球后溃疡，球部前、后壁同时又称对吻溃疡。

〖基本病理变化〗

典型的溃疡呈圆形或卵圆形，边缘整齐，底部平坦，深浅不一。深者可达肌层或浆膜层。切面呈漏斗状或潜掘状，溃疡表面常覆以纤维素性膜或伴化脓而呈灰白或灰黄，溃疡周围黏膜皱襞呈轮辐状向溃疡处集中。

胃溃疡（大体）

〖标本观察〗

胃溃疡

观察要点　胃标本沿大弯切开，病变部位位于胃小弯近幽门，呈圆形或卵圆形，直径一般<2cm，边缘整齐，底部平坦，溃疡周围黏膜皱襞呈轮辐状向溃疡处集中。

（三）食道癌

食管癌好发于食管中段，下段次之、上段较少。可分为早期癌和中晚期癌。

〖基本病理变化〗

早期癌　肉眼观可分为四型：隐伏型、糜烂型、斑块型和乳头型。中、晚期癌　肉眼观也分四型：髓质型、蕈伞型、溃疡型和缩窄型。

〖标本观察〗

食道癌（溃疡型、蕈伞型、髓质型）

观察要点 中、晚期食道癌，①溃疡型：多见，大小不等，外形不整，周边隆起，底部不平，出血、坏死；②蕈伞型：圆形或卵圆形向腔内突起；③髓质型：较多见，累及食管周径全部或大部，管壁内浸润生长；④缩窄型：多累及食管全周，管壁内浸润生长。

（四）胃癌

胃癌是人类最常见的恶性肿瘤之一。胃癌好发于胃窦部、胃小弯及前后壁，其次贲门部。依据癌组织侵及深度，将其分为早期胃癌和进展期胃癌。

〖基本病理变化〗

早期胃癌肉眼观可分三种类型：隆起型、表浅型和凹陷型。进展期胃癌肉眼观通常分为三种类型：蕈伞型、溃疡型和浸润型（表 3-1）。

表 3-1 消化性溃疡与溃疡型胃癌的肉眼区别

特征	消化性溃疡（良性）	溃疡型胃癌（恶性）
外观	圆或椭圆形	不规则、火山口状
大小	直径常<2cm	直径常>2cm
深度	较深，常低于周围黏膜	较浅，常高于周围黏膜
边缘	平整、少隆起	不规则、常隆起
底部	平坦、清洁	不平，易出血、坏死
周围黏膜	皱襞向溃疡集中	皱襞中断、增粗呈结节状

〖标本观察〗

胃癌（息肉型胃癌、蕈伞型胃癌、溃疡型胃癌）

观察要点 ①息肉型或蕈伞型，多为早期隆起型发展而致，病变向腔内生长，呈结节状、息肉状或菜花状，表面常有溃疡形成。②溃疡型，多为早期凹陷型发展而致。病变处组织坏死脱落形成溃疡。底部常浸润性生长，边缘隆起呈火山口状，质脆，易出血。需与慢性消化性溃疡鉴别（见表 3-1）。③浸润型，癌组织在胃壁内局部弥漫性浸润生长，与周围组织无明显界限，弥漫浸润时胃壁增厚、变硬、皱襞大多消失、弹性减退、胃腔缩小，形状如同皮革制成的囊袋，称为革囊胃。

（五）结、直肠癌

大肠癌又可称结、直肠癌，是常见的恶性肿瘤，且由于近年来饮食结构的变化，发病率逐年增加，成为我国重点防治的肿瘤之一。发病年龄多在 40～60 岁，且趋向年轻化。男性稍多于女性。

〖基本病理变化〗

癌限于黏膜下层，无淋巴结转移称早期大肠癌。侵犯肌层者称进展期大肠癌，肉眼可分四型：即隆起型（或称息肉型或蕈伞型）、溃疡型、浸润型、胶样型。

〖标本观察〗

结、直肠癌（隆起型、息肉型）

观察要点 ①隆起型：或称息肉型、蕈伞型，肿瘤向腔内外生性生长，有蒂或无蒂，好发于右半结肠。②溃疡型：肿瘤表面形成溃疡，可深达肌层，外形如火山口状，伴坏死，好发于直肠和乙状结肠。③浸润型：肿瘤在肠壁各层浸润性生长，伴纤维组织增生，致肠壁增厚、狭窄，好发于直肠和乙状结肠。④胶样型：外观及切面均呈半透明胶冻状，好发于右侧结肠和直肠。

（六）病毒性肝炎

〖基本病理变化〗

病毒性肝炎是一组由肝炎病毒引起的以肝细胞变性、坏死和凋亡为主要同时伴有不同程度的炎细胞浸润、肝细胞再生和纤维组织增生的传染病。各型肝炎病变基本相同。

〖标本观察〗

急性（普通型）黄疸型肝炎、急性重型肝炎、亚急性重型肝炎

观察要点

1. 急性（普通型）黄疸型肝炎 最常见。黄疸型肝炎的病变略重，病程较短，多见于甲型、丁型、戊型肝炎。我国以无黄疸型肝炎居多，并多见于乙型肝炎。黄疸型与无黄疸型肝炎病变基本相同，故一并叙述。肉眼观，肝脏体积增大、包膜紧张。

2. 急性重型肝炎 少见。起病急，病变发展迅猛、剧烈，病死率高。临床上又称为暴发型或电击型肝炎。肉眼观，肝体积显著缩小，尤以左叶为甚，重量减至600～800g，质地柔软，表面被膜皱缩。切面呈黄色或红褐色，有的区域呈红黄相间的斑纹状，故又称急性黄色肝萎缩或急性红色肝萎缩

3. 亚急性重型肝炎 多数是由急性重型肝炎迁延而来或一开始病变就比较缓和呈亚急性经过。少数病例可能由普通型肝炎恶化而来。本型病程可达一至数月。肝不同程度缩小，被膜皱隔，呈黄绿色（亚急性黄色肝萎缩）。病程长者可形成大小不等的结节，质地略硬。切面黄绿色（胆汁淤积），交错可见坏死区及小岛屿状再生结节

（七）肝硬化

肝硬化是一种常见的慢性肝病，可由多种原因引起。肝细胞弥漫性变性坏死，继而出现纤维组织增生和肝细胞结节状再生，这三种改变反复交错进行，结果肝小叶结构和血液循环途径逐渐被改建，使肝变形、变硬而形成肝硬化。引起肝硬化的病因及其发病较为复杂，国际上按形态将肝硬化分为：小结节型、大结节型、大小结节混合型及不全分隔型肝硬化（为肝内小叶结构尚未完全改建的早期硬变）。我国常采用的是结合病因、病变特点以及临床表现的综合分类方法，分为：门脉性、坏死后性、胆汁性、淤血性、寄生虫性和色素性肝硬化等。以上除坏死后性相当于大结节及大小结节混合型外，其余均相当于小结节型。其中门脉性肝硬化最常见，其次为坏死后性肝硬化。其他类型较少见。

〖基本病理变化〗

以门脉性肝硬化为例，早、中期肝体积正常或略增大，质地正常或稍硬。后期肝体积缩小，重量减轻，由正常的1500g减至1000g以下。肝硬度增加，表面呈颗粒状或小结节状，最大结节直径不超过1.0cm。切面见小结节周围为纤维组织条索包绕。结节呈黄褐色（脂肪变）或黄绿色（淤胆）弥漫分布于全肝。

〖标本观察〗

门脉性肝硬化（大体）

胆汁性肝硬化、坏死后性肝硬化、门脉性肝硬化

观察要点 门脉性肝硬化和胆汁性肝硬化肉眼观肝体积缩小，重量减轻，肝硬度增加，表面呈颗粒状或小结节状，大小相仿，最大结节直径不超过1.0cm。切面见小结节周围为纤维组织条索包绕。结节呈黄褐色（脂肪变）或黄绿色（淤胆），胆汁性肝硬化肝外观常被胆汁染成深绿或绿褐色弥漫分布于全肝。

坏死后性肝硬化肉眼观，肝体积缩小，重量减轻，质地变硬。与门脉性肝硬化不同之处在于肝脏变形明显，肝左叶明显萎缩，结节大小悬殊，直径在0.5～1cm，最大结节直径可达6cm。切面见结节周围的纤维间隔明显增宽，并且厚薄不均

（八）肝癌

原发性肝癌是由肝细胞或肝内胆管上皮细胞发生的恶性肿瘤，简称肝癌。

〖基本病理变化〗

肉眼类型 早期肝癌也称小肝癌，是指单个癌结节直径在3cm以下或结节数目不超过2个，

其直径的总和在 3cm 以下，患者常无临床症状，而血清 AFP 阳性的原发性肝癌。瘤结节呈球形或分叶状，灰白色质较软，切面无出血坏死，与周围组织界限清楚。中晚期肝癌，肝体积明显增大可达 2000g 以上。癌组织可局限于肝的一叶（多为右叶），也可弥散于全肝并大多合并肝硬化。肉眼可分三型。巨块型、多结节型和弥漫型。

〖标本观察〗

巨块型肝癌、多结节型肝癌、弥漫型肝癌。

观察要点

1. 巨块型　肿瘤为一实体巨块，圆形，直径常大于 15cm，多位于肝右叶内。质地较软，中心部常有出血坏死。瘤体周边常有散在的卫星状瘤结节。不合并或合并轻度的肝硬化。

2. 多结节型　最多见。瘤结节多个散在，圆形或椭圆形，大小不等，直径由数毫米至数厘米，有的相互融合形成较大的结节。被膜下的瘤结节向表面隆起导致肝表面凹凸不平。常伴有明显的肝硬化，肝内癌栓也颇常见。

3. 弥漫型　癌组织在肝内弥漫分布，无明显的结节形成。常发生在肝硬化基础上，此型少见。

4. 小肝癌　肝组织切面下方有一直径约 2cm 左右的结节，呈黄绿色，与周围组织界限清楚。

（九）胆囊炎及胆石症

〖基本病理变化〗

慢性胆管炎和胆囊炎多由急性者反复发作迁延而来。肉眼见胆囊壁增厚纤维化，腔内有结石，黏膜皱襞变平坦。胆管结石和胆囊结石，二者统称胆石症。胆石组成成分可将胆石分为色素性胆石、胆固醇性胆石和混合性胆石三种基本类型。我国以色素性胆石多见。胆固醇性胆石多见于西方国家。

〖标本观察〗

慢性胆囊炎、慢性胆囊炎伴胆石症、胆结石

观察要点　慢性胆囊炎胆囊壁增厚纤维化、黏膜皱襞变平坦。由于胆石组成成分的不同，可见不同的颜色的结石。

（十）胰腺炎

急性胰腺炎是胰酶消化胰腺及其周围组织所引起的急性炎症，主要表现为胰腺呈炎性水肿、出血及坏死，故又称急性出血性胰腺坏死。

〖基本病理变化〗

按病变表现不同，可将本病分为急性水肿性（或间质性）胰腺炎及急性出血性胰腺炎二型。

1. 急性水肿性（间质性）**胰腺炎**　较多见，病变多局限在胰尾。病变的胰腺肿大变硬，间质充血水肿，有时可发生局限性脂肪坏死，但无出血。

2. 急性出血坏死性胰腺炎　较少见。本型发病急剧。病变以广泛的胰腺坏死、出血为特征，伴有轻微炎症反应。胰腺肿大，质软，出血，呈暗红色，分叶结构模糊。

〖标本观察〗

急性出血坏死性胰腺炎

观察要点　胰腺肿大，质软，分叶结构模糊伴广泛的胰腺坏死、出血呈暗红色。

二、病 理 切 片

（一）慢性萎缩性胃炎

〖基本病理变化〗

镜下呈：①黏膜全层淋巴细胞、浆细胞浸润，可伴淋巴滤泡形成；②胃小凹变浅，黏膜固有层腺体萎缩、稀疏，腺体变小并见散在腺体小囊状扩张；③肠上皮化生（肠化）和假幽门腺化生。胃黏膜上皮被肠黏膜上皮取代称肠化；假幽门腺化生指胃底和胃体部的壁细胞和主细胞消失，由分泌黏液的细胞取代后似幽门腺而称之；④急性活动期可见多量嗜中性粒细胞浸润和糜烂。

〖切片观察〗

慢性萎缩性胃炎

观察要点 示固有膜内大量淋巴细胞、浆细胞浸润伴淋巴滤泡形成，腺体减少。

（二）胃溃疡

〖基本病理变化〗

由表面至深层分四层：①渗出层；②坏死层；③肉芽组织层；④瘢痕层。

〖切片观察〗

胃溃疡（镜下）

胃溃疡

观察要点 由表面至深层分四层：①渗出层：由不等量的急性炎性渗出物如嗜中性粒细胞和纤维素等构成；②坏死层：由坏死的细胞，组织碎片和纤维蛋白样物质构成的凝固性坏死；③肉芽组织层；④瘢痕层。依病程不同，各层厚薄有所不同，各层之间相移行的界限如肉芽组织层和瘢痕层分界不十分清楚。

（三）病毒性肝炎

〖基本病理变化〗

各型肝炎病变基本相同，都是以肝细胞的变性、坏死和凋亡为主，同时伴有不同程度的炎细胞浸润、肝细胞再生和纤维组织增生。

〖切片观察〗

病毒性肝炎

观察要点

1. 点状或灶性坏死（spotty necrosis） 肝小叶内散在的灶状肝细胞坏死。每个坏死灶仅累及1至几个肝细胞，同时该处伴以炎细胞浸润。

2. 碎片状坏死（piecemeal necrosis） 常发生在肝小叶的界板处。镜下见一小群肝细胞发生变性坏死，淋巴细胞和浆细胞浸润，纤维组织增生伸入肝小叶，围绕和分隔单个或小群肝细胞。碎片状坏死是慢性肝炎处于活动期的主要病变。

3. 桥接坏死（bridging necrosis） 是指坏死灶呈条索状向小叶内伸展构成中央静脉之间、门管区之间或中央静脉与门管区之间的桥状连接。坏死处伴有肝细胞不规则再生及纤维组织增生，后期成为纤维间隔而分隔小叶。常见于中、重度慢性肝炎。

4. 亚大块坏死和大块坏死 特征是肝细胞大片坏死，可累及肝腺泡Ⅰ、Ⅱ、Ⅲ区。如仅有极少数肝细胞存活时称为大块坏死；当Ⅰ区有较多的小岛状排列的肝细胞残留时称为亚大块坏死。常见于急性重型病毒性肝炎。

炎细胞浸润肝炎时在门管区或肝小叶内常有程度不等的炎细胞浸润。浸润的炎细胞主要是淋巴细胞、单核细胞，有时也见少量浆细胞及嗜中性粒细胞等。

（四）门脉型肝硬化

〖基本病理变化〗

门脉性肝硬化是最常见肝硬化类型。镜下，①正常肝小叶结构被破坏，由广泛增生的纤维组织将肝小叶分割包绕成大小不等、圆形或椭圆形肝细胞团，称为假小叶。假小叶内肝细胞排列紊乱，可有变性、坏死及再生现象。再生的肝细胞体积较大，核大染色较深，常出现双核肝细胞；中央静脉缺如、偏位或有两个以上。②假小叶外周增生的纤维组织中有多少不等的慢性炎症细胞浸润，小胆管受压而出现胆汁淤积现象，同时也可见到新生的细小胆管和无管腔的假胆管。

〖切片观察〗

门脉型肝硬化

观察要点 正常肝小叶结构被破坏，由广泛增生的纤维组织将肝小叶分割包绕成大小不等、圆形或椭圆形肝细胞团即假小叶。

（五）胃腺癌

〖基本病理变化〗

组织学类型分为乳头状腺癌、管状腺癌伴不同程度（高、中、低）分化、黏液腺癌、印戒细胞癌和未分化癌等。

〖切片观察〗

乳头状腺癌、管状腺癌、印戒细胞癌

观察要点 胃的固有结构被不同类型的癌组织破坏并取而代之。呈乳头状排列的腺癌则称乳头状腺癌、腺管状排列称管状腺癌、胞浆内含黏液，细胞核靠一边似印戒状称印戒细胞癌、含有大量黏液，癌细胞漂浮在黏液湖上的称黏液腺癌、癌细胞在组织形态或免疫组化确定为癌，但缺乏特定的上皮分化特征的癌称为未分化癌。

（六）肝细胞性肝癌

〖基本病理变化〗

由肝细胞发生的肝癌。其分化较好者癌细胞类似肝细胞。分化差者癌细胞异型性明显，常有巨核及多核瘤细胞。有的癌细胞排列成条索状（索状型）；亦可呈腺管样（假腺管型）。有时癌组织中有大量纤维组织分割（硬化型）。

〖切片观察〗

分化较差的肝细胞性肝癌、腺管样肝细胞性肝癌

观察要点 肝细胞癌分化程度差异较大，分化好者癌细胞类似于肝细胞，分泌胆汁，癌细胞排列呈巢状，血管多似肝血窦，间质少。分化差者异型性明显。癌细胞大小不一，形态各异。

【思考题】

（1）胃溃疡与十二指肠溃疡在发病机制、好发部位、并发症、临床表现诸方面有何异同。

（2）良、恶性胃溃疡的肉眼鉴别要点。

（3）病毒性肝炎的基本病理变化。

（4）肝硬化门脉高压症形成和腹水形成的机制？

数字化资源：

图谱　　案例分析　　知识拓展

（李剑敏）

第四节　泌尿系统

实验十二　泌尿系统解剖结构

【实验目的】

（1）熟悉泌尿系统的组成。

（2）掌握肾的位置、形态、被膜、毗邻和构造。

（3）熟悉输尿管的行程和狭窄，膀胱的位置、形态、毗邻及膀胱三角的结构特点，女性尿道的毗邻、形态特点及开口部位。

【实验材料】

（1）男、女性泌尿生殖系统概观标本及模型。

（2）肾及肾的剖面、膀胱标本及模型。

（3）通过肾中部的腹后壁横切标本。

（4）男、女骨盆腔正中矢状切面标本及模型。

（5）打开的腹、盆腔标本及模型（示肾、输尿管、膀胱的位置及毗邻关系）。

【实验内容】

（一）肾

肾

1. 位置：肾位于腹后壁、脊柱的两侧，腹膜后方；上端紧邻肾上腺，左肾略高于右肾（约一个椎间盘高度）T11 下缘至 L2 下缘，右肾 T12 上缘至 L3 上缘；两肾门约平对 L1 高度。竖脊肌外缘与第 12 肋之间的夹角区域是肾在腰背部的体表投影的位置称为肾区，

2. 形态：蚕豆形的肾，有两端：上端较宽、薄，下端窄厚。二面：前面凸、后面平。二缘：外缘隆突，内侧缘中部的凹陷称肾门。出入肾门的肾静脉、肾动脉、肾盂、神经、淋巴等由前向后依次排列，被结缔组织包裹形成条索状结构称为肾蒂。左长右短。肾门向肾实质内凹陷形成空腔称肾窦。内容物为，肾小盏、肾大盏、肾盂、肾动脉、肾静脉属支等。

3. 内部结构：由实质和肾窦组成。实质分为浅部的肾皮质和深部的肾髓质。肾皮质血管丰富、颜色较深，其伸入髓质部分称肾柱；髓质颜色淡，由 15～20 个尖朝向肾门的三角形肾锥体组成，肾锥体的尖端是肾乳头，朝向肾窦。肾窦内可见肾小盏包绕肾乳头，2～3 个肾小盏合成一个肾大盏，2～3 个肾大盏合成略扁漏斗状的肾盂，肾盂出肾门后变细并下行，移行为输尿管。

4. 肾被膜：紧贴肾实质的纤维膜，包裹肾和肾上腺的脂肪组织即脂肪囊，最外部的深筋膜在肾的上部和外侧分两层包绕肾和肾上腺的肾筋膜。

（二）输尿管

1. 位置　位于腹后壁腰大肌表面，腹膜后面。在肾下端高度起于肾盂，终于膀胱。

2. 分部　细长肌性管道，分三部：腹部（最长）、盆部、壁内部（最短）。

3. 形态　第一狭窄在肾下端附近起于肾盂与输尿管移行处及输尿管起始部，第二狭窄在越小骨盆上口处，第三狭窄在穿膀胱壁处，均为结石易嵌顿部位。

（三）膀胱

1. 位置毗邻　空虚的膀胱位于盆腔的前部、耻骨联合的后方；男性膀胱下方有前列腺，后方是直肠、输精管和精囊；女性膀胱下方为尿生殖膈，后方是子宫（颈部）和阴道（上部）；膀胱属于腹膜间位器官。

膀胱

2. 外形分部　膀胱空虚时呈三棱锥体形囊状肌性器官。最前部的膀胱尖，朝前上，空虚时不超过耻骨联合上缘。膀胱底朝后下，外上角有输尿管穿入，膀胱体在膀胱底与膀胱尖之间，膀胱颈位于膀胱的最下部，有尿道内口开口。在膀胱底内表面，两输尿管入口与尿道内口之间三角形区域黏膜光滑无皱襞称膀胱三角、结核、肿瘤的好发部位。

（四）尿道

1. 女性尿道

女性尿道起于膀胱颈的尿道内口，沿阴道前壁下降，穿尿生殖膈，止于尿道外口。路线短约7cm，路径直无弯曲。尿道外口的后方为阴道口。女性易尿路感染。

2. 男性尿道（见男性生殖系统）

【思考题】

（1）尿液自肾小球形成经过哪些解剖学途径排出体外?

（2）肾结石排出体外有哪些部位易嵌顿?

（3）女性尿路易感染的解剖学形态依据是什么?

数字化资源：

图谱　　案例分析　　知识拓展

（张　博）

实验十三　泌尿系统组织结构

【实验目的】

（1）熟悉肾脏皮质和髓质的结构特点。

（2）掌握肾单位的组成、位置，重点掌握肾小体、近曲小管、远曲小管及集合管的组织结构。

（3）熟悉膀胱壁的组织结构。

肾（镜下）

【实验材料】

（1）肾脏切片。

（2）膀胱切片。

【实验内容】

（一）肾（肾脏切片，HE染色）

肉眼观察　染色深浅不同，染色较深的边缘部为皮质，其深部染色较浅者为肾锥体。

低倍观察

1. 被膜　被覆在肾的表面，是由致密结缔组织构成。

2. 皮质　皮质迷路和髓放线相间排列。

（1）皮质迷路：有许多球形肾小体，在肾小体周围是近曲小管和远曲小管的横切面。

（2）髓放线：为与髓质相延续的纵行管道，彼此平行排列。

（3）髓质：主要由肾小管的直部、细段和集合小管组成。

（4）肾间质：位于泌尿小管之间的少量结缔组织，内有血管和神经等。

高倍观察

1. 皮质迷路

（1）肾小体：位于皮质内，近似圆球形。在完整切面上有时可见血管极和与近端小管相连的尿极。在血管极有时可见血管的切面，此为入球或出球微动脉。

（2）血管球：位于肾小体的中央，呈圆形或椭圆形，可见毛细血管。

（3）肾小囊：包绕在血管球之外，分脏、壁两层，囊腔清晰易辨认，其壁层由单层扁平上皮组成，在肾小体的外周。脏层附着在血管球上，不易辨认。

（4）近端小管曲部：位于肾小体的周围，数量多，管腔小，大小不规则。其上皮细胞为锥体形，细胞界线不清，胞质强嗜酸性，红色，腔面有刷状缘，基底有纵纹；核圆，位于细胞的基底部。

（5）远端小管曲部：管腔较大，管壁薄，上皮细胞较小，为立方形，胞质弱嗜酸性，粉红色，无刷状缘，核圆，排列较密。

（6）致密斑：在皮质迷路寻找有血管极的肾小体，在此处可见靠近入球微动脉或出球微动脉的远曲小管，其靠近血管极一侧的上皮细胞变高、变窄，排列整齐，细胞核密集，且靠近腔面，即为致密斑。

2. 髓质 近皮质部分称外带，深层部分为内带。

（1）近端小管直部：仅见于髓质外带，结构同近端小管曲部相似。

（2）远端小管直部：位于髓质内外带，结构同近端小管直部相似。

（3）集合管：管腔大而规则，细胞为立方，核居中央，细胞界限清楚易辨，胞质清亮。

（4）细段：管径细小，由单层扁平上皮组成，核卵圆形。

（二）膀胱（膀胱切片，HE 染色）

膀胱（镜下）

低倍观察

（1）黏膜：不平整，有许多皱襞，由上皮和固有层组成。上皮为变移上皮，固有层为疏松结缔组织。

（2）肌层：由平滑肌组成，较厚但层次不清。

（3）外膜：为薄层疏松结缔组织。

高倍观察 主要观察变移上皮的结构特点。

数字化资源：

图谱　　案例分析　　知识拓展

（赵冬久）

实验十四 泌尿系统疾病

【实验目的】

（1）掌握急性弥漫性增生性肾小球肾炎、快速进行性肾小球肾炎、慢性肾小球肾炎的病理形态特点及临床病理联系。

（2）掌握急、慢性肾盂肾炎的病理变化及临床病理联系。

（3）掌握肾癌、膀胱癌病理形态特点及对机体的影响。

【实验材料】

1. 大体标本　急性肾炎、慢性肾炎、慢性肾盂肾炎、肾癌、膀胱癌。

2. 病理切片　急性肾小球肾炎、慢性肾小球肾炎、肾癌、膀胱癌。

【实验内容】

一、大 体 标 本

（一）肾小球肾炎

肾小球肾炎（glomerulonephritis），是以肾小球损害为主的一组疾病，较为常见。主要临床表现为蛋白尿、血尿、水肿和高血压。肾小球疾病可为原发性或继发性，原发性肾小球疾病指原发于肾脏的独立性疾病，多数类型是抗原抗体反应引起的免疫性疾病。继发性肾小球疾病的肾病变或继发于其他疾病或作为全身性疾病的一部分，如狼疮性肾炎、紫癜性肾炎、糖尿病肾病等。根据临床经过的不同，简单地分为急性肾小球肾炎和慢性肾小球肾炎两种。

〖基本病理变化〗

按照炎症的基本病变来分，肾小球肾炎同样也存在变质、渗出和增生等基本病变。其中细胞的增生是多种肾小球肾炎的特征之一，而且属于急性增生性炎。因此，在大体上表现为双侧肾脏体积增大，被膜紧张、表面光滑，皮质增厚，颜色苍白；如有弥漫性或点状出血则表现为“大红肾”或“蚤咬肾”。肾小球肾炎的后期，系膜基质增多，导致肾小球硬化，间质纤维化，导致肾体积缩小，质地变硬，表面出现颗粒样改变。

〖标本观察〗

1. 急性弥漫性增生性肾炎

观察要点　肾脏肿大，充血、被膜紧张、表面光滑、色较红，切面皮质增厚，故称“大红肾”；有时皮质表面可有点状出血，故又称“蚤咬肾”。

2. 新月体性肾炎

观察要点　肾脏肿大，被膜紧张、表面光滑、色苍白、皮质表面可有点状出血，切面皮质增厚。

3. 膜性增生性肾炎

观察要点　肾脏肿大，被膜紧张、表面光滑、色苍白、切面皮质增厚，故称“大白肾”。

4. 慢性硬化性肾小球肾炎（即颗粒性固缩肾）

观察要点　两侧肾脏对称性固缩，表面呈微小颗粒状，故称之为颗粒性固缩肾。切面观，皮质变薄，皮髓质分界不清。

（二）肾盂肾炎

根据病程的长短，分为急性肾盂肾炎和慢性肾盂肾炎两种。前者多由化脓菌感染引起的肾盂、肾小管和肾间质的急性化脓性炎症。发生于任何年龄，女性多见。后者可由急性肾盂肾炎反复发作可逐渐进展为慢性肾盂肾炎；但有的病人临床上急性肾盂肾炎的表现不明显，隐性进展至慢性阶段；甚至有的难以明确细菌感染及尿路阻塞，不能证明与细菌感染有直接关系。

〖基本病理变化〗

急性肾盂肾炎属于急性化脓性炎症。肾脏肿大，充血，质软。表面散在大小不等的黄白色脓肿，脓肿周围是紫红色的充血带。切面见脓肿不规则地分布于肾皮质和髓质各处，并见黄色条纹状病灶由髓质向皮质延伸，或呈楔形分布。肾盂黏膜充血，水肿，表面有脓性渗出物覆盖，有时可见小出血点。慢性肾盂肾炎则病变可为单侧或双侧性，如为双侧性，两侧不对称，病变肾体积缩小，变硬，表面高低不平，有不规则凹陷性瘢痕。切面可见，肾被膜增厚，皮髓质界限不清，肾乳头萎缩，肾盂肾盏变形，肾盂黏膜增厚，粗糙。

〖标本观察〗

慢性肾盂肾炎

观察要点 肾体积缩小，变硬，表面高低不平，有不规则凹陷性瘢痕。切面可见，肾被膜增厚，皮髓质界限不清，肾乳头萎缩，肾盂肾盏变形，肾盂黏膜增厚，粗糙。

（三）肾恶性肿瘤

肾脏肿瘤以来源于肾小管细胞的原发性肿瘤最多见，多见于中老年患者。儿童的肾脏肿瘤少见，多数与胚胎残留组织有关。

〖基本病理变化〗

肾脏占位性病变，良性肿瘤有明显的包膜，恶性肿瘤没有完整的包膜，肿瘤呈浸润性生长。肿瘤多单发，呈圆形，切面实性或囊实性，灰白色，但根据肿瘤的成分和有无出血、坏死等也可呈多彩色。

〖标本观察〗

1. 肾透明细胞癌

观察要点 肿瘤多为单发，球形，见于肾的两极，尤以上极多见，常致肾脏变形。肿瘤常有假包膜形成，因而与周围肾组织界限清楚。切面见肿瘤多为实性，少数为囊性，灰黄（癌细胞胞浆内含有大量脂质）或灰白色，常有出血（红褐色）、坏死（灰白）和纤维化（白色）区相间，呈现出多彩颜色。

2. 肾母细胞瘤

观察要点 肿瘤体积大，灰白色，瘤组织常突破肾被膜侵及肾周围脂肪组织，甚至扩散至肠系膜根部。切面隆起，实性或囊性，色彩多样，与肿瘤的成分有关。部分质硬，灰白色，部分质软，黏液样，部分可见透明软骨样组织，并有钙化、出血和坏死灶。

（四）尿路上皮肿瘤

肾盂、输尿管、膀胱黏膜上皮及尿道的部分上皮均为移行上皮，最常发生的肿瘤为移行细胞癌。鳞癌和腺癌也偶有发生。

〖基本病理变化〗

移行细胞癌的好发部位为膀胱侧壁和三角区近输尿管开口处，单发或多发，大小不等。呈乳头状、息肉状或扁平的突起状，并向深层浸润。切面灰白，可有坏死等改变。

〖标本观察〗

膀胱乳头状癌

观察要点 膀胱乳头状癌呈外生性生长，似花菜状，质地脆，累及膀胱壁全层。

二、病 理 切 片

（一）肾小球肾炎

〖基本病理变化〗

①变质性变化 肾小球肾炎时，由于各种蛋白溶解酶和细胞因子的作用，导致基底膜通透性增加，肾小球固有细胞变性，乃至纤维素样坏死。②渗出性变化 肾小球肾炎时常有白细胞渗出，主要是中性白细胞和单核细胞，偶见少许嗜酸性白细胞。渗出的中性白细胞释放蛋白水解酶，破坏内皮细胞、上皮细胞及基底膜。此外，红细胞也可漏出，其数量多少不等，大量漏出可见肉眼血尿；

小量漏出时仅见镜下血尿。肾小球内有时可见纤维素渗出。渗出的液体成分多随尿排出，所以形态学表现不明显。③增生性变化 肾小球内细胞数目增多是多种肾小球肾炎的特征之一。主要是肾小球固有细胞的增生。可表现为以系膜细胞和内皮细胞增生为主的毛细血管内细胞增生和以肾小囊上皮细胞增生为主的毛细血管外细胞增生，后者常形成新月体。肾小球肾炎的后期，系膜基质增多，导致肾小球硬化。

〖切片观察〗

1. 急性弥漫增生性肾小球肾炎

观察要点 弥漫性肾小球肿胀，细胞数目显著增多是其主要特征。以系膜细胞、内皮细胞明显增生肿胀为主。间质充血、水肿，少量淋巴细胞和中性白细胞浸润。肾小管上皮细胞可有水变性、脂肪变性及玻璃样变等。管腔内常含有各种管型，如透明管型、红细胞管型、白细胞管型等。

2. 新月体性肾炎

观察要点 病变肾小球毛细血管袢严重损伤，毛细血管壁断裂，血液流入肾小囊并凝固，导致肾小囊上皮细胞增生，形成新月体。有的新月体的肾小球呈弥漫性，超过全部肾小球的 50%。早期呈细胞性新月体，进而转化为纤维性新月体。肾小管萎缩，肾间质纤维化。

3. 慢性硬化性肾小球肾炎

观察要点 大量肾小球硬化、玻璃样变（超过全部肾小球的 50%）。肾小球中央部分变为无细胞、嗜伊红、PAS 阳性之玻璃样小体，周围部分纤维化。少数肾小球结构残存。硬化肾小球所属肾小管萎缩、消失、使玻璃样变的肾小球相互靠拢集中。残留肾单位常呈代偿性肥大，肾小球体积增大，肾小管扩张。间质纤维组织增生并有大量淋巴细胞、浆细胞浸润。间质内小动脉硬化，管壁增厚，管腔狭窄。

慢性硬化性肾小球肾炎（大体）

（二）肾盂肾炎

〖基本病理变化〗

急性肾盂肾炎属于肾间质化脓性，可形成脓肿。慢性肾盂肾炎则由多量的慢性炎细胞浸润，淋巴滤泡形成，甚至间质纤维化。

〖切片观察〗

慢性肾盂肾炎

观察要点 病变呈不规则灶状分布，肾间质大量淋巴细胞和巨噬细胞浸润，淋巴滤泡形成，间质纤维化。部分肾小管萎缩，基底膜增厚，进而肾小管坏死、消失。部分肾单位代偿性肥大，肾小管扩张。活动期可见中性白细胞浸润及脓肿。早期，肾小球病变较轻，仅可见肾小球周围纤维化。末期，包括肾小球在内的肾单位整体荒废，肾小球发生萎缩、纤维化、玻璃样变。动脉内膜高度增厚，管腔狭窄。

慢性肾盂肾炎

（三）肾细胞癌

〖基本病理变化〗

癌细胞多排列成腺泡状，也见腺管状或乳头状，多为实性癌巢，少数呈囊状。癌巢之间的间质富于毛细血管，纤维成分少。透明细胞型最多见，有些为颗粒细胞型，少数为透明细胞颗粒细胞混合型，偶见未分化型。

〖切片观察〗

肾透明细胞癌

观察要点 癌细胞呈多角形，胞浆透明，细胞核小而深染。癌细胞排列成腺管状或腺泡状。胞浆透明是由于胞浆内含有大量脂质，另外，胞浆内含丰富的糖原也可能与胞浆的透明相关。间质内几乎无纤维组织，富于血管。

（四）尿路上皮肿瘤

〖基本病理变化〗

根据细胞分化程度可将移行细胞癌分为三级。Ⅰ级：呈乳头状生长。癌细胞具有明显的极性，多层（可超过 7 层），似移行上皮，细胞仅见轻微异型性，核异型和核分裂象罕见；Ⅱ级，肿瘤细胞增生达 7 层以上，仍保留乳头状增生的形态，但细胞的极性部分紊乱，从基底部向表层分化倾向不明了，可见大且深染的异型核，茎部和黏膜下浸润；Ⅲ级，癌细胞呈巢状分布，乳头状增生倾向不明显，癌细胞异型性明显，核大，大小不一，深染，核分裂象多，癌巢中央细胞坏死明显，肿瘤边缘常侵及黏膜下层和肌层。

〖切片观察〗

膀胱乳头状癌

观察要点　膀胱乳头状癌Ⅱ级：肿瘤细胞增生达 7 层以上，仍保留乳头状增生的形态，但细胞的极性部分紊乱，从基底部向表层分化倾向不明了，可见大且深染的异型核。

【思考题】

（1）肾小球疾病的常见临床综合征有哪几个?根据本章所学内容思考各种综合征发生的病理学基础。

（2）急性肾盂肾炎有哪几个感染途径？有哪些临床病理特征?可发生哪些并发症?

（3）慢性肾盂肾炎肉眼和镜下特征？比较慢性肾盂肾炎和硬化性肾小球肾炎的病理特征。

（4）简述肾癌的常见的病理组织学类型及病理临床联系。

数字化资源：

图谱　　案例分析　　知识拓展

（李剑敏）

第五节　生 殖 系 统

实验十五　男女性生殖系统解剖结构

【实验目的】

（1）掌握男、女性生殖系统的组成。

（2）熟悉男、女性生殖器官的位置、形态及其结构。

（3）熟悉女性乳房的位置、形态结构，会阴的组成、结构。

【实验材料】

（1）男性泌尿生殖系统概观标本及模型、女性生殖系统概观标本及模型。

（2）睾丸和附睾、精索、前列腺、男性尿道、阴茎、阴囊标本及模型。

（3）卵巢、输卵管、子宫、阴道、女阴、乳房标本及模型。

（4）男、女骨盆腔正中矢状切面标本及模型。

（5）打开的盆腔标本及模型（包括会阴标本）。

【实验内容】

（一）睾丸

1. 位置　睾丸位于阴囊内，左右各一。其后上方有附睾。

2. 形态　睾丸呈扁睾丸呈扁椭圆形，分上、下端、内、外侧面、前、后缘。后缘有血管、神经和淋巴管等出入，并与附睾、输精管相临近，上端有附睾头覆盖。睾丸除后缘外覆有浆膜，称鞘膜，分睾丸表面的脏层和阴囊内面的壁层，两层之间在睾丸后缘相移行围成的密闭的腔隙称鞘膜腔。

3. 构造　鞘膜的深面有一致密结缔组织形成的白膜，白膜在睾丸后缘形成的睾丸纵隔，在睾丸内部形成睾丸小隔，并将其分隔成许多锥体状的睾丸小叶。睾丸小叶内有生精小管（产生精子）和睾丸间质（产生雄性激素）。一个睾丸小叶内有 1～4 条生精小管（精曲小管），在近睾丸纵隔处变为直精小管，再进入睾丸纵隔内形成睾丸网，最后在睾丸后缘发出十多条睾丸输出小管进入附睾。

（二）附睾和输精管、射精管

1. 附睾　附睾附于睾丸上端及后缘。新月形分三部：附睾头、附睾体和尾部；附睾头成自于睾丸输出小管，尾部末端连接输精管。储存精子，营养精子让精子进一步分化成熟。

2. 输精管　管壁较厚，活体触摸时呈细圆索状。依行程可分为四部：

（1）睾丸部：起自附睾尾部沿睾丸后缘上行走至睾丸上端。

（2）精索部：位于睾丸上端到腹股沟管浅环之间，此段位置表浅，为输精管结扎的部位。

（3）腹股沟管部：此段位于腹股沟管内；睾丸上端到腹股管深环之间的圆索状结构称精索，内有睾丸动脉、蔓状静脉丛、鞘韧带、淋巴管、神经等伴行及外包的被膜。

（4）盆部：输精管自腹股沟管深环至膀胱底后面，末端膨大，称输精管壶腹。

3. 射精管　输精管末端与精囊的排泄管汇合成射精管，穿过前列腺实质，开口于尿道前列腺部。

（三）前列腺、精囊腺和尿道球腺

1. 精囊腺和尿道球腺　膀胱底后方、输精管壶腹两侧为精囊，精囊排泄管向内下与输精管壶腹汇合成射精管。尿道球腺位于尿生殖膈内开口于阴茎尿道球；产生精液。

2. 前列腺

（1）位置：位于膀胱下方、耻骨联合的后方，后方临近直肠，下方是尿生殖膈；前列腺内有尿道和射精管穿过。

（2）形态：前列腺呈板栗形底向上接膀胱，尖向下接尿生殖膈上面。前面稍凸，后面正中有一条浅沟即前列腺沟，中央有尿道通过。

（四）阴囊和阴茎

1. 阴囊　阴囊从浅入深由皮肤、肉膜、精索外筋膜、提睾肌和精索内筋膜构成，容纳睾丸、附睾和部分输精管。

2. 阴茎　阴茎前端的阴茎头，其尖端有矢头位的尿道外口。阴茎后端固定于耻骨弓及尿生殖膈上的阴茎根，头与根之间为阴茎体；阴茎的构造由皮肤、阴茎筋膜和三条海绵体组成；阴茎海绵体左、右各一，位于阴茎的背侧，尿道海绵体位于阴茎海绵体之间的腹侧，有尿道贯穿其全长；其前端的膨大即阴茎头；后端的膨大称尿道球。每条海绵体表面均包有海绵体白膜。阴茎的皮肤在阴茎头处返折并包绕阴茎头形成环形的阴茎包皮；在阴茎头腹侧中线上，包皮与阴茎头之间形成纵行的包皮系带。

（五）男性尿道

男性尿道

1. 男性尿道长 16～22cm，分为尿道前列腺部 自尿道内口穿前列腺实质段；有射精管开口。尿道膜部：穿尿生殖膈段（最短）；有尿道括约肌。尿道海绵体部：穿阴茎的尿道海绵体段（最长）有尿道球腺开口尿道球部。

2. 三膨大 尿道前列腺部；尿道球部；尿道舟状窝。

3. 三狭窄 尿道内口；尿道膜部；尿道外口（最狭窄处）。

4. 两弯曲 耻骨下弯：耻骨联合后下方，凹向前上，不能校正。耻骨前弯：耻骨联合前下方，凹向后下，可以校正。

（六）卵巢

1. 位置 卵巢位于盆腔侧壁的髂内、外动脉的夹角处。

2. 形态 卵巢的形态呈扁椭圆形，分上、下端，内、外侧面，前、后缘。其中前缘有卵巢系膜其内中部有卵巢动脉及神经出入；

3. 固定装置 上端借卵巢悬韧带连于骨盆上口；下端有卵巢固有韧带连于子宫底两侧。

（七）输卵管

输卵管

1. 位置 卵巢位于子宫两侧，子宫阔韧带的上缘。弯曲的喇叭状肌性管道。

2. 分部 由外向内有两口四部：外侧端是输卵管腹腔口，内侧端有输卵管子宫口与子宫相通。输卵管自外侧向内侧分为输卵管漏斗（其游离缘有许多指状突起即输卵管伞）、输卵管壶腹、输卵管峡（输卵管紧接着子宫两侧的一段，该段较短且外观较细）、输卵管子宫部。

（八）子宫

1. 位置毗邻 子宫位于盆腔的中央，在直肠与膀胱之间，部分被腹膜覆盖，呈前倾前屈位。两侧有输卵管和卵巢（子宫附件）及子宫阔韧带等。

2. 形态分部 子宫呈前后稍扁的倒置梨形，是壁厚、腔小的中空肌性器官。分三部：上端在输卵管子宫口以上圆凸部分为子宫底；下端呈细柱状部分为子宫颈，其中子宫颈下端伸入阴道内的部分为子宫颈阴道部，其余位于阴道以上部分为子宫颈阴道上部；子宫底与子宫颈之间为子宫体。子宫颈与子宫体相接处较窄细部称子宫峡。

3. 内腔结构 子宫体内呈倒三角形的称子宫腔，位于子宫颈内呈梭形的称子宫颈管。上口为子宫内口通子宫腔；下口称子宫口通阴道。

4. 固定装置 维持子宫的正常位置的韧带有：子宫两侧向盆腔侧壁延续的双层腹膜即子宫阔韧带，可防止子宫向两侧移位；起自输卵管与子宫连接处稍下方，向前穿过腹股沟管的子宫圆韧带，可维持子宫前倾防止后倒；起自子宫颈后面，向后绕过直肠两侧的骶子宫韧带，可维持子宫前屈。子宫体下端向上止于盆壁子宫主韧带，可防止子宫脱垂。

（九）阴道

阴道为前后略扁肌性管道，位于盆腔中央、膀胱和尿道的后方，直肠和肛管的前方。阴道上端与子宫颈阴道部之间形成环形沟称阴道穹，分前穹、后穹、侧穹。阴道穹的后部最深，接阴道壁和腹膜紧临直肠子宫陷凹，是临床腹膜腔穿刺的部位。阴道下端较窄，以阴道口开口于阴道前庭。

（十）女阴

女阴的最外部有阴毛部分，耻骨联合前方的称阴阜，两侧的为大阴唇；大阴唇内侧的一对较薄的皮肤皱襞即小阴唇，小阴唇向前包绕阴蒂并形成阴蒂包皮；两侧小阴唇之间的裂隙称阴道前庭，其前部有较小的尿道外口，后部有较大的阴道口。阴道口后外侧有前庭大腺。

（十一）女性乳房

1. 位置 胸大肌表面浅筋膜内，位于第 2～6 肋，内侧至胸骨线，外侧至腋中线的区域。乳头位于锁骨中线与上臂中点联线交点处略偏下，相当于锁骨中线为第四肋间隙交界处。

2. 形态 柔韧而富有弹性；乳房大小与体型成比例，呈近似半球形或泪滴形。过乳头胸围小于身高×0.5 者，属乳房偏小；过乳头胸围在身高×（0.5—0.54）者，属乳房正常；过乳头胸围大于身高×0.54 者，可视为乳房丰满，巨乳症除外。

3. 构造 乳腺和脂肪组织为乳房主要构成。后者分隔前者 15～20 个乳腺小叶，小叶和输乳管以乳头为中心呈放射状排列行向乳头。乳房中央有隆起的乳头和周围的乳晕；乳房表面的皮肤和胸肌筋膜之间有许多结缔组织小束即乳房悬韧带。

（十二）会阴

取男女性会阴标本观察，会阴由前、后两个三角区组成的菱形，前部的即尿生殖区、后部即肛区；尿生殖区的深部主要有尿生殖膈，男性有尿道，女性有尿道和阴道穿过；肛区深部有盆膈，有肛管穿过；女性阴道与肛门之间有浅层肌腱的止点即会阴中心腱。

【思考题】

（1）精子分化成熟后排出体外经过那些解剖学途径？
（2）成熟的卵子经过那些解剖学途径与精子相遇受精？
（3）子宫维持前倾前屈位的形态学基础如何？
（4）乳房手术切口选择解剖学依据是什么？

数字化资源：

图谱　　案例分析　　知识拓展

（张　博）

实验十六　男女性生殖系统组织结构

【实验目的】

（1）掌握生精小管和睾丸间质细胞的结构。
（2）熟悉输出小管和附睾管的管壁结构。
（3）了解输精管的管壁结构。
（4）了解前列腺实质的结构。
（5）掌握不同发育时期的卵泡形态特点。
（6）熟悉黄体组织结构。
（7）熟悉子宫内膜周期性变化的特点。
（8）了解输卵管的组织结构。

【实验材料】

（1）人睾丸切片（HE 染色）。
（2）人附睾切片（HE 染色）。
（3）人输精管切片（HE 染色）。
（4）人前列腺切片（HE 染色）。
（5）人卵巢切片（HE 染色）。
（6）人增生期子宫内膜切片（HE 染色）。
（7）人分泌期子宫内膜切片（HE 染色）。
（8）人输卵管切片（HE 染色）。

【实验内容】

（一）睾丸（人睾丸切片，HE 染色）

睾丸（镜下）

低倍观察

1. 被膜 表面覆盖单层扁平上皮，为鞘膜脏层；下方为由致密结缔组织构成的白膜，白膜在睾丸后缘增厚形成的睾丸纵隔，睾丸纵隔发出睾丸小隔伸入实质，将其分成许多睾丸小叶。

2. 实质 睾丸小叶中可见许多大小不等、形状不一的生精小管的各种切面，生精小管之间的结缔组织为睾丸间质。在睾丸纵隔中，可见许多由单层立方上皮围成的腔隙，即睾丸网，睾丸网形状不规则，互相吻合。在睾丸网与生精小管之间，可见单层柱状上皮围成的短小管道，即直精小管。

高倍观察

1. 生精小管 外有薄层基膜。基膜外侧有长梭形的肌样细胞，管壁由各级生精细胞和支持细胞构成。

（1）精原细胞：位于基膜上，胞体较小，圆形或椭圆形，核圆形或卵圆形染色较深。

（2）初级精母细胞：位于精原细胞近腔侧，细胞体积大而圆，核大而圆，多处于分裂状态其染色质密集呈绒球状。

（3）次级精母细胞：位于初级精母细胞近腔侧，结构与初级精母细胞相似但体积较小，因其存在时间短，切片上不易找到。

（4）精子细胞：位于次级精母细胞近腔侧，体积更小，胞质少，核圆形，染色质细密。在精子形成过程中，早期核小而圆，染色较深，晚期核变小、变长。

（5）精子：头部呈扁圆形，染色深，多插入支持细胞的胞质内，尾部长，淡红色，朝向腔面，并常被切断。

（6）支持细胞：呈长锥体形，核呈三角形或不规则形，染色浅，核仁清楚，底部附着在基膜上，顶端伸达腔面，其侧面和游离面均有生精细胞嵌入，故支持细胞轮廓不清。

2. 睾丸间质 疏松结缔组织，含有三五成群的睾丸间质细胞，该细胞呈圆形或椭圆形，体积较大，核大而圆，居中，染色浅，胞质丰富，嗜酸性强。

（二）附睾（人附睾切片，HE 染色）

低倍观察 睾丸输出小管管腔较小且不规则，附睾管管腔较大而规则。

高倍观察

1. 睾丸输出小管 上皮由高柱状纤毛细胞和低柱状细胞相间排列而成，故腔面高低不平。高柱状纤毛细胞核长椭圆形，胞质深染，游离面有纤毛伸入管腔。低柱状细胞核靠近基底部。上皮外有少量平滑肌纤维。

2. 附睾管　上皮为假复层纤毛柱状，由主细胞和基细胞组成，管腔规则，腔内充满精子及分泌物。主细胞呈高柱状，核椭圆形，色浅；游离面有静纤毛；基细胞矮小，呈锥形，位于上皮深层。上皮外有少量平滑肌纤维。

（三）输精管（人输精管切片，HE 染色）

肉眼观察　为一圆形、红染、腔小、壁厚的小管。

低倍观察　管壁由内向外依次可分为黏膜、肌层和外膜。黏膜形成数条纵行皱襞，突向管腔；肌层厚，分内纵、中环、外纵三层，但分层不够明显，中环肌和外纵肌较厚；外膜为疏松结缔组织。

高倍观察　黏膜上皮为假复层柱状上皮，腔面较附睾管不平整，有的上皮细胞表面有静纤毛。

（四）前列腺（人前列腺切片，HE 染色）

肉眼观察　中央有管腔不规则的蓝紫色尿道切面，周围色浅、空泡状结构是前列腺的腺泡，腺泡之间的红色网格为前列腺间质。

低倍观察　腺体表面有结缔组织被膜，富有弹性纤维和平滑肌，并伸入实质形成间质。腺实质由大小不等的腺泡组成，腺上皮形成许多皱襞，腺腔不规则，腺腔内有分泌物，分泌物常浓缩凝固，形成圆形的嗜酸性红染的板层小体，称前列腺凝固体，可钙化形成结石。

高倍观察　黏膜上皮形态不一，有单层立方、单层柱状或假复层柱状等多种类型。

（五）卵巢（人卵巢切片，HE 染色）

肉眼观察　外周深色实质为皮质，中央浅色实质为髓质。

低倍观察　由外向内可见被膜和实质，实质又分为皮质和髓质。

1. 被膜　覆盖在实质表面，外表是单层扁平上皮，上皮深面的薄层致密结缔组织是白膜。

卵巢（镜下）

2. 皮质　位于实质浅层，由特殊的结缔组织和不同发育阶段的卵泡、黄体、闭锁卵泡组成。

3. 髓质　位于实质深层，有结缔组织、间质腺和血管。

高倍观察

1. 原始卵泡　位于皮质浅层，量大，体积较小；初级卵母细胞位于卵泡中央，大而圆，核圆，染色质细小而分散，染色浅，透明呈空泡状，核仁大而明显；卵泡细胞为包围在初级卵母细胞之外的单层扁平细胞；卵泡周围为特殊的结缔组织，有网状纤维和大量梭形细胞。

2. 初级卵泡　位于原始卵泡深层，卵泡增大，初级卵母细胞也变大，卵泡表面基膜明显，在卵泡细胞与初级卵母细胞之间出现一层折光性强、深红的带状结构为透明带；卵泡细胞由扁平变成立方形，并呈复层排列。

3. 次级卵泡　体积更大，初级卵母细胞更大，透明带明显，紧贴透明带的一层卵泡细胞为柱状，呈放射状排列，为放射冠；卵泡细胞之间出现一些小空隙，或融合成为大的卵泡腔；初级卵母细胞及其周围的卵泡细胞位于卵泡一侧，形成突向卵泡腔的隆起，即卵丘；其余的卵泡细胞密集排列成熟数层，构成卵泡壁，也称颗粒层；卵泡壁外围的卵泡膜分化为两层，内层有丰富的毛细血管和膜细胞，外层胶原纤维较多并含有平滑肌纤维。

4. 成熟卵泡　结构与晚期的次级卵泡基本相同，体积更大，并向卵巢表面隆起，卵泡壁变薄；成熟卵泡因存在时间短，切片上不易见到。

5. 闭锁卵泡　由发育不同阶段的卵泡退化而成，形态不一。卵母细胞核固缩，染色质溶解，透明带塌陷，有的仅见到残留的透明带呈皱褶状；卵泡细胞变性溶解，甚至消失；卵泡腔不规则，透明带弯曲至消失；卵泡膜内层细胞肥大，呈上皮样细胞，被结缔组织和毛细血管分隔，为间质腺。

6. **黄体** 大细胞团，与周围的结缔组织分界明显；颗粒黄体细胞较大，呈圆形或多边形，胞质染成浅红色，细胞核大而圆，着色较浅；细胞之间的空隙为血窦。

7. **髓质** 位于实质深层，为富含血管的疏松结缔组织。

（六）增生期子宫内膜（人增生期子宫内膜切片，HE 染色）

肉眼观察 染成紫蓝色的边缘为内膜，其余的红色部分为肌层。

低倍观察 内膜较厚，上皮完整，可见子宫腺各种断面；靠近肌层的基底层，结缔组织细胞较密集，腺体直径较小，与靠近腔面的功能层相比，染色较深；肌层较厚，为平滑肌，肌束排列方向不一致，分层不清，肌束之间有大量的结缔组织和丰富的毛细血管；外膜紧贴肌层外表面。

高倍观察

1. **内膜** 为单层柱状上皮，上皮向固有层凹陷，形成子宫腺，子宫腺出现一些弯曲，腺上皮内无明显的糖原聚集；可见扁圆形的螺旋动脉。

2. **肌层** 厚，为平滑肌，肌束排列方向不一致，分层不清，肌束之间有大量的结缔组织和丰富的毛细血管。

3. **外膜** 主要为浆膜。

（七）分泌期子宫内膜（人分泌期子宫内膜切片，HE 染色）

肉眼观察 染成紫蓝色的边缘为内膜，更厚。

低倍和高倍观察

1. **内膜** 更厚，子宫腺更粗更弯曲，腺腔扩大，几乎所有的腺腔内均有淡红色分泌物；螺旋动脉更长、更弯曲，靠近基底层可见较多的螺旋动脉横切面，直径较小，壁厚，内有红细胞；结缔组织细胞增多，肥大，变圆。

2. **肌层** 同增生期。

3. **外膜** 同增生期。

（八）输卵管（人输卵管切片，HE 染色）

肉眼观察 呈圆形，腔面染色较深为黏膜，位于输卵管外方的粉红色结构为输卵管系膜。

低倍观察 黏膜皱襞较多，管腔几乎被分支状的皱襞充满，管腔极不规则，肌层血管丰富。

高倍观察

1. **黏膜** 上皮为单层柱状，由两种细胞组成，一种为纤毛细胞，近顶部染色较浅，游离面有纤毛；另一种为分泌细胞，位于纤毛细胞之间，染色较深，无纤毛，核染色较深呈长圆形；上皮深面为固有层，有细密结缔组织构成，血管丰富。

2. **肌层** 平滑肌，内环、外纵两层，外纵肌排列较分散，其周围充满大量的结缔组织和血管。

3. **外膜** 为浆膜。

数字化资源：

图谱　　　　案例分析　　　　知识拓展

（王　征）

实验十七　女性生殖系统疾病

【实验目的】

（1）掌握子宫颈癌的镜下和肉眼的病理变化特点。
（2）掌握滋养层细胞肿瘤的病理变化特点。
（3）掌握乳腺癌的病理变化特点。
（4）了解子宫平滑肌瘤和子宫内膜癌的病变特点。
（5）了解常见卵巢肿瘤的形态特点。

【实验材料】

1. 大体标本　子宫颈癌、子宫平滑肌瘤、子宫内膜腺癌、葡萄胎、侵袭性葡萄胎、绒毛膜癌、卵巢浆液性（乳头状）囊腺瘤、卵巢多房性黏液性囊腺瘤、卵巢多房性黏液性囊腺癌、卵巢畸胎瘤、乳腺纤维腺瘤、乳腺癌。

2. 病理切片　子宫颈癌、子宫内膜腺癌、绒毛膜癌、乳腺癌。

【实验内容】

一、大 体 标 本

（一）子宫疾病

〖基本病理变化〗

1. 慢性子宫颈炎　宫颈黏膜充血水肿，呈暗红色颗粒状或糜烂。在宫颈管内可见黏液潴留性囊肿和宫颈息肉。

2. 子宫颈癌　子宫颈原位癌或早期浸润癌表现为宫颈黏膜呈红色颗粒状糜烂或粗糙肥厚。子宫颈浸润癌可表现为外生菜花型、浸润型或溃疡型。

3. 子宫平滑肌瘤　肿瘤可位于黏膜下、肌壁间或内膜下，可单发或多发，大小不一。肌瘤切面呈灰白色、编织状，边界清楚，可有囊性变、黏液变性或透明变性。

4. 子宫内膜腺癌　子宫体积增大，呈局限性或弥漫性增厚，有时可形成乳头状、息肉状或菜花状肿物突出黏膜表面，常伴有出血、坏死。肿物可也向内膜内浸润性生长。

〖标本观察〗

1. 子宫颈癌

观察要点　注意宫颈颜色、形状和肿物的特点（颜色、大小、边界），并进行分型。

思考　子宫颈癌晚期肿瘤会如何扩散。

2. 单发子宫平滑肌瘤、多发子宫平滑肌瘤

观察要点　肿物的数量、部位、形状、颜色、边界和切面等特点。以及宫腔变化。

3. 子宫内膜腺癌

观察要点　子宫内膜的厚度、颜色、肿物的形态特点及浸润情况。

（二）滋养层细胞疾病

〖基本病理变化〗

1. 葡萄胎　子宫体积增大，宫腔内绒毛水肿呈半透膜水泡状，状似葡萄。水泡大小不一，直径 0.1～1.0cm。完全性葡萄胎时绒毛全部呈水泡状，部分性葡萄胎时部分绒毛呈水泡状，部分绒毛正常，可伴有胎儿或附属器官。

2. 侵袭性葡萄胎　子宫体积增大，宫腔内水泡状绒毛侵袭子宫肌层，宫壁内浸润生长，常伴有局部出血和坏死。

3. 绒毛膜癌 子宫不规则增大，表面常有紫蓝色结节；切面宫腔内可见血凝块状结节，并浸润子宫壁伴出血、坏死。

〖标本观察〗

1. 葡萄胎伴卵巢囊肿、不完全性葡萄胎

观察要点 子宫体积大小、宫腔内绒毛形态特点，有无浸润肌层；卵巢大小和切面变化，有无胎儿或胎盘结构。

葡萄胎（大体）

2. 侵袭性葡萄胎

观察要点 子宫体积大小，宫腔内绒毛的形态特点，有无浸润肌层和出血、坏死。

思考 葡萄胎和侵袭性葡萄胎的形态特点、生物学行为有何区别。

3. 绒毛膜癌（子宫、脑、肺病变）

观察要点 子宫、脑和肺的标本来自同一死者。子宫不规则增大，子宫壁肌层可见数个大小不等的灰黑色结节；脑组织切面可见一个出血性结节。肺切面可见许多灰白色或暗黑色的球状结节，大小不等，边界清楚。

思考 脑部和肺部的病变是如何引起的？绒毛膜癌临床有何表现，哪些检查项目有助于诊断？

（三）卵巢肿瘤

〖基本病理变化〗

1. 卵巢囊腺瘤（癌） 病变卵巢体积增大，肿瘤多为圆形或卵圆形囊肿。浆液性囊腺瘤常为单房，囊内含有清亮浆液，囊壁可有乳头形成。黏液性囊腺瘤表面光滑，常为多房性，囊内为黏液，囊内壁多光滑。如果乳头数量增多且细而长，或瘤内出现白色实性区伴出血、坏死，则提示肿瘤为交界性或恶性。

2. 卵巢畸胎瘤 卵巢畸胎瘤多为成熟性，呈囊状，内壁光滑，囊内常含有皮脂、毛发、牙齿、头节等。

〖标本观察〗

1. 卵巢浆液性乳头状囊腺瘤

观察要点 剖开的囊性肿物是单房或多房，囊内壁有无乳头、乳头多少，有无实性区等。

2. 卵巢多房性黏液性囊腺癌

观察要点 卵巢剖面呈多房性囊状，囊内充满暗褐色胶冻状物，部分囊壁内侧可见多个灰白色、大小不一的实性肿物，呈菜花状。

3. 卵巢成熟性畸胎瘤

观察要点 剖开的囊肿呈单房性，囊腔内可见毛发，骨质和牙齿等成分。

（四）乳腺疾病

〖基本病理变化〗

1. 乳腺纤维腺瘤 通常单发偶多个，呈圆形或卵圆形的结节状，边界清楚，切面灰白色、呈分叶状、质韧。

2. 乳腺癌 肿物多发于乳腺外上象限，其次是中央区，触之固定，大小不等的包块。切面肿块呈灰白色、似树根状向周围组织浸润，边界不清无包膜。累及皮肤可引起“橘皮样”外观，导致乳头内陷。

〖标本观察〗

1. 乳腺纤维腺瘤

观察要点 肿物的大小、形状、颜色、边界和切面情况。

2. 乳腺癌

观察要点 乳房组织切面的肿物位置、大小、颜色、边界和生长方式，以及乳房表面皮肤和乳头有无变化。

二、病 理 切 片

（一）子宫颈癌

〖基本病理变化〗

（1）宫颈原位癌镜下表现为不典型增生的细胞累及上皮全层，但未突破基底膜。

（2）宫颈浸润癌以鳞癌居多，腺癌次之。早期浸润癌的浸润深度不超过基底膜下 5mm。癌组织呈浸润性生长，鳞癌形成不规则的癌巢或条索，根据分化程度分为角化型和非角化型鳞癌。腺癌根据组织结构和细胞分化程度分为高分化、中分化和低分化三型。

〖切片观察〗

1. 子宫颈原位癌、宫颈原位癌累及腺体

病变特点　部分鳞状上皮恶性增生，癌细胞占据上皮全层但基底膜完整。癌细胞大小不等，深染，细胞极性消失。部分癌细胞累及宫颈腺，但腺体基底膜完整。

2. 子宫颈高分化鳞癌

观察要点　癌组织和癌细胞的形态特点、浸润情况，判断分化程度。

（二）滋养层细胞疾病

〖基本病理变化〗

1. 葡萄胎　绒毛水肿明显增大，绒毛间质内血管消失或仅见少量无功能的毛细血管；滋养层细胞不同程度增生，可见成堆增生的细胞滋养层细胞和合体滋养层细胞，细胞极性消失。

葡萄胎（镜下）

2. 绒毛膜癌　癌组织由细胞滋养层样癌细胞（细胞呈多角形，细胞界限清楚，胞质淡染，胞核圆形、核膜清楚，空泡状）和合体滋养层样癌细胞（细胞体积较大，细胞分界不清，胞质丰富红染，多核，核深染）组成，两种癌细胞异型性明显，混合排列成巢状、条索状，可侵及宫壁各层。肿瘤内无血管和间质，不形成绒毛结构，伴有大量出血和坏死。

〖切片观察〗

1. 葡萄胎

观察要点　绒毛的结构特点，滋养层细胞的增生情况。

2. 绒毛膜癌

观察要点　两种癌细胞的形态特点、排列方式、浸润情况，以及有无间质、血管和绒毛结构。

（三）乳腺浸润性小叶癌

〖基本病理变化〗

癌细胞呈单个或单行条索状浸润与纤维组织之间，癌细胞小，异型性不明显。有时癌细胞围绕正常导管呈靶环样排列。

〖切片观察〗

乳腺浸润性小叶癌

观察要点　癌细胞排列方式、分化程度、浸润情况以及肿瘤实质与间质的比例。

（四）卵巢浆液性乳头状囊腺癌

〖基本病理变化〗

癌细胞增生超过 3 层，细胞异型性明显，核分裂象多见。癌细胞排列呈乳头状（乳头分支多且复杂）或实性细胞团。癌细胞浸润包膜和间质，砂粒体多见。

〖切片观察〗

卵巢浆液性乳头状囊腺癌

观察要点 肿瘤细胞增生的层次，细胞异型性大小以及乳头分支情况，是否有砂粒体形成。

数字化资源：

图谱　　案例分析　　知识拓展

（沈　健）

第六节　神 经 系 统

实验十八　神经系统解剖和组织结构

【实验目的】

（1）掌握脊髓的位置、外形与椎管的关系。
（2）熟悉脑的分部、各部的外形及内部结构。
（3）掌握内囊的位置、分部、各部通过的主要纤维束及损伤后的表现。
（4）熟悉基底核的组成。
（5）熟悉脑和脊髓的被膜和血管。
（6）熟悉脊神经的分布概况；了解颈丛、臂丛、腰丛和骶丛的组成和位置。
（7）掌握各神经丛的重要分支和分布；了解胸神经前支的行程和分布。
（8）掌握十二对脑神经的名称、顺序、进出颅脑的部位、行程和分布。
（9）熟悉交感神经和副交感神经的异同。
（10）掌握躯干、四肢本体感觉和精细触觉及浅感觉传导通路。
（11）熟悉头面部浅感觉传导通路。
（12）熟悉运动传导通路。

【实验材料】

（1）离体脊髓标本，切除椎管后壁的脊髓标本，脊髓横切面模型。
（2）整脑标本，脑正中矢状切面标本。
（3）脑干和间脑标本，电动脑干模型或脑神经核模型，小脑水平切面标本。
（4）大脑水平切面标本，基底核模型，脑室标本或模型，硬脑膜标本，包有蛛网膜的整脑标本。
（5）脊神经标本，头颈部血管神经标本，上肢血管神经标本，胸神经标本，腹下壁及下肢血管神经标本。

【实验内容】

脊髓

（一）脊髓

1. 位置和节段 各对脊神经的根丝连接一段脊髓，称一个脊髓节段，故脊髓分为31个节段。

2. 外形 取离体脊髓标本，脊髓呈前后略扁圆柱状，有颈膨大和腰骶膨大，腰骶膨大以下变细呈圆锥状，为脊髓圆锥；脊髓圆锥向下延伸为终丝。

3. 内部结构　脊髓由中央管、灰质和白质构成。在脊髓的横切面上，灰质，呈“H”形，其中心有中央管，中央管前、后的横条灰质分别称灰质前连合和灰质后连合，白质位于灰质的周围。

（二）脑

脑干

脑分脑干、小脑、间脑和端脑。注意它们的位置关系。

1. 脑干

（1）脑干外形：自下而上由延髓、脑桥、中脑三部分组成。

1）腹侧面

A. 延髓：枕骨大孔至延髓脑桥沟之间。有锥体、锥体交叉、橄榄、舌下神经根、舌咽神经、迷走神经、副神经。

B. 脑桥：脑桥基底部、脑桥基底沟、桥臂、三叉神经、展神经、面神经、前庭蜗神经、脑桥小脑角。

C. 中脑：以视束与间脑分界，有大脑脚、脚间窝、动眼神经。

2）背侧面

A. 延髓和脑桥：菱形窝（即第四脑室底，下界：薄束结节、楔束结节、小脑下脚；上界：小脑上脚；两侧角：第四脑室外侧隐窝）、前后髓帆、髓纹、界沟、内侧隆起、面神经丘、蓝斑、外侧区、前庭区、听结节、舌下神经三角、迷走神经三角。

B. 中脑：顶盖、上丘、下丘、上丘臂、下丘臂、滑车神经。

（2）脑干内部结构：用脑干神经核电动模型显示脑干内神经核团及上、下行纤维束。

（3）第四脑室：位于延髓、脑桥和小脑之间的腔室。第四脑室经中脑水管与第三脑室相通，向下通延髓中央管，并借第四脑室正中孔和左、右外侧孔与蛛网膜下隙相通。

2. 小脑　观察小脑外形，中部狭窄称小脑蚓，两侧膨大部称小脑半球，小脑下面靠小脑蚓两侧的突起称小脑扁桃体。

3. 间脑　位于中脑之上，尾状核和内囊的内侧。间脑一般被分成背侧丘脑、后丘脑、上丘脑、下丘脑和底丘脑五个部分。两侧背侧丘脑和下丘脑相互接合，中间夹一矢状腔隙称第三脑室。第三脑室经其两侧的室间孔与侧脑室相通，向下通过中脑水管与第四脑室相通。

背侧丘脑又称丘脑，位于间脑背侧部，为一对卵圆形的灰质块，内邻第三脑室，外邻内囊。内部被白质纤维形成的“Y”形内髓板分隔为3个核群：前核群、内侧核群和外侧核群。

后丘脑位于丘脑的后面，包括内、外侧膝状体。

下丘脑位于丘脑的前下方，其主要结构自前向后有：视交叉、灰结节、乳头体以及漏斗和垂体。下丘脑内的主要核团有视上核和室旁核。

4. 端脑　又名大脑，主要包括左、右大脑半球。两大脑半球之间的深裂，称大脑纵裂。裂底为连接两大脑半球的白质板，称胼胝体。

（1）外形：每侧大脑半球可分为上外侧面、内侧面和下面三个面。大脑半球有外侧沟、中央沟、顶枕沟三个叶间沟，额叶、顶叶、枕叶、颞叶、岛叶五个分叶。大脑半球上外侧面的主要沟和回有中央沟、中央前沟、中央后沟、中央前回、中央后回、额上沟、额下沟、额上回、额中回、额下回、颞上沟、颞横回、角回、缘上回，大脑半球内侧面的主要沟和回有距状沟、扣带回、中央旁小叶、侧副沟、海马旁回及钩。

（2）内部结构：大脑半球的表层为灰质称大脑皮质，深部为髓质，内有基底核。大脑半球内的腔室称为侧脑室，其借室间孔与第三脑室相通。

1）大脑皮质功能定位：机体的运动、感觉、视觉、听觉、语言活动等功能，在大脑皮质都有相应的中枢部位。第Ⅰ躯体感觉区在中央后回和中央旁小叶后部，第Ⅰ躯体运动区在中央前回和中央旁小叶前部，视区位于距状沟两侧皮质，听区位于颞横回，听觉语言中枢位于缘上回，视觉语言中枢位于角回，书写中枢位于额中回后部，运动性语言中枢位于额下回后部。

2）基底核：是包埋于大脑髓质中的灰质团块，位于大脑基底部。主要包括尾状核、豆状核、杏仁体等灰质核团。尾状核、豆状核合称纹状体，主要功能是维持骨骼肌的张力，协调肌群运动。

3）髓质：根据纤维的行径和联系分为联络纤维、连合纤维和投射纤维。内囊是投射纤维的集中区，位于背侧丘脑、尾状核和豆状核之间，水平切面上呈“＞ ＜”形。前部位于尾状核和豆状核之间为内囊前肢，含有额桥束和丘脑前辐射，后部位于豆状核与背侧丘脑之间为内囊后肢，内有皮质脊髓束、皮质红核束和丘脑中央辐射、视辐射、听辐射等，内囊膝介于前后肢之间，有皮质核束通过。

（3）边缘系统：由边缘叶及其密切联系的皮质下结构共同组成，与内脏活动、情绪和记忆相关，有“内脏脑”之称。

（三）脑和脊髓的被膜、血管

1. 脑和脊髓的被膜 取切除椎管后壁的脊髓标本，由外向内逐层可见硬膜、蛛网膜和软膜 3 层被膜。

（1）硬膜：由厚而坚韧的致密结缔组织构成。包裹脊髓的为硬脊膜，包裹脑表面的为硬脑膜。硬脑膜是一厚而坚韧的双层膜，在一定部位，硬脑膜内层折叠成大脑镰，形如镰刀，是硬脑膜内层自颅顶正中线折叠并延伸于两半球之间的结构。其前端窄，附于鸡冠，后分宽，向下连于小脑幕的上面。小脑幕呈半月形，水平地位于大脑半球与小脑之间。小脑幕分为两侧颞骨岩部，前缘游离并向后凹陷，称为幕切迹。硬脑膜窦是由硬脑膜的两层结构在特定部位互相分离而形成的腔隙，在腔隙内面衬有内皮细胞，主要的硬脑膜窦有上矢状窦、下矢状窦、横窦、乙状窦、直窦、窦汇、海绵窦。硬脊膜上方附于枕骨大孔边缘，与硬脑膜相续，向下在平第 2 骶椎高度形成一盲端，并借终丝附于尾骨。硬脊膜与椎管内面的骨膜及黄韧带之间的间隙为硬膜外隙，不与颅内相通。内有脊神经根、淋巴管、静脉丛等，内呈负压，可用于硬膜外麻醉。

（2）蛛网膜：由很薄的结缔组织构成，是一层半透明的膜，位于硬脑膜深部，其间有潜在性腔隙为硬脑膜下隙。腔内含有少量液体。蛛网膜跨越脑，被覆于脑的表面，与软脑膜之间有较大的间隙，称为蛛网膜下腔，腔内充满脑脊液。在某些部位，蛛网膜下腔扩展并加深，成为蛛网膜下池，如小脑延髓池、桥池。脑蛛网膜在硬脑膜窦（主要是上矢状窦）的两侧，形成许多颗粒状突起，突入窦内，称蛛网膜粒，脑脊液经此结构渗入窦内，回归静脉。

（3）软膜：为一层含有丰富血管的透明结缔组织膜。紧贴脊髓表面的为软脊膜，紧贴脑表面的为软脑膜。在脑室的一定部位，软脑膜及其上的血管与室管膜上皮共同构成脉络组织，其中有些部位血管反复分支成丛，连同其表面的软脑膜和室管膜上皮一起突入脑室形成脉络丛。

2. 脑和脊髓的血管

（1）脑的动脉：主要来源于颈内动脉和椎动脉。颈内动脉供应大脑半球的前 2/3 和间脑前部，起自颈总动脉，经颈动脉管入颅后，前穿海绵窦至视交叉外侧，分出大脑前动脉、大脑中动脉、脉络丛前动脉、眼动脉和后交通支动脉等分支。椎动脉供应大脑半球的后 1/3、间脑后部、小脑、脑干，起自锁骨下动脉，穿第 6 至第 1 颈椎横突孔，经枕骨大孔入颅腔，行于延髓腹侧，在脑桥下缘，左、右椎动脉合成基底动脉，沿脑桥基底沟上行至脑桥上缘，分为左、右大脑后动脉。大脑动脉环（Willis 环）位于脑底下方、蝶鞍上方，环绕视交叉、灰结节、乳头体周围，由前交通动脉、两侧大脑前动脉始段、两侧颈内动脉末段、两侧后交通动脉和两侧大脑后动脉始段吻合而成。此环使两侧颈内动脉系与椎-基底动脉系相交通。

（2）脑的静脉：不与动脉伴行，可分浅、深两组，且两者之间有吻合，分别汇入邻近的硬脑膜窦，最后汇入颈内静脉。

（3）脊髓的动脉：脊髓的动脉来源于椎动脉和节段性动脉。椎动脉发出脊髓前动脉和脊髓后动脉，在下行过程中不断有节段性动脉（颈升动脉、肋间后动脉和腰动脉）的分支加入。

（4）脊髓的静脉：如同动脉，位于脊髓的前、后面。脊髓的静脉血多数注入硬膜外隙的静脉丛，后者还收集来自硬脊膜和椎骨的静脉，并与脊柱以外的静脉有联系。

（四）脊神经

脊神经连于脊髓，共 31 对：8 对颈神经、12 对胸神经、5 对腰神经、5 对骶神经、1 对尾神经，分布在躯干和四肢的肌肉中，主管颈部以下的感觉和运动。每对脊神经借前根和后根与脊髓相连。前、后根均由许多神经纤维束组成的根丝所构成，前根属运动性，由位于脊髓灰质前角和侧角（侧角位于 T1～L3 节段）及骶髓副交感核（S2～4）的运动神经元轴突组成；后根属感觉性，由脊神经节内假单极神经元的中枢突组成，后根较前根略粗，后根在椎间孔附近有椭圆形膨大，称脊神经节，前后根在椎间孔处合成一条脊神经干，脊神经干很短，出椎间孔后立即分为前支、后支、脊膜支和交通支。除胸神经前支保持着明显的节段性外，其余脊神经的前支则交织成丛，然后再分支分布。脊神经前支形成的丛有颈丛、臂丛、腰丛和骶丛。

（1）颈丛：由第 1～4 颈神经前支组成。它发出皮支和肌支，皮支分布到颈前部皮肤，较集中于胸锁乳突肌后缘中点附近浅出。肌支分布于颈部部分肌肉（颈部深肌）、舌骨下肌群和肩胛提肌，其中最主要的是膈神经，为混合性神经，它由第 3～5 颈神经前支发出，下列穿经胸腔至膈肌，主要支配膈肌的运动以及心包、部分胸膜和腹膜的感觉。

（2）臂丛：由第 5～8 颈神经前支和第 1 胸神经前支的大部分组成。先位于颈根部，后伴锁骨下动脉经斜角肌间隙和锁骨后方进入腋窝。其间几经相互编织，可分为根、干、股、束四段，并发出许多分支，在腋窝臂丛形成三个束，即外侧束、内侧束和后束，包绕腋动脉。臂丛的主要分支如下：

1）肌皮神经：自外侧束发出，支配臂前群肌和前臂外侧的皮肤。

2）正中神经：由内侧束和外侧束各发出一根合成，支配前臂前群肌的大部分，手鱼际肌及手掌面桡侧三个半指的皮肤。

3）尺神经：由内侧束发出，支配前臂前群肌的靠尺侧的小部分肌肉、手小鱼际肌和手肌中间群的大部分以及手掌面尺侧一个半指和手背面尺侧二个半指的皮肤。

4）桡神经：发自后束，支配臂及前臂后群肌、臂及前臂背侧面皮肤和手背面桡侧二个半指的皮肤。

5）腋神经：由后束发出，支配三角肌、小圆肌及三角肌区和臂外侧面的皮肤。

（3）胸神经：共 12 对，其中第 1～11 对胸神经前支位于相应的肋间隙中，称肋间神经；第 12 对胸神经前支位于第 12 肋下缘，称肋下神经。下 6 对胸神经前支除支配相应的肋间肌及皮肤外，还支配腹前、外侧壁的肌肉和皮肤。

（4）腰丛：由第 12 胸神经前支的一部分，第 1～3 腰神经前支和第 4 腰神经前支的一部分组成。位于腰椎两侧，腰大肌的深面，其主要分支有：

1）股神经：是腰丛中最大的神经，在腰大肌与髂肌之间下行，在腹股沟中点稍外侧经腹股沟韧带深面、股动脉外侧到达股三角，随即分为数支。肌支支配耻骨肌、股四头肌和缝匠肌；皮支分布于大腿和膝关节前面的皮肤；最长的皮支称隐神经是股神经的终支，伴随股动脉入收肌管下行，至膝关节内侧浅出至皮下后，伴随大隐静脉沿小腿内侧面下降至足内侧缘，分布于髌下、小腿内侧面和足内侧缘的皮肤。

2）闭孔神经：自腰丛发出后，于腰大肌内侧缘穿出，循小骨盆侧壁前行，穿闭膜管出小骨盆，分前、后两支，分别经短收肌前、后面进入大腿内收肌群，其肌支支配闭孔外肌、大腿内收肌群；皮支分布于大腿内侧面的皮肤。闭孔神经前支发出支配股薄肌的分支先入长收肌，约在股中部，从长收肌穿出进入股薄肌。临床上在用股薄肌代替肛门外括约肌的手术中，应注意保留此支。

3）髂腹下神经：出腰大肌外缘，经肾后面和腰方肌前面行向外下，在髂嵴上方进入腹内斜肌和腹横肌之间，继而在腹内、外斜肌间前行，终支在腹股沟管浅环上方穿腹外斜肌腱膜至皮下。其皮支分布于臀外侧部、腹股沟区及下腹部皮肤，肌支支配腹壁肌。

4）髂腹股沟神经：在髂腹下神经的下方，走行方向与该神经略同，在腹壁肌之间并沿精索浅面前行，终支自腹股沟管浅环外出，分布于腹股沟部和阴囊或大阴唇皮肤，肌支支配腹壁肌。

5）生殖股神经：自腰大肌前面穿出后，在该肌浅面下降；皮支分布于阴囊（大阴唇）、股部及其附近的皮肤；股支支配提睾肌。

6）股外侧皮神经：自腰大肌外缘走出，斜越髂肌表面，达髂前上棘内侧，经腹股沟韧带深面至大腿外侧部的皮肤。

（5）骶丛：由第 4 腰神经前支的一部分与第 5 腰神经前支合成的腰骶干以及骶、尾神经的前支编织而成，位于骶骨和梨状肌前面，分支分布于会阴部、臀部、股后部、小腿和足的肌肉与皮肤。其分支主要有：

1）坐骨神经：是全身最粗大的神经，经梨状肌下孔出盆腔，在臀大肌深面，经坐骨结节与股骨大转子之间至股后，在股二头肌深面下降，一般在腘窝上方分为胫神经和腓总神经。在股后部发出肌支支配大腿后群肌。自坐骨结节与股骨大转子之间的中点到股骨内、外侧髁之间中点的连线的上 2/3 段为坐骨神经的体表投影。坐骨神经痛时，常在此投影线上出现压痛。

2）胫神经：为坐骨神经本干的直接延续。在腘窝内与腘血管伴行，在小腿经比目鱼肌深面伴胫后动脉下降，过内踝后方，在屈肌支持带深面分为足底内侧神经和足底外侧神经二终支入足底。

3）腓总神经：自坐骨神经发出后沿股二头肌内侧走向外下，绕腓骨颈外侧向前，穿腓骨长肌分为腓浅和腓深神经。腓总神经的分布范围是小腿前、外侧群肌和小腿外侧、足背和趾背的皮肤。腓浅神经在腓骨长、短肌与趾伸肌之间下行，分出肌支支配腓骨长、短肌，在小腿下 1/3 处浅出为皮支，分布于小腿外侧，足背和第 2～5 趾背侧皮肤。腓深神经与胫前动脉相伴而行，先在胫骨前肌和趾长伸肌间，后在胫骨前肌与踇长伸肌之间下行至足背，分布于小腿肌前群、足背肌及第 1、2 趾背面的相对缘皮肤。

4）臀上神经：伴臀上动、静脉经梨状肌上孔出盆腔，行于臀中、小肌间，支配臀中、小肌和阔筋膜张肌。

5）臀下神经：伴臀下动、静脉经梨状肌下孔出盆腔，达臀大肌深面，支配臀大肌。

6）阴部神经：伴阴部内动、静脉出梨状肌下孔，绕坐骨棘经坐骨小孔入坐骨直肠窝，向前分支分布于会阴部和外生殖器的肌和皮肤。

7）股后皮神经：出梨状肌下孔，至臀大肌下缘浅出，主要分布于股后部和腘窝的皮肤。

（五）脑神经

脑神经共 12 对，它们各自的连脑部位已分别在脑干、间脑和端脑中观察，现在主要观察各对脑神经出入颅腔时，所穿过的孔裂及其行程、分支和分布。

（1）各对脑神经出入颅腔时所穿的孔裂（表 3-2）。

表 3-2 各对脑神经出入颅腔时所穿的孔裂

序号	名称	出入颅腔时所穿的孔裂
Ⅰ	嗅神经	筛孔
Ⅱ	视神经	视神经管
Ⅲ	动眼神经	眶上裂
Ⅳ	滑车神经	眶上裂
Ⅴ	三叉神经—眼神经 三叉神经—上颌神经 三叉神经—下颌神经	眶上裂 圆孔 卵圆孔
Ⅵ	展神经	眶上裂
Ⅶ	面神经	内耳门—茎乳孔

续表

序号	名称	出入颅腔时所穿的孔裂
Ⅷ	前庭蜗神经	内耳门
Ⅸ	舌咽神经	颈静脉孔
Ⅹ	迷走神经	颈静脉孔
Ⅺ	副神经	颈静脉孔
Ⅻ	舌下神经	舌下神经管

（2）各对脑神经的行程、分支和分布。

1）嗅神经：由内脏感觉纤维组成，由上鼻甲以上及其对应的鼻中隔以上部黏膜内的嗅细胞中枢突聚集而成，包括 20 多条嗅丝，嗅神经穿过筛孔进入颅前窝，连于嗅球传导嗅觉。颅前窝骨折延及筛板时，可撕脱嗅丝和脑膜，造成嗅觉障碍，脑脊液也可流入鼻腔。

2）视神经：由视网膜节细胞的轴突在视神经盘处会聚，再穿过巩膜而构成视神经。视神经在眶内行向后内，穿视神经管入颅中窝，连于视交叉，再经视束连于间脑。

3）动眼神经：为运动性神经，含有躯体运动和内脏运动两种纤维。躯体运动纤维起于中脑动眼神经核，内脏运动纤维起于动眼神经副核。动眼神经自脚间窝出脑，紧贴小脑幕缘及后床突侧方前行，进入海绵窦侧壁上部，再经眶上裂入眶，立即分为上、下两支。上支细小，支配上直肌和上睑提肌；下支粗大，支配下直肌、内直肌和下斜肌。由下斜肌支分出一个小支叫睫状神经节短根，它由内脏运动纤维（副交感）组成，进入睫状神经节交换神经元后，分布于睫状肌和瞳孔括约肌，参与瞳孔对光反射。

4）滑车神经：为运动性神经，起于中脑下丘平面对侧滑车神经核，自中脑背侧下丘下方出脑；自脑发出后，绕过大脑脚外侧前行，穿经海绵窦外侧壁向前，经眶上裂入眶，越过上直肌和上睑提肌向前内侧行，进入并支配上斜肌。

5）三叉神经：是面部最粗大的神经，它的运动部分从脑桥与脑桥臂交界处出脑，再并入下颌神经，一同经卵圆孔穿出颅部。而它的感觉部分的胞体组成位于颞骨岩部尖端的三叉神经节。三叉神经节向前发出三支由周围突组成的三条大的分支，至内向外依次为眼神经、上颌神经及下颌神经。眼神经在三支中最小，只含有躯体感觉纤维，眼神经向前进入海绵窦外侧壁，经眶上裂入眶，分布于额顶部、上睑和鼻背皮肤，以及眼球、泪腺、结膜和部分鼻腔黏膜。上颌神经也是躯体感觉神经，自三叉神经节发出后，立即进入海绵窦外侧壁，之后经圆孔出颅，进入翼腭窝，再经眶下裂入眶，续为眶下神经。上颌神经分支分布于上颌各牙、牙龈、上颌窦、鼻腔和口腔的黏膜以及睑裂间的面部皮肤以及部分硬脑膜。下颌神经为混合神经，是三支中最粗大的分支。自三叉神经节发出后，经卵圆孔出颅腔达颞下窝，其中内脏运动纤维支配咀嚼肌，躯体感觉纤维分布于下颌各牙、牙龈、舌前 2/3 和口腔底黏膜以及耳颞区和口裂以下的面部皮肤。

6）展神经：是躯体运动神经，于脑桥延髓之间正中线两旁出脑，在鞍背外侧方穿硬脑膜进入海绵窦内，在颈内动脉外侧行向前出海绵窦，继而经眶上裂内端入眶，至外直肌。

7）面神经：由两个根组成，一是较大的运动根，自脑桥小脑角区，脑桥延髓沟外侧部出脑；另一是较小的混合根，称中间神经，自运动根的外侧出脑，两根进入内耳门合成一干，穿内耳道底进入与中耳鼓室相邻的面神经管，先水平走行，后垂直下行由茎乳孔出颅，向前穿过腮腺到达面部，在面神经管内有膨大的膝神经节。面神经穿经面神经管及最后穿出腮腺时都发出许多分支。面神经管内的分支主要有：鼓索，传导味觉冲动及支配下颌下腺和舌下腺的分泌；岩大神经，也称岩浅大神经，含副交感分泌纤维，支配泪腺、腭及鼻黏膜的腺体分泌；镫骨肌神经：支配鼓室内的镫骨肌。颅外分支：面神经出茎乳孔后即发出 3 小支，支配枕肌、耳周围肌、二腹肌后腹和茎突舌骨肌。面神经主干前行进入腮腺实质，在腺内分支组成腮腺内丛发分支至腮腺前缘，分布于面部诸表情肌。颞支：支配额肌和眼轮匝肌；颧支：3～4 支，支配眼轮匝肌及颧肌；颊支：3～4 支，支配颊肌，口轮匝肌及其他口周围肌；下颌缘支：分布于下唇诸肌；颈支：支配颈阔肌。

8）前庭蜗神经：由蜗神经和前庭神经组成，属躯体感觉神经。前庭神经传导平衡觉。感觉神经元的胞体在内耳道底聚集成前庭神经节，周围突穿内耳道底，分布于内耳球囊斑、椭圆囊班和壶腹嵴中的毛细胞，中枢突组成前庭神经，经内耳门入脑，终于脑干的前庭核群和小脑。蜗神经传导听觉。其双极神经元的胞体在蜗轴内聚集成蜗神经节（蜗螺旋神经节），其周围突分布至内耳螺旋器上的毛细胞，中枢突组成蜗神经，经内耳门入颅腔，于脑桥延髓沟入脑，终于脑干蜗神经前、后核。

9）舌咽神经：主要控制茎突咽肌、腮腺、部分味蕾和收集来自耳后部的感觉等舌咽神经的根丝，自延髓橄榄后沟前部出脑，与迷走神经和副神经同出颈静脉孔。在孔内神经干上有膨大的上神经节，出孔时又形成一稍大的下神经节。舌咽神经出颅后先在颈内动、静脉间下降，然后呈弓形向前，经舌骨舌肌内侧达舌根。其分支如下：鼓室神经发自下神经节，进入鼓室，在鼓室内侧壁的黏膜内与交感神经纤维共同形成鼓室丛，发出许多小支，分布至鼓室、乳突小房和咽鼓管的黏膜。鼓室神经的终支为岩小神经，含副交感纤维，出鼓室入耳神经节，交换神经元后，经耳颞神经分布于腮腺，控制其分泌。颈动脉窦支 1～2 支，在颈静脉孔下方发出，沿颈内动脉下降，分布于颈动脉窦和颈动脉小球；颈动脉窦内含压力感受器，颈动脉小球内含化学感受器，分别感受血压和血液中二氧化碳浓度的变化，反射性地调节血压和呼吸。舌支为舌咽神经的终支，经舌骨舌肌深面，分布于舌后 1/3 的黏膜和味蕾，司黏膜的一般感觉和味觉。此外，舌咽神经还发出咽支、扁桃体支和茎突咽肌支等。

10）迷走神经：是脑神经中行程最长，分布范围最广的神经，于舌咽神经根丝的下方自延髓橄榄的后方出入脑，经颈静脉孔出颅腔。之后下行于颈内、颈总动脉与颈内静脉之间的后方，经胸廓上口入胸腔。在胸部，左、右迷走神经的走行和位置各异。左迷走神经在左颈总动脉与左锁骨下动脉之间下降至主动脉弓的前面，经左肺根的后方，分出数小支分别加入左肺丛，然后在食管前面分散成若干细支参与构成食管前丛，并向下延续成迷走神经前干。右迷走神经经右锁骨下动脉的前面，沿气管右侧下降，继在右肺根后方分出数支，参加右肺丛，然后分出分支在食管后面构成食管后丛，在食管下端合成迷走神经后干。迷走神经前、后干向下与食管一起穿膈的食管裂孔进入腹腔，至贲门附近，前、后干分为喉上神经、颈心支、喉返神经，注意喉上、喉返神经与甲状腺动脉的解剖应用关系。

11）副神经：由颅根和脊髓根组成。颅根的纤维为内脏运动纤维，起自疑核，自迷走神经根下方出脑后与脊髓根同行，经颈静脉孔出颅，加入迷走神经，支配咽喉肌。脊髓根的纤维为内脏运动纤维，起自脊髓颈部的副神经脊髓核，由脊神经前后根之间出脊髓，在椎管内上行，经枕骨大孔入颅腔，与颅根汇合一起出颅腔。出颅腔后，又与颅根分开，绕颈内静脉行向外下，经胸锁乳突肌深面继续向外下斜行进入斜方肌深面，分支支配此二肌。

12）舌下神经：主要由躯体运动纤维组成。支配舌肌运动。由舌下神经核发出，自延髓的前外侧沟出脑，经舌下神经管出颅，下行于颈内动、静脉之间，弓形向前达舌骨舌肌的浅面，在舌神经和下颌下腺管的下方穿颏舌肌入舌，支配全部舌内肌和舌外肌。

（六）内脏神经

内脏神经可分为内脏运动神经和内脏感觉神经两种。内脏运动神经按其功能和分布又可分为交感神经和副交感神经。

（1）交感神经：低级中枢位于胸 1 至腰 3 节段的脊髓灰质侧角，神经元的轴突形成节前纤维，随脊髓前根和脊神经至交感神经节。交感神经节是交感神经节后神经元胞体的所在部位。可分为椎旁节和椎前节，椎旁节纵行排列于脊柱两侧，有 20 余个，节与节之间由神经纤维（节间支）相连，形成交感干。交感干上的神经节借交通支与脊神经相连。交通支可分白交通支和灰交通支。交感神经的分布：

1）颈部：发出的节后纤维有三种去向：①经灰交通支伴颈神经分布至头颈部及上肢的血管、汗腺、竖毛肌等；②至邻近的血管形成血管丛，颈内动脉丛、颈外动脉丛、锁骨下丛、椎动脉丛等；③直接形成神经，如心上、中、下神经等。

2）胸部：胸交感神经节发出节后纤维有三种去向：①经灰交通支伴 12 对胸神经分布至胸腹壁血管、汗腺、竖毛肌等；②上 5 对胸节发出分支形成丛，胸主动脉丛、食管丛、肺丛、心丛等；③直接形成神经，如内脏大、小神经等。

3）腰部和盆部：同颈部和胸部有三种去向。

（2）副交感神经：低级中枢位于脑干的副交感神经核和脊髓骶 2～4 节段的中间带外侧核，由此发出的节前纤维，随有关的脑神经（Ⅲ、Ⅶ、Ⅸ、Ⅹ）和骶神经，至器官旁或器官内的副交感神经节，节后神经元发出的节后纤维分布于心肌、平滑肌和腺体。

（七）神经系统传导通路

传导通路是神经系统内传导某一特定信息的通路。传导通路一般是由数级神经元组成的一个神经链，它能传导某种特定信息，如视、听或随意运动的冲动等。按照信息的传导方向可把神经通路分为上行性和下行性两种。前者主要是向高位中枢输入感觉信息，又称感觉传导通路；后者主要是传递控制肢体及内脏运动的信息，又称运动传导通路。

（1）感觉传导通路：包括来自皮肤的浅部感觉和深部感觉两类。浅部（皮肤）感觉有痛觉、温（度）觉和触（压）觉。深部感觉又称本体感觉，是来自肌、腱、关节的位置觉、运动觉和振动觉。

1）浅感觉传导通路：躯干、四肢浅感觉传导通路的第一级感觉神经元位于脊神经节内，其树突构成脊神经中的感觉纤维，分布在皮肤内，其轴突形成脊神经后根。后根进入脊髓后，在脊髓灰质后角固有核（第二级神级元）更换神经元。其纤维立即斜越到对侧，痛觉与温觉在脊髓侧索上行，粗触觉和压觉在脊髓前索上行，二者共同组成脊髓丘脑束，上行至丘脑。在背侧丘脑腹后外侧核（第三级神经元）再次更换神经元，换元后发出纤维参与组成丘脑中央辐射再上行经内囊，投射至大脑皮层中央后回的上 2/3 及中央旁小叶后部的感觉区。

头面部浅感觉传导通路的第一级感觉神经元位于三叉神经半月节内，其树突构成三叉神经内的感觉纤维，分布至头面部皮肤感觉；轴突经三叉神经根进入脑桥后，其中传导触觉的纤维止于三叉神经脑桥核，而传导痛、温觉的纤维止于三叉神经脊束核，二者均为第二级神经元，换元后的纤维交叉至对边上行，组成三叉丘系，经脑干各部止于背侧丘脑腹后内侧核（第三级神经元），更换神经元后的纤维参与组成丘脑中央辐射经内囊投射至中央后回下 1/3 的感觉区。

2）躯干、四肢深感觉传导通路：第一级神经元的细胞体位于脊神经节内，其树突分布于肌肉、肌腱及关节内，轴突随脊神经根进入脊髓后，在同侧后索内上行组成薄束和楔束，终止于延髓的薄束核和楔束核（第二级神经元），在此更换神经元后，纤维交叉到对侧，组成内侧丘系。再上行经脑干到达丘脑，并在背侧丘脑腹后外侧核（第三级神经元）更换神经元。换元后的纤维参与组成丘脑中央辐射，经内囊投射至中央后回的上 2/3 及中央旁小叶后部的感觉区。

3）视觉传导通路：第一级神经元为视网膜的双极细胞，其周围支与形成视觉感受器的视锥细胞和视杆细胞形成突触，中枢支与节细胞形成突触。第二级神经元是节细胞，其轴突在视神经盘处集合向后穿巩膜形成视神经。视神经向后经视神经管入颅腔，形成视交叉后，延为视束。在视交叉中，只有一部分纤维交叉，即来自两眼视网膜鼻侧半的纤维交叉，走在对侧视束中；颞侧半的不交叉，走在同侧视束中。因此，左侧视束含有来自两眼视网膜左侧半的纤维，右侧视束含有来自两眼视网膜右侧半的纤维。视束行向后外，绕大脑脚，多数纤维止于外侧膝状体。第三级神经元的胞体在外侧膝状体内，它们发出的轴突组成视辐射，经内囊后肢，终止于大脑距状沟周围的枕叶皮质（视区）。

4）瞳孔对光反射通路：光照一侧瞳孔，引起双侧瞳孔缩小的反应，称为瞳孔对光反射。瞳孔对光反射通路，又称光反射通路，是从视网膜起始，经视神经、视交叉和视束，再经上丘臂到达顶盖前区，此区发出的纤维止于两侧的动眼神经副核。动眼神经副核的轴突（副交感神经节前纤维）

经动眼神经到睫状神经节更换神经元，节后纤维支配瞳孔括约肌，引起双侧瞳孔缩小。光反射通路任何一处损坏均可导致光反射减弱或消失。

（2）运动传导通路

1）锥体系：主要由中央前回的锥体细胞的轴突所组成。这些纤维下行经内囊、大脑脚底、脑桥基底、延髓锥体等结构，其中中途终于脑干者称为皮质核束（皮质脑干束），继续下降进入脊髓者称为皮质脊髓束。

皮质核束：中央前回下部等处皮质中的锥体细胞的轴突集合成皮质核束，经内囊膝，下行至中脑，走在大脑脚底中间 3/5 的内侧部。此后，陆续分出一部分纤维，终止于脑干内两侧的躯体运动核和内脏运动核，包括动眼神经核、滑车神经核、三叉神经运动核、展神经核、面神经核上半（支配眼裂以上面肌）、疑核和副神经核。这些脑神经运动核细胞发出的轴突组成脑神经的运动纤维，分布到同侧眼球外肌、睑裂以上的面肌（枕额肌的额腹和眼轮匝肌等）、咀嚼肌、腭肌、咽肌、喉肌、胸锁乳突肌和斜方肌等，管理这些肌肉的随意运动。另一部分纤维则终止于对侧的面神经核下半（支配睑裂以下面肌）和舌下神经核。

皮质脊髓束：中央前回中、上部和中央旁小叶前部以及其他一些皮质区域锥体细胞的轴突集合组成皮质脊髓束，经内囊后肢下行，至中脑的大脑脚底，占其中间 3/5 的外侧部；然后至脑桥基底部，分散成大小不等的纤维束下行；至延髓锥体，纤维又集拢形成一束。在锥体下端，绝大部分纤维左右相互交叉，形成锥体交叉。交叉后的纤维至对侧脊髓外侧索的后外侧部下行，形成皮质脊髓侧束。皮质脊髓侧束的纤维在下行过程中陆续止于同侧脊髓各节的前角运动细胞。

2）锥体外系：主要传导通路有两条。

皮层纹状体通路：由大脑皮层（主要来自额叶和顶叶）发出的纤维到纹状体，由它发出纤维到中脑的红核、黑质等处，黑质发出纤维到脑桥、延髓的网状结构，最后抵达脊髓前角运动神经元。

皮层、脑桥、小脑通路：从各大脑皮层（额叶、颞叶、枕叶）发出的纤维到脑桥核，换元后发出纤维交叉到对侧，经脑桥臂止于小脑皮层，然后由小脑皮层发出纤维经齿状核（小脑深部的核团）、红核下行至脊髓前角运动神经元。

【思考题】

（1）脊髓颈膨大和腰骶膨大的位置。
（2）延髓和脊髓在形体结构上有什么区别？
（3）脑神经核根据功能可分为几种？
（4）小脑分为哪几叶？各有何功能？
（5）背侧丘脑的位置和分部。
（6）端脑的外形和分叶。
（7）下丘脑包括哪些结构？其主要核团及功能如何？
（8）第Ⅰ躯体感觉区和第Ⅰ躯体运动区的投影特点。
（9）内囊的位置、分部、各部通过的主要纤维束及损伤后的表现。
（10）脑室系统的组成。
（11）脑脊液的产生及回流至心脏的途径。
（12）脑的动脉来源。
（13）大脑动脉环的组成。
（14）胸神经的节段性分布。
（15）正中神经、尺神经、桡神经及腋神经损伤后的主要表现。
（16）胫神经、腓总神经损伤后的主要表现。
（17）12 对脑神经进出颅和脑的部位。
（18）三叉神经的三大分支的走行、纤维性质及分支分布范围。
（19）面神经管内、管外损伤的临床表现。

（20）内脏大神经和内脏小神经的概念。
（21）交感神经和副交感神经的异同点。
（22）左小腿内侧皮肤的痛觉传入途径。
（23）右手虎口区精细触觉的传入途径。
（24）左侧视束或视神经受损，会出现怎样的视觉障碍？
（25）左侧动眼神经受损时，光照左眼，直接对光反射及间接对光反射是否存在？
（26）左侧面神经核上瘫和核下瘫各有什么临床表现？

数字化资源：

图谱　　　案例分析　　　知识拓展

（周　婧）

实验十九　神经系统疾病

【实验目的】

（1）掌握流行性脑脊髓膜炎的病变特点及临床后果。
（2）掌握流行性乙型脑炎的基本病变及临床后果。

【实验材料】

1. 大体标本　流行性脑脊髓膜炎、流行性乙型脑炎。
2. 病理切片　流行性脑脊髓膜炎、流行性乙型脑炎。

【实验内容】

一、大体标本

（一）流行性脑脊髓膜炎

〖基本病理变化〗

流行性脑脊髓膜炎即急性化脓性脑膜炎是软脑膜的急性炎症，大量炎性渗出物积聚于蛛网膜下腔为特点。

〖标本观察〗

流行性脑脊髓膜炎

观察要点　脑脊膜血管高度扩张充血，病变严重的区域，蛛网膜下腔充满灰黄色脓性渗出物，覆盖着脑沟脑回，以致结构模糊不清，边缘病变较轻的区域，可见脓性渗出物沿血管分布。在渗出物较少的区域，软脑膜往往略带混浊。脓性渗出物可累及大脑凸面矢状窦附近或脑底部视神经交叉及邻近各池。

思考　流行性脑脊髓膜炎患者会有哪些临床表现？可导致什么后果？

（二）流行性乙型脑炎

〖基本病理变化〗

病变广泛累及整个中枢神经系统灰质，但以大脑皮质及基底核、视丘最为严重。可见脑膜充血，脑水肿明显，脑回宽，脑沟狭；切面上在皮质的深层、基底核、视丘等部位可见粟粒大小的软化灶，境界清楚，弥漫分布或聚集成群。

〖标本观察〗

流行性乙型脑炎

观察要点 脑膜充血和脑回脑沟的变化，以及切面软化灶的特点。

思考 流行性乙型脑炎患者会有哪些临床表现？可导致什么后果？

二、病 理 切 片

（一）流行性脑脊髓膜炎

流脑（镜下）

〖基本病理变化〗

流行性脑脊髓膜炎即急性化脓性脑膜炎是软脑膜的急性炎症，大量炎性渗出物积聚于蛛网膜下腔为特点。

〖切片观察〗

流行性脑脊髓膜炎

观察要点 蛛网膜血管高度扩张充血，蛛网膜下腔增宽，并有大量中性粒细胞及纤维蛋白渗出和少量单核细胞、淋巴细胞浸润。脑实质病变不明显。

（二）流行性乙型脑炎

〖基本病理变化〗

病变广泛累及脑脊髓实质，引起神经细胞变性、坏死，胶质细胞增生和血管周围炎细胞浸润。①血管变化和炎症反应：血管高度扩张充血，周围间隙增宽，脑组织水肿。灶性炎性细胞浸润多以变性和坏死的神经元为中心，或围绕血管周围间隙形成血管套。浸润的炎性细胞以淋巴细胞、单核细胞和浆细胞为主。②神经细胞变性、坏死：神经细胞肿胀，Nissl 小体消失，胞浆内空泡形成，严重者可发生核固缩、溶解、消失，被增生的少突胶质细胞所环绕，出现卫星现象。此外，也可出现噬神经细胞现象。③软化灶形成：灶性神经组织的坏死、液化，形成镂空筛网状软化灶。④胶质细胞增生：小胶质细胞增生明显，形成小胶质细胞结节。

〖切片观察〗

流行性乙型脑炎

观察要点 ①脑实质血管变化和炎症反应：淋巴细胞套现象。②神经细胞变性、坏死：神经细胞卫星现象及噬神经细胞现象。③脑内筛网状软化灶形成。④胶质细胞增生形成结节。

乙脑（镜下）

【思考题】

（1）流行性脑脊髓膜炎的病变性质及主要病理变化有哪些？

（2）流行性乙型脑炎的病变性质及主要病理变化有哪些？

数字化资源：

图谱　　案例分析　　知识拓展

（林雪平）

第七节 内分泌系统

实验二十 内分泌系统解剖和组织结构

【实验目的】

（1）熟悉内分泌器官和内分泌组织的基本概念。

（2）熟悉内分泌腺和外分泌腺的主要特点及区别。

（3）熟悉甲状旁腺及松果体的解剖位置和形态。

（4）掌握垂体、甲状腺、肾上腺的位置和形态。

（5）掌握甲状腺的结构特点。

【实验材料】

（1）半身人体模型；头颈部矢状切面标本。

（2）新生儿的内分泌系统原位标本（已解剖出甲状腺、甲状旁腺、胸腺、肾上腺）。

（3）喉和气管带甲状腺的标本。

（4）保留有脑垂体、松果体的整脑标本。

（5）重要的内分泌器官模型及相关视频。

（6）垂体切片（HE 染色）、甲状腺切片（HE 染色）、肾上腺切片（HE 染色）、松果体切片（HE 染色）、甲状旁腺切片（HE 染色）。

【实验内容】

（一）垂体

1. 解剖结构 利用头部正中矢状切面标本，保留有脑垂体、松果体的整脑标本和垂体模型观察辨认。

（1）位置及分部：垂体位于颅中窝蝶骨体上面的垂体窝内，硬脑膜形成的鞍膈下方。垂体借其上方的漏斗穿过鞍膈连于下丘脑，分为前方的腺垂体和后方的神经垂体两部分。

（2）形态特点：其为椭圆形小器官，灰红色，长约 1cm，宽 1～1.5cm，高约 0.5cm，重 0.6～0.7g，表面包有结缔组织被膜。

2. 组织结构 利用垂体切片（HE 染色）观察。

肉眼观察 分清垂体各部，色深的大部分是远侧部；色浅的是神经部；两者之间的一窄带为中间部。

低倍观察 表面包有结缔组织被膜。远侧部细胞密集成团、成索，其间有结缔组织和丰富的血窦。中间部狭长，可见几个大小不等的滤泡，滤泡上皮由单层低柱状上皮构成，腔内充满红色胶体。神经部染色最浅，细胞成分少，主要是神经纤维。

高倍观察

（1）远侧部：嗜酸性细胞：多位于远侧部的中央，胞体较大，圆形或椭圆形，细胞轮廓清晰，核圆形，胞质内含有粗大的嗜酸性颗粒，染成粉红色；嗜碱性细胞：胞体稍大，但大小不等，呈圆形或多边形，细胞轮廓清晰，核圆，着色浅，胞质内含有嗜碱性颗粒，染成紫蓝色；嫌色细胞：数量最多，常成群存在，细胞较小，胞质染色极浅，细胞界限不清，细胞核明显。

（2）神经部：此部主要由大量无髓神经纤维和神经胶质细胞构成，在神经胶质细胞内含有棕黄色的色素颗粒，有丰富的毛细血管，尚可见呈粉红色或紫红色大小不等的均质团块状结构即为赫令体。

（3）垂体门微静脉：在垂体结节部可见由上而下走行的彼此平行的微静脉，即垂体门微静脉。该微静脉上连漏斗的初级毛细血管网，下通远侧部血窦。三者组成垂体门微静脉系统。

甲状腺

（二）甲状腺

1. 解剖结构 利用头颈部正中矢状切面标本、新生儿标本、喉和气管带甲状腺标本及模型观察辨认。

（1）位置及分部：甲状腺位于颈前部，附于喉和气管上部的两侧和前方，呈“H”形。左、右侧叶上达甲状软骨的中部，下抵第 6 气管软骨环水平。两侧叶之间的甲状腺峡位于第 2～4 气管软骨环的前方，约有 2/3 的人自峡向上伸出一个锥状叶，长短不一，较长者可达舌骨。

（2）形态特点：成人甲状腺的重量为 20～40g，呈棕红色。外面有甲状腺被囊，是由薄层结缔组织形成的纤维囊，囊外包有颈深筋膜形成的腺鞘，又称假被囊，将甲状腺固定在喉和气管壁上，因此吞咽时甲状腺可随喉上、下移动。

2. 组织结构 利用甲状腺切片（HE 染色）观察。

肉眼观察 为染成粉红色的团块。

低倍观察 实质外面有一层结缔组织被膜。实质由许多大小不等、圆形或卵圆形的滤泡组成，滤泡腔内充满粉红色的胶质。

高倍观察 滤泡上皮一般为单层立方，但可因生理状态不同而为扁平或柱状，滤泡间有少量结缔组织和丰富的毛细血管。在滤泡上皮细胞之间或滤泡间的结缔组织内有滤泡旁细胞，该细胞体积较大，胞质多，着色浅。镀银染色标本可见滤泡旁细胞体积大，胞质内含有许多粗大的棕黑色嗜银颗粒。

（三）甲状旁腺

1. 解剖结构 利用甲状腺标本和模型，结合图谱观察辨认。

（1）位置及分部：甲状旁腺位于甲状腺侧叶的后面，共两对，上方一对多在甲状腺侧叶后面的中、上 1/3 交界处，下方一对常在甲状腺侧叶后面的下部，甲状腺下动脉附近。

（2）形态特点：一般是两对黄豆大小的扁椭圆形小体。但其数目和位置变化较大，有时埋入甲状腺实质内，寻找辨认困难。临床上做甲状腺次全切除时，一定要保留甲状腺侧叶的后部，避免甲状旁腺被切除。

2. 组织结构 利用甲状旁腺切片（HE 染色）观察。

肉眼观察 为染成粉红色的团块。

低倍观察 表面包有结缔组织被膜。腺实质主要由主细胞和嗜酸性细胞构成，其间有较多的毛细血管。

高倍观察 主细胞：数量最多，是腺体的主要成分，为圆形或多边形，核圆形，胞质染色淡。嗜酸性细胞：数量少，细胞大，常成群分布或散在于主细胞之间，胞质嗜酸性，核小而色深。

（四）肾上腺

1. 解剖结构 利用腹膜后间隙器官的标本、新生儿内分泌系统原位标本及半身人体模型观察辨认。

肾上腺

（1）位置及分部：肾上腺位于腹膜后间隙内，是成对的腹膜外位器官，附于肾上端的内上方。肾上腺和肾共同包被在肾筋膜内，但有单独的纤维囊和脂肪囊，肾下垂时，肾上腺不随之下降。

（2）形态特点：肾上腺左、右各一个，左侧较大，近似半月形，右侧稍小，呈三角形或椭圆形。其大小和重量随年龄和功能状态不同而变化，每个重约 7g，呈灰黄色。肾上腺前面有不太明显的门，是血管、神经、淋巴管等出入的门户。

2. 组织结构 利用肾上腺切片（HE 染色）观察。

肉眼观察 周围色深部分是皮质，中央色浅部分是髓质。

低倍观察 表面包有一层结缔组织被膜。

（1）皮质：自外向内依次分为：位于被膜之下，细胞聚集成团块，染色较深的为球状带，此带极窄。其内侧细胞排列成索，染色浅的为束状带，是皮质中最厚的一层。细胞索连接成网，染色较深，呈红色的是网状带，此带与髓质相连。

（2）髓质：中间有中央静脉。含有大量嗜铬细胞，呈棕褐色。

高倍观察

（1）皮质：球状带：由较小的柱状或多边形细胞排列成细胞球或团，细胞核染色深，胞质内脂滴较少，胞质略嗜碱性，细胞团之间有结缔组织分隔；束状带：细胞较大，呈多边形，胞质中脂滴较球状带多而大，呈空泡状，因而此层细胞着色浅，细胞索间有丰富的血窦；网状带：细胞索分支吻合成网，网间有丰富的血窦，细胞小，圆形或立方形，着色较深。

（2）髓质：髓质细胞排列成索并连接成网，体积较大，呈多边形，胞质内含有棕褐色的嗜铬颗粒，核大染色浅，髓质中较大的静脉即中央静脉。

（五）松果体

1. 解剖结构 利用头部正中矢状切面标本，保留有脑垂体、松果体的整脑标本及模型观察辨认。

（1）位置及分部：松果体位于背侧丘脑后上方与上丘之间的浅凹内，并借其柄连于第三脑室顶的后部。

（2）形态特点：形似松果状的椭圆形小体，灰红色，长 0.5～0.8cm，宽 0.3～0.5cm，重 0.12～0.2g。

2. 组织结构 利用松果体切片（HE 染色）观察。

肉眼观察 标本为染成粉红色的团块。

低倍观察 表面有结缔组织被膜，实质由松果体细胞和神经胶质细胞组成。

高倍观察 该标本只见到细胞核，松果体细胞核大，呈圆形或肾形。在间隔的结缔组织中可见有血管、神经纤维及脑砂。脑砂为染成红紫色、大小不等的同心圆状结构，其大小、数量随年龄而增加。

【思考题】

（1）垂体肿瘤时为什么常会导致视觉损伤？

（2）做气管切开时，应选择哪个部位？为什么？

（3）肾下垂时，为何肾上腺并不随之下垂？

（4）肾上腺束状带为何着色浅？

数字化资源：

图谱　　案例分析　　知识拓展

（周　婧）

实验二十一　内分泌系统疾病

【实验目的】

掌握弥漫性非毒性甲状腺肿病变过程及各期病变特点。

【实验材料】

1. **大体标本** 弥漫性非毒性甲状腺肿。

2. **病理切片** 弥漫性非毒性甲状腺肿。

【实验内容】

一、大体标本

（一）弥漫性非毒性甲状腺肿

〖基本病理变化〗

弥漫性非毒性甲状腺肿亦称单纯性甲状腺肿，病变可分 3 期。①增生期：甲状腺呈弥漫性肿大，表面光滑，又称为弥漫性增生性甲状腺肿。②胶质贮积期：甲状腺弥漫肿大，可达 200～300g（正常 20～40g），表面光滑，无结节形成，质地较软，切面呈淡褐色，半透明胶冻状，又称为弥漫性胶样甲状腺肿。③结节期：甲状腺更加肿大，有许多结节，数量及大小不一，大者直径可达数厘米，结节境界清楚，但无包膜或包膜不完整，这和腺瘤明显不同。常发生出血坏死及囊性变，出血和坏死灶可被机化而导致纤维化，又称结节性甲状腺肿。

〖标本观察〗

弥漫性非毒性甲状腺肿（结节期即结节性甲状腺肿）

观察要点 双侧甲状腺肿大明显，切面有多个大小不一的结节，结节内充满淡褐色半透明胶冻状物，结节周围为纤维组织包绕，大者直径可达数厘米，结节境界清楚，但无包膜或包膜不完整。注意观察有无出血、坏死或囊性变。

思考 弥漫性非毒性甲状腺肿是发生的原因及机制有哪些？

（二）弥漫性毒性甲状腺肿（Graves 病）

〖基本病理变化〗

双侧甲状腺弥漫性对称性肿大，体积是正常 2～3 倍，质地较软，表面光滑无明显结节，切面呈灰红色肌肉样。

〖标本观察〗

弥漫性毒性甲状腺肿

观察要点 两侧甲状腺大小，表面、质地、颜色，是否有结节。

思考 毒性甲状腺肿患者会有哪些临床表现？为什么？

（三）甲状腺肿瘤

〖基本病理变化〗

甲状腺腺瘤为甲状腺常见的良性肿瘤，常单发，直径 3～5cm，呈结节状，有完整包膜。切面多为实性，色暗红或棕黄，可并发出血、囊性变、钙化。甲状腺乳头状癌是甲状腺癌最常见类型，约占 60%，肿瘤生长缓慢、恶性度较低，预后较好。肿瘤多为圆形，直径 2～3cm，切面灰白色或灰棕色，无完整包膜，质脆。常伴有出血、坏死、纤维化、钙化和囊性变，囊内可形成乳头状结构。

〖标本观察〗

甲状腺腺瘤（大体）

1. 甲状腺腺瘤

观察要点 肿块已切开，呈圆形结节，有完整包膜，切面肿瘤与周围组织分界清楚，呈实性，暗红色。

思考 患者吞咽时，该肿大的甲状腺结节是否会随着吞咽动作上下移动？

2. 甲状腺乳头状癌

观察要点　甲状腺剖面见肿瘤为多中心性，较大的肿物呈囊性，其内可见了乳头状物，较小的肿物呈实性，灰白色，无完整包膜浸润周围组织。

二、病 理 切 片

（一）弥漫性非毒性甲状腺肿

〖基本病理变化〗

①增生期：滤泡上皮增生肥大，呈立方形或柱状，有新生的小滤泡，胶质含量少，间质充血。②胶质贮积期：大部分滤泡显著扩大，内积多量浓厚的胶质，上皮细胞受压变扁平；长期缺碘可使滤泡上皮反复增生、复旧，少数滤泡上皮仍呈现增生肥大，保持小型滤泡增生状态。③结节期：不同部分滤泡上皮增生与复旧变化不一致，形成不规则的结节。镜下与上一期基本相同，但部分滤泡过度扩大，直径可达300～400μm以上，部分滤泡上皮增生，若呈乳头状增生者甚至可发生癌变。

〖切片观察〗

弥漫性非毒性甲状腺肿（结节期即结节性甲状腺肿）

观察要点：观察滤泡上皮增生与复旧不一及不规则的结节，显著扩大的滤泡内积多量浓厚的胶质，上皮细胞受压变扁平，部分滤泡上皮可增生甚至乳头状增生。

（二）弥漫性毒性甲状腺肿（Graves 病）

〖基本病理变化〗

甲状腺滤泡上皮增生呈高柱状，可形成乳头突入滤泡腔；滤泡内胶质少而稀薄，靠近上皮形成吸收空泡；间质血管丰富，淋巴细胞浸润；局部淋巴细胞增生形成淋巴滤泡。

〖切片观察〗

弥漫性毒性甲状腺肿

观察要点　甲状腺滤泡上皮的形态与增生，滤泡内胶质，以及间质改变。

弥漫性毒性甲状腺肿（大体）

【思考题】

（1）弥漫性非毒性甲状腺肿的各期变化各有什么特点？

（2）甲状腺腺瘤的结节与结节性甲状腺肿的结节如何鉴别？

数字化资源：

图谱　　案例分析　　知识拓展

（林雪平）

第八节　感染性疾病

实验二十二　传染病与寄生虫病

【实验目的】

（1）掌握结核病的基本病理变化及肺结核的类型、病变特点、肺外结核病的病变特点。

（2）掌握伤寒、细菌性痢疾的病理变化，熟悉其临床病理联系。
（3）掌握肠阿米巴病、肝血吸虫病的病理变化，熟悉其临床病理联系。

【实验材料】

1. 大体标本 肺结核、干酪性肺炎、肾结核病、肠伤寒、急性细菌性痢疾、结肠阿米巴病、人血吸虫性肝硬化。

2. 病理切片 肺结核、肠伤寒、肠阿米巴病、肝血吸虫病。

【实验内容】

一、大体标本

（一）结核病

〖基本病理变化〗

结核杆菌引起的免疫反应和变态反应。①以渗出为主的病变：浆液性或浆液纤维素性炎。②以增生为主的病变：结核结节（结核性肉芽肿）。③以坏死为主的病变：干酪样坏死。

〖标本观察〗

1. 肺结核

观察要点 手术切除肺叶中，可见一 2～3cm 直径肺结核灶，呈长椭圆形，中心可见干酪样坏死，颜色灰白，边界清楚。

2. 干酪性肺炎

观察要点 肺上下叶内可见多个黄白色干酪样肺炎病灶，部分坏死物质溶解，形成空洞。

3. 肾结核病

观察要点 肾表面凹凸不平，切面皮髓质分界不清，有多个虫蚀状空洞，部分洞内壁尚残留灰白色干酪样坏死物。输尿管腔内也充满此物。

（二）伤寒

〖基本病理变化〗

伤寒杆菌引起全身单核巨噬细胞系统细胞的增生，急性增生性炎症，伤寒细胞形成伤寒小结。回肠末端淋巴组织的病变最突出，肝、脾、肠系膜淋巴结、骨髓等均可受累。病变分期：髓样肿胀期、坏死期、溃疡期、愈合期。

〖标本观察〗

肠伤寒（大体）

1. 肠伤寒—髓样肿胀期

观察要点 眼观可见回肠末端黏膜肿胀，位于回盲部附近的集合淋巴滤泡明显增生、隆起，约 4cm×2cm，色灰红，质软，孤立淋巴滤泡也见增生、肿大，表面形似脑的沟回，故称髓样肿胀期。

2. 肠伤寒—溃疡期

观察要点 坏死组织崩解脱落，形成溃疡。溃疡边缘隆起，底部高低不平，因受累淋巴结的不同，溃疡的大小和形态亦不同。溃疡一般深及黏膜下层，坏死严重者可深达肌层及浆膜层，甚至引起穿孔。

（三）细菌性痢疾

〖基本病理变化〗

好发大肠，以乙状结肠和直肠为重。假膜性炎：假膜一般呈灰白色，先出现于黏膜皱襞的顶部呈“糠皮状”，随着病变扩展可融合成片，由纤维素、坏死组织、中性粒细胞、红细胞和细菌构成。

〖标本观察〗

急性细菌性痢疾—早期

观察要点　结肠一段，肠黏膜呈灰色，皱襞较平坦，见许多弥漫分布的增生的淋巴滤泡（中心呈脐凹状），另见许多糠皮状假膜。

（四）肠阿米巴病

〖基本病理变化〗

病发主要在盲肠、升结肠，其次为乙状结肠和直肠。坏死性炎症，形成烧瓶状溃疡。按病程长短分急性期和慢性期。

〖标本观察〗

结肠阿米巴病

观察要点　病变位于升结肠，肠黏膜坏死组织液化脱落，形成多个口小底大烧瓶状溃疡，溃疡间黏膜正常。

（五）肝血吸虫病

〖基本病理变化〗

病变常累及全部结肠，以直肠、乙状结肠和降结肠为著，肝虫卵随门静脉血流到达肝汇管区，形成急、慢性虫卵结节，导致血吸虫肝硬化，但不形成明显假小叶是其特点，肝表面不平滑，可见粗大的结节状隆起。

〖标本观察〗

人血吸虫性肝硬化

观察要点　肝脏体积变小，表面可见不规则分布的沟纹，切面见汇管区结缔组织增生呈灰白色、干线形（较大的汇管区中可见管腔），但表面和切面均不形成结节。

二、病 理 切 片

（一）结核病

〖基本病理变化〗

按病变特点：①以渗出为主的病变：浆液性或浆液纤维素性炎。②以增生为主的病变：结核结节（结核性肉芽肿），中央为干酪样坏死，周围为上皮样细胞及朗格汉斯巨细胞，外围淋巴细胞及增生的纤维母细胞。③以坏死为主的病变：干酪样坏死，红染无结构的颗粒状物。

〖切片观察〗

肺结核

观察要点　镜下肺组织中可见散在的大量大小相似的结核结节，结节中央无明显的干酪样坏死物，但可见多量放射状排列的上皮样细胞，及多个体积巨大的朗格汉斯巨细胞，外围可见薄层纤维组织围绕，其中有大量淋巴细胞和少量成纤维细胞。

（二）肠伤寒

〖基本病理变化〗

单核巨噬细胞系统细胞的增生性病变，巨噬细胞胞浆中常吞噬有伤寒杆菌、淋巴细胞、红细胞及坏死细胞碎屑形成伤寒细胞，巨噬细胞增生形成伤寒肉芽肿。

〖切片观察〗

肠伤寒

观察要点 镜下病变处淋巴组织明显肿胀，其表面黏膜发生萎缩。肿胀的淋巴组织内可见大量的巨噬细胞增生，形成伤寒肉芽肿，增生的巨噬细胞胞质丰富，染色浅淡，核圆形或肾形，常偏于胞体一侧，胞质中吞噬伤寒杆菌、受损的淋巴细胞、红细胞及坏死细胞碎屑。

（三）肠阿米巴病

〖基本病理变化〗

坏死性炎症，黏膜下层组织疏松，阿米巴易于向四周蔓延，坏死组织液化脱落后，形成口小底大的烧瓶状溃疡，边缘呈潜行性，溃疡间黏膜正常或仅表现轻度卡他性炎症。坏死组织与正常组织的交界处常可找到阿米巴大滋养体。

〖切片观察〗

肠阿米巴病

观察要点 镜下病变处黏膜及黏膜下层组织坏死溶解，形成溃疡，在溃疡边缘与正常组织交界处及肠壁的小静脉腔内可见阿米巴滋养体，呈圆形，体积较巨噬细胞大，核小而圆。病灶周围炎症反应轻，仅见充血、出血及少量淋巴细胞、浆细胞及单核细胞浸润。

（四）肝血吸虫病

〖基本病理变化〗

虫卵主要沉着于乙状结肠壁、直肠壁和肝。结节中央常有 1～2 个成熟虫卵，其周围是一片无结构的颗粒状坏死物质及大量嗜酸粒细胞浸润，状似脓肿，故也称为嗜酸性脓肿。随后形成晚期急性虫卵结节，病灶内巨噬细胞变为类上皮细胞和少量异物巨细胞，病灶周围有淋巴细胞浸润和肉芽组织增生，形态上似结核样肉芽肿，故称为假结核结节，即慢性虫卵结节。

〖切片观察〗

肝血吸虫病

肝血吸虫病（镜下）

观察要点 镜下见病变在肝汇管区，有多个圆形或类圆形的结节。有的结节中央是成熟的活虫卵，周围可见多量嗜酸性坏死组织，并有大量嗜酸粒细胞浸润，此即急性虫卵结节又称嗜酸性脓肿；有的结节中心是一至数个坏死的虫卵，卵壳破裂或钙化，周围可见上皮样细胞和异物巨细胞包围，外周有淋巴细胞浸润及多少不等的纤维组织，此即慢性虫卵结节又称假结核结节。另外，切片中可见过渡阶段的虫卵结节，在虫卵周围即有嗜酸性脓肿、在外周又见放射状排列的上皮样细胞、巨噬细胞等。

【思考题】

（1）肺结核、肠伤寒、肠阿米巴和肝血吸虫病的炎症反应异同点。

（2）肠阿米巴溃疡与其他肠道疾病所形成的溃疡有何不同。

数字化资源：

图谱　　案例分析　　知识拓展

（李希宁）

第四章

实　　训

实训一　大体标本制作技术

【实验目的】

（1）掌握组织腐败的原因及防腐固定的原理；甲醛、乙醇防腐固定的原理；尸体标本防腐固定的方法；铸型标本制作的定义和基本过程；生物塑化的基本原理；人体的层次和基本结构；人体各层次结构的解剖操作方法。

（2）了解甘油及酚防腐固定的优缺点；血管铸型标本制作的过程；内耳骨迷路整体铸型标本的制作过程；生物塑化的基本方法和步骤；解剖器械的种类及使用方法。

【实验内容】

（一）尸体标本的防腐和固定

1. 组织腐败和自溶的原因　人体是由细胞构成的，细胞的基本成分是水、蛋白质、糖、脂肪和无机盐等。当机体死亡后，由于缺氧，身体内外各种腐败细菌大量繁殖，产生毒素，导致溶酶体膜破裂，具有强大消化作用的组织蛋白酶进入细胞质，破坏细胞结构，使蛋白质、糖和脂肪等物质分解，发生组织自溶，产生多种胺、吲哚和硫化氢等强烈臭味的毒性物质。因而，未经防腐固定的尸体，很快就会腐败解体。

2. 防腐固定的原理

（1）使蛋白质变性凝固：组织腐败和自溶要有酶的参加，酶是由蛋白质构成的，细菌本身也是由蛋白质构成的。因此，凡能使蛋白质变性或凝固的物理化学因素，均能使酶失去活性，抑制或阻止细菌的繁殖，从而防止组织自溶，达到尸体防腐固定的目的。常用的化学防腐剂包括醇类、醛类、酚类和重金属盐等，物理防腐方法包括加热和干燥脱水等。在为解剖学教学和研究使用的防腐保存工作中，当使用各种理化方法凝固蛋白质时，既要能破坏酶的活性达到防腐固定的目的，又要尽量保持人体结构的自然完整状态，以便于解剖观察研究。

（2）干扰微生物的重要的酶系统：一些酶有活性，因为在酶的结构中含有特殊的功能基（如硫氢基-SH）。酶的功能基若被氧化，或与其他物质结合时，可使酶失去活性，以致微生物不能进行正常代谢而死亡。某些氧化剂、重金属离子等，均有破坏硫氢基酶的功能基使酶失去活性。

（3）使细菌细胞膜受损，改变其渗透性：细菌细胞膜是一种半渗透膜，具有控制菌体和周围环境间正常交换的功能。细菌细胞膜受损后，渗透性改变，使膜内物质外渗，水分内渗，引起细胞肿胀破裂或溶解，从而起到抑菌或杀菌作用。

因此在尸体腐败之前用化学和物理的方法处理尸体，使蛋白质变性凝固，使酶灭活，抑制和杀死细菌，可以防止组织自溶，达到消毒、防腐和固定的目的。

3. 常用的防腐固定剂

（1）甲醛：又名蚁醛，是具有强烈刺激臭味的无色气体，易溶于水，其35%～40%的水溶液的商品名通常称为福尔马林。甲醛可与蛋白质中的氨基结合，使蛋白质失去氨基，分子结构发生改变，失去活性而凝固。甲醛对组织固定硬化的作用强，又能保存脂肪和类脂质，渗透性强，收缩率不大，价格低，对标本形态位置的维持和皮肤颜色的保持较好，是一种优良、应用最广泛的防腐固定剂。缺点：用福尔马林所固定的标本组织容易变硬、发脆、刺激性强。固定标本常用 10%的福尔马林溶液，亦即 4%甲醛。

（2）乙醇：具有挥发性，能与甘油、石炭酸、水任意混合。乙醇具有较强的脱水作用，能将细胞表面和内部的水分脱除，使蛋白质分子结构松解，并使蛋白质变性和凝固，这是乙醇杀菌消毒、保护组织和防止腐败的基本原理。用乙醇固定的标本，色泽保存较好，刺激性不强，没有不良气味。缺点：脱水作用太强，标本收缩率大，并能溶解脂肪和类脂，价格高，挥发快，容易散失。固定标本的乙醇浓度一般为 70%。

（3）甘油：学名丙三醇，能与水和乙醇任意混合。在混合防腐固定液中，甘油是一种良好的选用药品，利用它的防腐、吸湿性和对某些无机盐类的特殊溶解力，所配成的防腐液较稳定，所固定的尸体解剖后不易干燥，较柔韧。缺点：低浓度的甘油渗透性能差，配制混合防腐固定剂时，同时降低其他药物的渗透速度，所处理的标本需要较长时间。

（4）酚：学名苯酚，又名石炭酸。酚和乙醇相似，也能使蛋白质凝固，是良好的杀菌防腐剂，对标本没有固定硬化作用，一般不单独使用，多与其他防腐剂混合使用，缺点：标本颜色保不住，有不良气体。

4. 防腐固定的方法 尸体防腐固定方法有浸泡法和灌注法两种。

（1）浸泡法：浸泡法是将标本浸泡于适当浓度的防腐液中。药物渗入器官内部，使之达到防腐固定的目的。由于直接渗透只能达到一定深度而只适合小件离体器官。

（2）灌注法：灌注法是指把防腐固定药物注入血管，使之循血管流遍全身，渗透到全部组织器官。由于人死后不久血液即开始出现凝固，但凝血块不与血管壁淤着，而且动脉内含血较少，甚至无血。因此，需加压灌注防腐固定液。该方法适用于整尸的防腐固定。

（二）铸型标本的制作

为了研究管腔脏器，特别是血管系统复杂的立体构筑，往管腔内注入某种物质，待硬化后将组织腐蚀清除，仅留下填充物的方法称为铸型标本制作法，它是解剖学标本制作的一项专门技术，基本过程包括材料的选择和处理、插管、灌注、腐蚀、冲洗及修整。血管铸型标本及内耳骨迷路整体铸型标本的制作在解剖学中最为常用。

1. 血管铸型标本的制作 血管铸型标本的制作包括动脉铸型标本的制作、静脉铸型标本的制作和动静脉铸型标本的制作三种方法，在此重点介绍动脉铸型标本的制作方法，其他两种标本的制作方法类似。

（1）灌注器材的准备：一般的解剖器械（刀、剪、镊和血管钳等）、注射器和插管。常用的注射器有玻璃注射器、金属兽用注射器和塑料注射器三种。常用的插管有玻璃插管、塑料插管及针头插管。可根据制作标本血管直径的大小选择合适的注射器和插管。

（2）血管的选择和处理：应首选新鲜材料，因为新鲜材料的脏器，组织柔软，富有弹性，血管内血液尚未凝固，管道比较通畅，铸型剂易于灌注，制作的标本外形较完整。取材范围应尽量大一些，以便于插管。取材后的血管需进行管道灌洗，冲洗掉血管内的血液，便于填充剂灌注。方法是：往血管内注入 5%的枸橼酸钠生理盐水或蒸馏水，直到流出的液体较清澈即可。

（3）插管：插管是指将灌注用的导管插入需要灌注的血管，并且结扎牢固的过程。插管是标本制作过程中重要的一步。常用的插管方法有直接结扎、穿线结扎和荷包缝合结扎三种方法。

1）直接结扎：插管插进血管后，直接用线绕过血管结扎，将插管固定在血管内，此法比较简单。

2）穿线结扎：用缝合针穿线，从血管根部的一侧穿入，绕过深面，从对侧穿出。操作时应注意，缝合针在绕过血管时，不要太深，否则结扎不牢，且容易损伤其他血管；但也不要太浅，否则会穿破血管，使结扎线从血管内通过，达不到完全结扎的效果，灌注时填充剂从插管旁漏出。

3）荷包缝合结扎：类似外科手术中包埋阑尾残端或胃肠造瘘时使用的方法。将缝合针从血管注入口的一点穿入，使针绕过血管注入口，最好从穿入点或附近穿出，将插管插入血管管口，收紧缝线结扎。

（4）灌注：制作铸型标本，灌注是最为关键的步骤。根据所选的填充剂性质的不同，可有不同的灌注方法。化学反应成型的填充剂，比如甲基丙烯酸甲酯（即有机玻璃单体）及自凝牙托粉等。由于它们收缩率小，一次成型，只需首次灌注即可。溶剂挥发凝固成型的填充剂（如 ABS），收缩率较大，一次灌注不能使铸型标本饱满，所以在首次灌注后，还需要进行补充灌注。在灌注过程中，若有溢漏，及时用血管钳夹住漏处即可。在整个灌注过程中及灌注后的凝固期间，应注意保持器官的正常外形，避免出现人为的畸形。

（5）凝固及腐蚀：待血管内填充剂凝固后方可进行腐蚀。腐蚀是指血管灌注填充剂后，利用物理或化学的方法去除不必要的组织，使血管铸型充分显示出来的过程。血管铸型标本制作中常用的腐蚀方法有：自然腐蚀法（如细菌腐蚀法）和酸腐蚀法（如 25%～40%盐酸腐蚀法）。腐蚀时间的长短依血管特点和腐蚀方法决定，一般为 5～7 天。

（6）冲洗及修剪：铸型标本腐蚀后需要彻底冲洗，将已被腐蚀的组织冲洗掉。冲洗时应注意水流的大小，防止损坏微小的血管铸型。按要求可对标本进行相应的修剪，包括摘除凝块、疏密打枝等。

2. 内耳骨迷路铸型标本的制作 内耳埋藏在颞骨岩部的骨质内，解剖显示困难。近年来随着管道铸型技术的不断发展和完善，铸型材料的不断更新，通过内耳铸型法简单、原位的展示骨迷路形态结构已成为可能。铸型法具有操作简单、易于掌握、成功率较高等优点。常用的铸型填充剂有：塑料填充剂，包括 ABS、自凝牙托粉或硅玻璃胶等。另外还有低熔点合金，包括 Wood 合金等。由于硅玻璃胶具有操作简单、成型快、收缩率低（0.5%）、耐酸腐蚀、弹性好和不易断裂的优点，所以标本制作中首选硅玻璃胶作为填充剂。

（1）灌注器材的准备：一般的解剖器械（刀、剪、镊和血管钳等）及硅玻璃胶胶枪。

（2）材料的选择和处理：选用骨质较好的干性颞骨骨性标本，在 10%过氧化氢水溶液中浸泡 1～2 天，自来水冲洗彻底清洁。如果是新鲜标本，应彻底清除内耳内的软组织，多使用细菌腐蚀法。

（3）插管：颞骨骨性标本晾干后从外耳道插管，用脱脂棉堵塞咽鼓管咽口、外耳门四周等处。

（4）灌注：用胶枪将硅玻璃胶从外耳门缓慢加压注入，至颞骨骨缝、内耳门等处有硅玻璃胶溢出即可。

（5）凝固及腐蚀：待颞骨内硅玻璃胶充分凝固后（3～4 天），用 25%盐酸浸泡，整体腐蚀 2～3 天。

（6）冲洗及修整：自来水缓慢冲洗已腐蚀的骨质，冲洗时应注意水柱的大小，防止损坏铸型标本。要小心修剪内耳周围的骨松质铸型，注意应保留面神经管、岩浅大神经沟、岩浅小神经沟、前庭小管等铸型结构。

（三）生物塑化

生物塑化是一种利用高分子化合物对生物标本进行渗透塑化，以适应生物标本的保存和研究的一项新技术。此项技术是由德国海德堡大学解剖研究所 Hargens 教授于 1978 年发明的，是目前形态学研究中一种具有较好性能和广泛用途的新方法，受到了国际上较为普遍的承认，并得到了推广。塑化后的标本干燥、无毒、无味，且经久耐用，可长期保存。国内也开展了此项的研究，大连医科大学和第三军医大学的研究较为深入。

1. 基本原理 生物塑化的基本原理是选用液态高分子多聚化合物单体作为生物塑化剂，替代组织内的水分和脂质，进行聚合固化，达到组织塑化的目的。生物塑化的处理过程一般为：固定，脱水，真空浸渍和硬化等四个步骤。

2. 基本设备和药品 生物塑化的基本设备包括低温冰箱、真空泵、塑化系统、压力计、钻石线锯、塑化剂和脱水剂等。生物塑化的塑化剂应具有以下的特性：①黏稠度低、易渗透；②具有较长时间的有效期，最好是易于再次利用，并且为了减少标本的损耗而具有提前硬化的可能性；③其化学成分具有高渗透压；④生物组织内能固化；⑤符合硬度和透明度的要求（如不发散，适合折射指标，易于打磨）；⑥在真空浸渍中不同成分不分离。常用的塑化剂有硅橡胶（S）、环氧树酯（E）、聚醋树醚（P）等数个系列，可根据不同的研究目的选用。S 系列用于制作陈列标本和教学标本；E 系列用于制作薄层断面标本和组织切片；P 系列用于制作大体积断面标本。

脱水剂可用丙酮、甲醇或乙醇，以丙酮的脱水效果最好。因为丙酮同时是脱水剂、脱脂剂和中间剂，且能与所有用于生物塑化的各种塑化剂任意混合。

3. 基本方法和步骤 生物塑化包括固定、脱水、真空浸渍和硬化等四个步骤。

（1）固定：每一种确认的固定方法都可用。其中最为常用的是 5%～20%福尔马林溶液作防腐固定剂。固定的时间依标本的大小和性质不同而有较大的差异，小标本一般 2 周，大标本 2 个月，躯干和四肢标本以固定半年为最好，脑标本则需要约 1 年的时间。

（2）脱水：由于标本内的水和脂质不能直接由塑化剂置换，所以必须脱水和脱脂。首先，标本中的水分和部分脂质被脱水剂（如用能与水混合的有机溶剂）置换，脱水剂又被易挥发的中间剂（如丙酮、二氯甲烷）置换。脱水有酒精逐级脱水和丙酮冰冻脱水两种基本方法。

1）乙醇逐级脱水：将标本按制作组织切片那样进行乙醇逐级脱水（70%～100%），标本完全脱水后再用中间剂（如丙酮、二氯甲烷）完全置换标本中的乙醇。该法的缺点是需要中间剂，费时，且收缩率大约 5%。优点在于可在室温下进行，脱水和脱脂可同时完成，而且脱水后的标本在乙醇中可长期保存。

2）丙酮冰冻脱水：是采用丙酮作为脱水剂和中间剂，脱水和脱脂可同时完成，且由于脱水过程是丙酮置换组织中的水分，是“取代”方式，避免了标本脱水后的皱缩。

（3）真空浸渍：是指在低压或真空状态下，易挥发的中间剂气化形成气泡自组织和细胞内移出，组织内形成负压，塑化剂则进入组织细胞内填补由于中间剂移出所留下的空间。真空浸渍是生物塑化的中心和最重要的步骤。

（4）硬化：塑化剂是一种高分子化合物，液态时为单分子存在，当发生聚合反应后形成高分子多聚化合物，由液态变为固态。依据所选用的塑化剂的性质不同，经真空浸渍后的标本通常在室温或在 50℃的条件下进行聚合、硬化。此外，还有一种特殊的硬化方法，气体硬化，即经真空浸渍后的标本与气化的置换剂相结合，使之完成聚合。

（四）局部解剖学标本的制作

局部解剖学（regional anatomy）是按照人体的局部分区，研究各区域内的层次结构与结构的位置、毗邻和临床应用的科学。局部解剖学是解剖学的分科之一，是在学习了系统解剖学的基础上，通过尸体解剖和观察，巩固系统解剖学的知识，为进一步学习临床课程和临床实践打下基础。局部解剖学是基础医学与临床医学之间的桥梁课程。

1. 人体的层次和基本结构 人体可分为头、颈、躯干（包括胸部、腹部、盆部和会阴）和四肢（包括上肢和下肢），每个局部又可分为若干区。人体各部的层次结构大致相同，由浅至深有皮肤、浅筋膜、深筋膜、肌肉及骨，在头、颈和躯干内，尚有中枢神经、感官和内脏等。血管、神经常伴行成束，行于各局部内，沿途分支分布于该局部的器官。

（1）皮肤：覆盖体表。人体各部皮肤的厚薄不一（0.5～4mm），一般来说，肢体屈侧皮肤较薄，伸侧较厚，但手、足相反。项部、背部、手掌和足底处皮肤最厚，在腋窝和面部最薄。另外，全身皮肤的纹理也不一致，在做皮肤切口时，应注意上述特点，以免切口过浅或过深。

（2）浅筋膜：位于皮下，又称皮下组织或皮下脂肪，属于疏松结缔组织，且富有脂肪，遍布全身。人体各部浅筋膜的厚薄，因其含脂肪的多少而不同，眼睑、乳头、阴茎和阴囊等部的浅筋膜较薄，而腹壁、臀部、手掌和足底等部的浅筋膜较厚。浅筋膜内有皮神经，浅动、静脉和浅淋巴管、结。皮神经穿出深筋膜至浅筋膜内，分支分布于皮肤。浅动脉一般较细小。浅静脉较粗大，吻合丰富，通常不与浅动脉伴行。浅淋巴管细小，壁薄而透明，常难以辨认，其在向心走行途中穿浅淋巴结。在某些局部的浅筋膜内含有肌肉（为皮肌），如面部表情肌及颈阔肌等。

（3）深筋膜：又称固有筋膜，是致密结缔组织膜，位于浅筋膜深面，呈封套状包裹人体各部。在四肢，深筋膜可向深部发出分隔肌群的肌间隔，附着于骨，构成包裹肌、血管的骨筋膜鞘。在某些部位，筋膜与肌间，或肌与肌之间，被疏松结缔组织充填，形成筋膜间隙。骨筋膜鞘和筋膜间隙，具有固定、保护肌、血管和神经的作用，但在感染化脓时它们也是渗出物的潴积和蔓延的部位。

（4）肌：包括平滑肌、心肌和骨骼肌。骨骼肌一般由肌腹与肌腱构成。肌腹由肌纤维构成，肌纤维的粗细、排列方向与肌肉的功能有关。长肌的两端移行为肌腱，阔肌的起、止部则移行为腱膜。人体的每块肌肉均有特定的血管、神经支配，血管与神经入肌处，称为该肌的血管神经门，又叫肌门。解剖肌肉时应先使之紧张，并认清其边界，然后沿肌束的方向清除结缔组织，进行分离。

（5）血管：包括动脉、静脉和两者之间的毛细血管，它们常与神经伴行。解剖操作时所能见到的血管是动脉和静脉。在标本上，动脉与伴行静脉相比管径细，壁厚腔圆且富有弹性。静脉则管径较粗，壁薄且弹性差，腔内常有凝固的血块。静脉可分为深、浅静脉吻合丰富。浅静脉位于浅筋膜内，常单独行走，深静脉位于深筋膜深面，与同名动脉伴行，与中等动脉伴行的静脉有两条。

（6）淋巴管：形态结构与静脉相似，但管腔细，壁薄，透明，呈乳白色，除胸导管和右淋巴导管外，一般都不易找寻，而在淋巴结处较易剖露。淋巴结为大小不一的圆形或椭圆形小体，呈灰红色，有一定的硬度。淋巴结常沿血管配布，多位于人体的凹窝或较隐蔽处，如腋窝、腹股沟及胸、腹盆腔的大血管的周围。

（7）神经：呈白色条索状，除皮神经以外，常与血管伴行，由结缔组织包绕形成血管神经束。脏器周围的自主神经常缠绕在脏器和血管壁上形成自主神经丛，随血管分布，解剖时较难分离。

2. 解剖器械及使用

（1）解剖刀：为常用器械之一。常以刀刃切开皮肤、切断肌和其他软组织；以刀尖修洁血管和神经；以刀柄钝性分离组织等。一般右手持刀，常采用持笔法或持弓法。

（2）镊子：分有齿镊和无齿镊两种。前者用于夹持皮肤或较坚韧的结构；后者用于夹持神经，血管和肌等软组织。切忌用有齿镊夹持神经、血管和肌，以防止损伤上述结构。一般用左手持镊，将镊子夹于拇指与示、中指腹之间，用手指的力量捏紧。

（3）剪：有直剪和弯剪两种，并有圆头和尖头及长、短之分。圆头剪一般用于剪开、分离组织、翻修血管；尖头剪常用于剪断较坚韧结构，如肌腱、韧带、线等。正确的持剪方法，是将拇指和无名指伸入剪柄的环内，中指放在剪环的前方，示指压在剪刀轴处，这样能起到稳定和定向的作用。

（4）血管钳：通常用于分离软组织及神经、血管等，在解剖时也可钳夹肌腱、韧带和皮肤等，起到牵引固定的作用。用法与剪相同。

3. 局部解剖学标本的解剖操作方法

（1）局部标本的选择和处理：按解剖要求选择局部标本，参照上述防腐固定方法进行防腐固定。

（2）解剖皮肤：按各局部规定的切口切开皮肤，切口深度以切透皮肤，但不伤及筋膜为佳。可先在标本上，按拟作切口用刀背划一线痕，然后沿该线进行切口。切口完成后，用有齿镊提起皮肤切口交角处的皮片角，拉紧，在皮肤与浅筋膜交界处，将刀刃对向皮肤（近似垂直位）作长距离的割划，翻起皮片。翻起的皮片应彼此相连，以便在解剖后，将其复回原位包裹，用线绳系好，保护该部的结构，避免干燥。

（3）解剖浅筋膜：浅筋膜内有皮神经、浅血管。先按皮神经、血管的行径找寻，找到后，用无齿镊沿神经、血管的两侧清除其周围的结缔组织、剖露出皮神经、血管，再按皮肤切口线，切开浅筋膜至深筋膜，然后将浅筋膜由深筋膜上整层翻起切除，注意保留已解剖出的皮神经、浅血管。

（4）解剖深筋膜：首先观察深筋膜附着情况及其与肌的关系，然后沿皮肤切口线切开，将其翻起或剥除，翻起时注意刀刃方向应与肌纤维平行。

（5）解剖肌：沿肌纤维的方向切开并剥离肌表面的深筋膜，修出肌的境界，然后进行观察。

（6）解剖深部血管、神经：深部的血管神经多被结缔组织或脂肪包裹，应先清理这些结构才可进行观察。首先用无齿镊找出血管或神经主干，再沿血管、神经干方向清理出血管、神经干及其分支，最后将血管神经周围的结缔组织或脂肪清除，观察血管和神经的行径、分支和分布。一般在清理或找寻深部结构时，宜采用钝性解剖法，“多分少割”，即多用无齿镊、刀背、刀柄等分离结构，少用刀刃切割，这样可避免损伤神经、血管。在解剖过程中。如要切割某一结构时，必须先认清后，再切割，以免误切其他结构。

数字化资源：

图谱　　　　知识拓展

（陈　健）

实训二　常规组织切片制作技术

【实验目的】

了解石蜡组织切片制作过程。

【实验材料】

各种固定液、Harris 苏木精、1%伊红水溶液、1%盐酸乙醇溶液、碘酒、各级乙醇、二甲苯、蛋白甘油粘剂、蒸馏水、中性树胶等，以及所需动物或人体的某些组织器官。

【实验内容】

（一）取材

取材是制作切片程序中的首要步骤，取材不当，将直接影响病理诊断和科研工作的效果。组织标本的选用非常重要，不能随意地切取组织来制作组织切片，否则病理检验的结果是不会令人满意的。

1. 取材工具　取材刀具必须锋利。切取标本不应该挤压和揉擦，不应使用有钩镊子或血管钳等手术器械镊取标本，以免损害组织造成人为组织变化，给诊断带来困难或导致错诊，漏诊。

2. 标本的选取　应选择病变或可疑病变的组织。必要时选取病变与正常组织交界处。切取标本的原则是求准而不是求量多，所以切取组织宜小不宜大，以不超过 24mm×24mm 为佳，厚度以 3～5mm 为度，过大过厚会影响对标本的固定和切片的制作。

（1）为使组织切片的结构清楚，取材要及时，组织块必须争取时间及时固定。组织的固定以愈新鲜愈好。

（2）取材时对大体标本（肉眼标本）绘制图像，进行仔细描述。

（3）组织采取应在正常与病灶交界之处。组织形状最好为方形或长方形状，这样有利于制片。切不可以形状定位，组织厚薄要均匀。

（4）微量标本和易碎标本，为避免破损或丢失应以纱布包裹，但包裹前纱布必须浸湿，以免标本黏附纱布上。

（5）各组织块应包括各脏器的重要结构，如肾脏组织包括皮质部分和髓质部分。在有浆膜的脏器（如胃等）组织块中，要至少有一块带有浆膜。

（6）组织内的钙化病灶或骨质，应在充分固定之后进行脱钙，组织内的非病理性异物应予剔除。

（二）固定

1. 固定的目的和效果　固定组织的目的是设法得到接近正常生命状态的细胞结构，有人说“形态学的美是良好固定产物”，这说明固定的特殊重要作用。

（1）抑制自溶和腐败：保持细胞与生活时的形态相似。

（2）保存：防止自溶和细菌性腐败，而且能沉淀或凝固组织内的各种成份和病理代谢产物，并在制片过程中不为其他试剂溶解破坏。

（3）硬化和固化：使柔软组织或半液体组织的质地变硬而易于操作。

（4）渗透和固定：固定还可以使组织和细胞的各种渗透压不再发生改变，在制片时就能在最大范围内保持组织和细胞的原来形态。

（5）对染色的影响：某些固定剂尚具有一定的媒染作用而增进染色（如苦味酸对于染色的媒染作用）可使细胞各种部位易于着色。

2. 固定的方法 为使组织固定充分，应做到固定容器要合适，一般容器的容积是组织的 10～15 倍以上；固定时间要充足，一般 4～12 小时或更长，在温箱内将固定液稍加温，可使固定作用加快而缩短固定时间；固定液量要足够，一般应为组织体积的 5～10 倍，最少也不应低于五倍。

（三）脱钙

组织里存有钙盐可妨碍用常规方法制作良好切片。骨组织及钙化病灶，经过固定后，必先将钙盐除去使组织软化，才能进行常规切片。如脱钙不全则切片易撕开或碎裂并损伤切片刀刃。脱去钙盐的过程——称为脱钙。

1. 脱钙时应注意

（1）组织固定 24 小时后，锯下不超过 0.5cm 厚的薄骨片，再以 10%福尔马林固定后进行脱钙。（未固定的组织在酸性脱钙液中受到的损伤比已固定的组织约大三倍）。骨组织过厚则需延长脱钙时间，长时间浸于强酸影响切片染色效果。

（2）脱钙要彻底，脱水应充分，在脱水过程中，要注意不使其过度硬化。

2. 脱钙步骤

（1）取材：骨组织固定于 10%福尔马林 24 小时后再锯取厚度约 0.5cm 骨片。

（2）固定：再以 10%福尔马林固定 2 天。

（3）将组织置于脱钙剂中，每日更换新鲜液、直至组织软化为止。

（4）流水冲洗 24 小时（除酸）。

（5）进行常规脱水，透明，浸蜡，切片。

（四）冲洗

组织经过固定后，脱水之前应进行冲洗，将组织内的固定液洗干净，否则残留组织内的固定液有碍制片和染色，而有些固定液则可在组织中继续起到脆化组织的作用，以至于损坏组织，给制片工作带来不利。一般水溶性的固定剂，需用流水冲洗 6～12 小时。

（五）脱水

脱水就是用脱水剂完全除去组织内的水分，为下一步透明及浸蜡创造条件。一般情况下，遵循浓度由低到高的梯度酒精脱水原则。依次为为：70%酒精 2～4 小时→85%酒精 2～4 小时→95%酒精（Ⅰ）2～4 小时→95%酒精（Ⅱ）2～4 小时→100%酒精（Ⅰ）2～4 小时→100%酒精（Ⅱ）2 小时。

（六）透明

透明剂一般最为常用的是二甲苯。它能与酒精，丙酮相混合，又是石蜡的溶剂。透明过程，一般需要半小时至 2～3 小时。依次为：二甲苯（Ⅰ）0.5～1 小时→二甲苯（Ⅱ）0.5 小时。透明时间的长短因组织的大小而异。

（七）浸蜡

浸蜡的目的是使石蜡渗透到组织中去，达到包埋的支持作用。一般步骤为：浸蜡（Ⅰ）2 小时

→浸蜡（Ⅱ）2 小时。在整个浸蜡过程中，标本大小对完成浸蜡所需的时间有很大影响。较厚的组织需要较长时间才能使蜡浸入中心，而且厚的组织常带入的透明剂比较多，故需要多次浸蜡才能将透明剂除去。含血多的组织，肌肉和纤维束在蜡内易过硬而发脆，故浸蜡时间应缩短。疏松组织、脂肪、消化道组织等浸蜡时间可以适当延长一些。

（八）包埋

包埋，就是将已经经过固定，脱水，透明，浸蜡的组织块从最后的蜡浴取出置入充满熔融石蜡的包埋框内，包埋成块，使组织和包埋剂相熔一体并迅速冷却，这个程序称为包埋。

1. 石蜡包埋的注意事项 作为包埋组织使用的石蜡不仅由于气候的不同需要加以选择，而且与组织的硬度也有密切关系，过硬的组织最好用硬度较高的石蜡包埋，反之，软组织则应以硬度较低的石蜡包埋。其熔点一般要求在 60℃左右。

（1）包埋用石蜡加温不可过高，以保持其不凝固为度，温度过高容易将组织烫坏，使得组织变硬，变脆，并发生卷曲，收缩变形而不利于切片，甚至影响诊断。

（2）组织要包平，囊壁和消化道等组织包埋时更应注意组织方位，应将组织块直立拉平，不要卷曲。

（3）石蜡包埋后，不宜冷凝过慢，特别是室温较高时，石蜡凝固后应立即投入冷水中加速冷却以增加石蜡密度，韧性和硬度。但冷凝过速也会因为内外温差过大造成蜡块裂损。

2. 包埋的步骤

（1）准备好包埋框，将包埋用的镊子在酒精灯上加温（防止镊子粘蜡）后，左手持框，右手持镊子摁机器让石蜡注入包埋框内。

（2）迅速镊取组织块放入包埋框石蜡内，切面朝下放正置入框底并轻轻压平，以保证不产生气泡。

（3）覆上写有标签的包埋盒，水平置于冷却台。

（4）蜡块完全硬固后除去包埋框，储藏备用。

（九）切片

1. 切片机 切片机的基本类型有五种，按其结构叫做：①摇动式切片机；②轮转式切片机；③滑动式切片机；④推动式（雪橇式）切片机；⑤冰冻切片机。普通最常用的是轮转式切片机。

轮转式切片机：系借转动手摇轮进行切片动作。蜡块台镶装于可在沟槽内上下运动的金属夹座中，借微动螺旋向前推进切出平整的切片。有的转轮式切片机的机头上装有三只旋钮和一个紧固旋钮能使其向各个方向偏转并紧固，便于调整蜡块的切面。切片刀的切制角度可以调整（切片刀倾斜）。由于这种切片机上使用的是一种重而大的切片刀，故除切制硬组织时一般不发生颤动。切片厚度借旋钮可以在 1～30μm 之间调至任何厚度，每一梯度为 1μm 或 2μm。

2. 切片前的准备

（1）恒温水浴锅首先预热至 35～40℃。

（2）蜡块整修，将组织块左右两侧的石蜡在不损伤组织及影响诊断的原则上，全部切除。

（3）将锋利的刀片装入切片刀夹钳内，调整角度和位置后随即紧固，检查切片刀的倾斜度是否正确，倾角过大则切片上卷；倾角过小则切片皱起，以 20°～30°为佳。

（4）备用小型毛笔、小型无钩镊子、铅笔。

3. 切片的步骤

（1）将蜡块固定于切片机头上的夹座内，调整到稍离开切片能够切到的位置上，注意蜡块组织切面与切片刀口要垂直平行。

（2）再调整蜡块组织切面恰好与刀口接触，旋紧刀架，固定好机头。

（3）根据需要调整切片厚度。

（4）摇动切片机手轮先进行修整切片，直到切出完整的最大组织切面后，再进行切制。

（5）实践中可用右手转动切片机手轮，左手用毛笔托起蜡片，协调地进行切片操作。

（6）切下的切片带，一端用镊子轻轻拉起，应尽可能将切片带拉直展开，用毛笔将切片带从刀口向上挑起，拉下切片带，然后轻拖铺于恒温水面上。

4. 切片的注意事项

（1）在摇动切片机时，用力要求均匀一致，不宜过重过猛，否则可因用力过重而使机身震动，造成切片厚薄不均。遇有硬化过度的脑、肝、脾等组织时，更应该轻轻切削，以防组织由于震动形成空洞现象。

（2）在夏秋季节进行切片时，应使用冰块加强冷却，这样不仅可保持石蜡的硬度，同时也减少了切片的褶皱，给切片制作带来方便。

（十）贴片

（1）将单张或数张切片，用镊子夹住蜡片的一边并提起，铺于恒温水中，（光亮的一面朝下）立即用毛笔轻轻拉展以切片无皱褶为最好。

（2）待切片在恒温水内充分摊开展平后，将载玻片垂直插入水中以涂有蛋白甘油面轻靠切片，并用毛笔将切片一边拨于玻片上，随即将玻片直立提起，趁玻片上仍有少量水分时用毛笔拨正切片位置。如组织较小，可在玻片上多贴几片或几排，但排列应密集、整齐。

（3）在玻片一端的毛玻璃上写上标本编号，字要写得小而清楚、端正。

（4）贴好的切片置于60℃恒温箱内干燥2小时，蛋白质凝固后即可进行染色。

（十一）染色

染色就是利用染料在组织切片上给予颜色，使其与组织或细胞内的某种成分发生作用，经过透明后通过光谱吸收和折射，使组织或细胞的各种微细结构能显现不同颜色，这样在显微镜下就可显示出组织细胞的各种成分。染色剂与组织细胞相结合而使组织细胞着色的过程与物理和化学作用两者都有关系。

苏木素-伊红染色是一种最常用的常规染色剂。

1. 染液的配制

（1）Harris氏苏木素液

甲液：	苏木素	1g
	无水酒精	10ml
乙液：	硫酸铝钾	20g
	蒸馏水	200ml
丙液：	一氧化汞	0.5g

经典的配制方法是，先将甲液加热溶解后，密封待用，再将乙液加热溶解至沸，去火，待溶液仍处于小沸腾状态时再将甲液徐徐倾入其中，全部混合后，再使溶液在短时间内加热至沸腾，去火，最后，将氧化汞缓慢倾入溶液中（氧化汞一定要慢慢少量分次加入，切忌急躁。因氧化汞倒入后，溶液会迅速膨胀易沸出容器外而发生危险）。此时液体变为深紫色，待氧化汞全部放入后，再将溶液加温至沸腾片刻，立即将溶液放入流动的冷水中，并缓缓地连续摇晃至溶液完全冷却为止。隔夜后过滤，加入冰醋酸（按5%比例）混匀，再过滤后保存于冰箱内备用。

（2）分化液

1%盐酸酒精，是最常用的分化液。

配方：	70%酒精	99ml
	浓盐酸	1ml

（3）伊红染液

配方：	伊红Y（水溶）	0.5～1g
	蒸馏水	99ml

若取用伊红Y（醇溶性）应溶于99ml 75%或95%的乙醇中。若在伊红液中加入0.5ml冰醋酸，可加速其染色过程，并使胞浆的色泽更为艳丽。

2. 石蜡切片苏木素-伊红染色法的基本步骤

脱蜡	
(1)二甲苯Ⅰ	15 分钟
(2)二甲苯Ⅱ(应完全透明)	10 分钟
逐级降浓度酒精水化	
(3)无水酒精Ⅰ(变为不透明)	1～2 分钟
(4)无水酒精Ⅱ	1～2 分钟
(5)95% 酒精	1～2 分钟
(6)80% 酒精	1～2 分钟
(7)自来水洗	片刻
染色	
(8)蒸馏水	片刻
(9)苏木素液染核	10～15 分钟
(10)自来水洗	片刻
(11)1%盐酸酒精分化	0.5～1 分钟
(12)流水冲洗	片刻至数小时
(13)自来水冲洗反蓝	1 分钟
(14)流水冲洗	15 分钟至数小时
(15)复染 0．5%伊红水溶液(对比染色)	2～5 分钟
逐级升浓度酒精脱水	
(16)自来水洗(分化伊红)	片刻
(17)95%酒精Ⅰ	1～2 分钟
(18)95%酒精Ⅱ	1～2 分钟
(19)无水酒精Ⅰ	1～2 分钟
(20)无水酒精Ⅱ	1～2 分钟
透明	
(21)二甲苯Ⅰ	5～10 分钟
(22)二甲苯Ⅱ	5～10 分钟

结果：胞核呈蓝色，胞浆呈红色，红细胞呈桔红色，其他成分呈深浅不同红色。

3. 染色时应注意事项

(1)组织切片的脱蜡步骤应彻底，否则无论进行那种染色都会发生困难。

(2)苏木素染液使用一段时间后表面易出现亮晶状漂浮物，这可能是液体表面的过氧化物，必须过滤除去，以防沉渣污染组织切片。

(3)染色的时间长短需依据：染剂对组织的染色作用，室温条件，切片厚薄，固定液的类别，染液的新旧而进行调节。

(4)若脱水，透明等步骤不够彻底，则组织表面会有一层雾状膜。若有这一现象，应立即更换纯酒精脱水，再次透明。在潮湿的季节里应注意酒精的浓度、若降低要及时更换。

(5)染好的切片应妥为保存，更应避免日光照射，否则切片容易褪色。

(十二)封片

由于组织学制片需随时检查或保存，故要在盖玻片下封固。封固剂既能使染色后的组织封固于载玻片和盖玻片之间，不直接与空气接触，避免氧化褪色。另一方面使组织切片在封固剂的充实下，其折光率能和玻片的折光率相近，从而获得清晰的镜检效果。

我们常用的无水封固剂为市售的中性树胶，折光率(1.52)及色散作用都近似于玻璃，而且在很薄一层时几乎是完全无色透明。用以封存 HE 染色的切片则色彩非常鲜艳。封固剂要适量，滴加时应小心倾滴，盖玻片要轻轻放置，以免气泡产生影响镜检。盖玻片大小选择要合适，一般要大于组织块，以防封盖不全，盖玻片要放正，标签贴牢，编号清楚。从而保证切片的封藏和美观。

数字化资源：

图谱　　知识拓展

（陈　健）

实训三　常规免疫组化技术

免疫组化，是应用免疫学基本原理——抗原抗体反应，即抗原与抗体特异性结合的原理，通过化学反应使标记抗体的显色剂（荧光素、酶、金属离子、同位素）显色来确定组织细胞内抗原（多肽和蛋白质），对其进行定位、定性及相对定量的研究，称为免疫组织化学技术（immunohistochemistry）或免疫细胞化学技术（immunocytochemistry）。

【基本原理】

抗体和抗原之间的结合具有高度的特异性，免疫组织化学正是利用了这一原理。先将组织或细胞中的某种化学物质提取出来，以此作为抗原或半抗原，通过免疫动物后获得特异性的抗体，再以此抗体去探测组织或细胞中的同类的抗原物质。由于抗原与抗体的复合物是无色的，因此还必须借助于组织化学的方法将抗原抗体结合的部位显示出来，以其达到对组织或细胞中的未知抗原进行定性，定位或定量的研究。

【分类】

（1）按标记物质的种类，如荧光染料、放射性同位素、酶（主要有辣根过氧化物酶和碱性磷酸酶）、铁蛋白、胶体金等，可分为免疫荧光法、免疫酶标法、免疫金银法和放射免疫法、免疫铁蛋白法等。其中前三种最常用。

1）免疫荧光细胞化学技术是将已知抗体标上荧光素，以此作为探针检查细胞或组织内的相应抗原，在荧光显微镜下观察。当抗原抗体复合物中的荧光素受激发光的照射后会发出一定波长的荧光，从而可以确定组织中的抗原定位或定量。

2）免疫酶细胞化学技术是目前免疫组织化学研究中最常用的技术，基本原理是先以酶标记的抗体与组织或细胞作用，然后加入酶的底物，生成有色的不溶性产物或具有一定电子密度的颗粒，通过光镜或电镜，对细胞或组织内的相应抗原进行定位或定性研究。

3）免疫胶体金技术是用胶体金标记一抗，二抗或其他的能特异性的结合免疫球蛋白的分子（如葡萄球菌 A 蛋白）等作为探针对组织或细胞内的抗原进行定性，定位或定量研究。由于胶体金的电子密度高，多用于免疫电镜的单标记或多标记的定位研究。

（2）按染色步骤可分为直接法（又称一步法）和间接法（二步、三步或多步法）。与直接法相比，间接法的灵敏度提高了许多。

（3）按结合方式可分为抗原-抗体结合，如过氧化物酶-抗过氧化物酶（PAP）法；亲和连接，如卵白素-生物素-过氧化物酶复合物（ABC）法、链霉菌抗生物素蛋白-过氧化物酶连结（SP）法等，其中 SP 法是比较常用的方法；聚合物链接，如即用型二步法，此方法尤其适合于内源性生物素含量高的组织抗原检测。

1）SP（streptavidin-perosidase）法，即链霉菌抗生物素蛋白-过氧化物酶连结法。SP 法是最常使用的方法。

2）即用型快速酶免疫组化二步法根据聚合酶技术把辣根过氧化物酶抗鼠或/和抗兔 IgG 分子结合在多聚酶上形成多聚物分子，其与待检的抗原特异性的结合后，加入底物显色。此方法尤其适合于内源性生物素含量高的组织抗原检测。

3）ABC（Avidin-Biotin Complex）法：一抗+ 生物素标记二抗+ 滴加试剂 ABC（卵白素+ 辣根酶标记生物素）+ 辣根酶底物显色。生物素（biotin）为含硫的杂环单羧酸，分子量小，通过其羧基与蛋白质的氨基结合，从而可标记抗体和酶。亲和素（avidin）又称抗生物素蛋白，是一种糖蛋白，与生物素有很高的亲和力，1 个亲和素分子上有 4 个生物素结合位点。在 ABC 法中，不对特异性第一抗体进行标记，而用生物素标记第二抗体，染色前按一定比例将亲和素与生物素标记的过氧化物酶混合，制成 ABC 合物，并使亲和素分子上至少空出 1 个生物素结合位点。染色时，标本中的抗原先与第一抗体结合，后者再与生物素标记的第二抗体结合，然后加入 ABC 复合物，结合到第二抗体的生物素上，最终形成的复合物网络了大量的酶分子，因此，敏感性更高。

【标本】

实验所用主要为组织标本和细胞标本两大类，前者包括石蜡切片（病理切片和组织芯片）和冰冻切片，后者包括组织印片、细胞爬片和细胞涂片。

其中石蜡切片是制作组织标本最常用、最基本的方法，对于组织形态保存好，且能作连续切片，有利于各种染色对照观察；还能长期存档，供回顾性研究；石蜡切片制作过程对组织内抗原暴露有一定的影响，但可进行抗原修复，是免疫组化中首选的组织标本制作方法。

【抗体】

免疫组化实验中常用的抗体为单克隆抗体和多克隆抗体，单克隆抗体是一个 B 淋巴细胞克隆分泌的抗体，应用细胞融合杂交瘤技术免疫动物制备。多克隆抗体是将纯化后的抗原直接免疫动物后，从动物血中所获得的免疫血清，是多个 B 淋巴细胞克隆所产生的抗体混合物。

【特点】

（1）特异性强：免疫学的基本原理决定抗原与抗体之间的结合具有高度特异性，因此，免疫组化从理论上讲也是组织细胞中抗原的特定显示，如角蛋白（keratin）显示上皮成分，LCA 显示淋巴细胞成分。只有当组织细胞中存在交叉抗原时，才会出现交叉反应。

（2）敏感性高：在应用免疫组化的起始阶段，由于技术上的限制，只有直接法、间接法等敏感性不高的技术，那时的抗体只能稀释几倍、几十倍；现在由于 ABC 法或 SP 三步法的出现，使抗体稀释上千倍、上万倍甚至上亿倍仍可在组织细胞中与抗原结合，这样高敏感性的抗体抗原反应，使免疫组化方法越来越方便地应用于常规病理诊断工作。

（3）定位准确、形态与功能相结合：该技术通过抗原抗体反应及呈色反应，可在组织和细胞中进行抗原的准确定位，因而可同时对不同抗原在同一组织或细胞中进行定位观察，这样就可以进行形态与功能相结合的研究，对病理学领域开展深入研究是十分有意义的。

【染色步骤】

免疫组化主要步骤基本相同，各种方法略有区别。

1. SP 三步法

（1）石蜡切片，常规脱蜡至水。

（2）0.3%或 3%H_2O_2去离子水孵育 10～30 分钟，以灭活内源性过氧化物酶活性。

（3）蒸馏水冲洗，PBS 浸泡 5 分钟。

（4）候选步骤：采用抗原修复：微波（建议 30 分钟内 4 次中火）、高压、酶修复方法。自然冷却，再用 3 分钟×3 次。

（5）血清封闭：室温 15～30 分钟，尽可能与二抗来源一致。倾去，勿洗。

（6）滴加适当比例稀释的一抗，37℃孵育 2～3 小时或 4℃过夜（最好复温）。PBS 冲洗，3 分钟×5 次。

（7）滴加生物素标记的二抗，室温或 37℃孵育 30 分钟至 1 小时。

（8）PBS 冲洗，3 分钟×5 次。

（9）滴加 SP（链霉亲和素-过氧化物酶），室温或 37℃孵育 30 分钟至 1 小时。

（10）PBS 冲洗，3 分钟×5 次。

（11）显色剂显色（DAB 等）。

（12）自来水充分冲洗。

（13）可进行复染，脱水，透明。

（14）选择适当的封片剂封片。

2. 即用型二步法

（1）石蜡切片置于 67℃烘箱中，烘片 2 小时，脱蜡至水，用 pH7.4 的 PBS 冲洗三次，每次 3 分钟（3×3min）。

（2）取一定量 pH=6.0 柠檬酸盐缓冲液，加入微波盒中，微波加热至沸腾，将脱蜡水化后的组织切片置于耐高温塑料切片架上，放入已沸腾的缓冲液中，中档微波处理 10 分钟，取出微波盒流水自然冷却，从缓冲液中取出玻片，先用蒸馏水冲洗两次，之后用 PBS 冲洗 2×3min。（注：不是所有的抗体都需要微波修复的，视具体情况而定）

（3）每张切片加 1 滴 3%H_2O_2，室温下孵育 10 分钟，以阻断内源性过氧化物酶的活性。PBS 冲洗 3×3min。

（4）除去 PBS 液，每张切片加 1 滴相应的第一抗体（相应稀释倍数），室温下孵育 2 小时。

（5）PBS 冲洗 3×5min。除去 PBS 液，每张切片加 1 滴聚合物增强剂，室温下孵育 20 分钟。PBS 冲洗 3×3min。

（6）除去 PBS 液，每张切片加 1 滴酶标抗鼠/兔聚合物，室温下孵育 30 分钟。PBS 冲洗 3×5min。

（7）除去 PBS 液，每张切片加 1 滴新鲜配制的 DAB 液（二氨基联苯胺），显微镜下观察 5 分钟。

（8）苏木素复染，0.1%HCl 分化，自来水冲洗，蓝化，切片经梯度酒精脱水干燥，二甲苯透明，中性树胶封固，晾干后观察。

3. ABC 法步骤

（1）4%多聚甲醛常规灌注固定，取材并置 20%蔗糖溶液（4℃）中过夜。蜡块制作，切片，贴片。0.01 mmol/L KPBS 清洗 5 min×3 后。

（2）加入配好的 0.3%的过氧化氢甲醇溶液（甲醇 80 ml+0.01 mmol/L KPBS 100 ml+30%过氧化氢）30 min，以消除内源性过氧化物酶的影响，0.01 mmol/L　PBS 清洗 5 min×3。

（3）加入配好的 0.3% Triton×100（30% Triton ×100+0.01 mmol/L KPBS 100 ml）30 min，以增加细胞的通透性，0.01 mmol/L KPBS 清洗 5 min×3。

（4）加入用血清稀释液（牛血清白蛋白 1.00 g+0.01 mmol/L PBS 100 ml+叠氮纳 0.08 g）稀释的一抗，4℃存放 24～48 h；吸去抗体，0.01 mmol/L KPBS 洗 5 min×3。

（5）加入 0.01 mmol/L KPBS 稀释的二抗，室温孵育 2 h。0.01 mmol/L KPBS 洗 5 min×3。

（6）加入 ABC 复合物之类的抗体，室温孵育 2 h，0.01 mmol/L KPBS 洗 5 min×3；蒸馏水迅速冲三次。

（7）加入显色液，进行免疫组织化学显色，时间一般不超过 30 min，可不时在显微镜下进行观察，待细胞着色而背底颜色较淡时马上吸去显色液，用蒸馏水迅速冲三次后加入 0.01 mmol/L KPBS 终止反应。

（8）梯度酒精脱水之后，封片，拍照。

【结果判断】

从实验结果而言，免疫组化技术主要涉及抗体实验结果的描述与分析，图片的确定与选取，相关数据的提供，上述工作是免疫组化工作的重点内容。只有严格的实验设计，标准的实验操作，专业化的结果分析才能得出满意的结果，这点对于形式为腹水、上清液、培养液之类的抗体显得更为重要。

意义

近年来，随着免疫组织化学技术的发展和各种特异性抗体的出现，使许多疑难肿瘤得到了明确诊断。在常规肿瘤病理诊断中，5%-10%的病例单靠 H.E 染色难以作出明确的形态学诊断。尤其是免疫组化在肿瘤诊断和鉴别诊断中的实用价值受到了普遍的认可，其在低分化或未分化肿瘤的鉴别诊断时，准确率可达 50%～75%。

免疫组织化学的临床应用主要包括以下几方面：

（1）恶性肿瘤的诊断与鉴别诊断。

（2）确定转移性恶性肿瘤的原发部位。

（3）对某类肿瘤进行进一步的病理分型。

（4）软组织肿瘤的治疗一般需根据正确的组织学分类，因其种类多、组织形态相像，有时难以区分其组织来源，应用多种标志进行免疫组化研究对软组织肿瘤的诊断是不可缺少的。

（5）发现微小转移灶，有助于临床治疗方案的确定，包括手术范围的确定。

（6）为临床提供治疗方案的选择。

【关键环节及注意事项】

1. 标本固定 固定的目的

（1）防止标本从玻片上脱落。

（2）除去妨碍抗原-抗体结合的类脂，使抗原抗体结合物易于获得良好的染色结果。

（3）固定的标本易于保存。固定剂的选择一般用 4%多聚甲醛，但睾丸组织、眼可能要选用 Bouin’s 液或 mDF 液效果较好。

2. 脱水、石蜡包埋和制片 脱水用梯度乙醇（由低到高）充分脱水、对组织要完全浸蜡、切片时刀片要干净和锋利。否则，容易裂片和脱片等。

3. 脱蜡和水化 这是为了后面的抗体等试剂能够充分与组织中抗原等结合反应。脱蜡可以先 60℃20min，然后立即二甲苯 1～3 分别 10min（这个时间是由二甲苯新鲜程度和室温等综合决定的），但当天制好的切片一般先 60℃3～4h。水化用梯度乙醇（由高到低）。若脱蜡和水化不全易出现局灶性反应和浸洗不全，而产生非特异性背景着色。

4. 抗原修复 由于组织中部分抗原在甲醛或多聚甲醛固定过程中，发生了蛋白之间交联及醛基的封闭作用，从而失去抗原性；通过抗原修复，使得细胞内抗原决定族重新暴露，提高抗原检测率。常用的修复方法从强到弱一般分为三种，高压修复、微波修复、胰酶修复。修复液也分为若干种（具体的可以查阅相关资料，大量的、中性的、高 pH 的等）。用微波修复中火 6min×4 次，效果不错。注意微波修复后自然冷却 30min 左右（只要觉得修复液的温度达室温即可）。

5. 细胞通透 目的是使抗体能够充分地进入胞内进行结合反应。一般用 Triton X-100、蛋白酶 k 等通透液。如 Triton X-100 可以溶解细胞膜、细胞核膜、细胞器膜上的脂质而使抗体及大分子结构的物质进入胞浆和胞核内，故在细胞免疫组化时尤为推荐使用，这样抗体就能顺利进入胞内与相应抗原结合。在免疫组织化学（＞10um 厚切片）和免疫细胞化学中一般用 Triton X-100 作为细胞通透剂，在膜上打孔。同时也是一种去污剂，一般在 PBS 中加入后终浓度是 0.05%即可，而前者终浓度是 0.5%～1%。石蜡切片 4μm 左右可以不通透，因为细胞已经被切开了。

6. 灭活内源性过氧化物酶和生物素 在传统的 ABC 法和 SP 法中，免疫组化反应结果容易收到内源性过氧化物酶和生物素的干扰，必须用过氧化氢和卵白素等进行灭活。灭活内源性 POD 一般 3%过氧化氢灭活时间短点，可以 10min 左右，而 0.3%过氧化氢则可以适当延长封闭时间，一般 10～30min；用甲醇配置过氧化氢比双蒸水或 PBS 可能好在保护抗原和固定组织作用，过氧化氢孵育时间过长易引起脱片；现用现配，配好后 4℃避光保存。不过，现在已有“第二代即用型免疫组化试剂盒”避免内源性生物素的干扰，推荐使用。

7. 血清封闭 组织切片上有剩余的位点可以与一抗非特异性结合，造成后续结果的假阳性；封闭血清一般是和二抗同一来源的，血清中动物自身的抗体，预先能和组织中有交叉反应的位点发生结合；也可以用小牛血清、BSA、羊血清等，但不能与一抗来源一致。一般室温10～30min。但也要防止封闭过度。

8. 一抗和二抗浓度和孵育时间　一抗孵育条件在免疫组化反应中最重要，包括孵育时间、温度和抗体浓度。一抗孵育温度有几种：4℃、室温、37℃，其中4℃效果最佳；孵育时间：这与温度、抗体浓度有关，一般37℃1～2h，而4℃过夜和从冰箱拿出后37℃复温45min。具体条件还需摸索。

二抗孵育条件：二抗一般室温或37℃30～60min，具体时间需要摸索，而浓度一般有工作液，若是浓缩液还要摸索浓度。但在免疫组化中一般先把二抗浓度和孵育时间先定下，然后去摸索一抗浓度和孵育时间。建议一抗反应在4℃最佳，反应温和，但时间最好超过16～24h。

9. 抗体稀释液　其实许多实验室抗体稀释液就用一般PBS即可，但专用的抗体稀释液中除PBS成分外，还加了叠氮化钠防腐剂、BSA稳定剂等组分，对抗体的多次回收利用较好。正因为这种原因，常用的国产专用抗体稀释液，一段时间在更换新抗体稀释液时实验结果出现了阴性结果（提示可能一抗没有结合），最后从抗体浓度和孵育时间、封闭时间等原因排除后，发现是新抗体稀释液的pH偏酸，而使抗原抗体反应不佳，终而出现假阴性结果。

10. 切片清洗（浸洗、冲洗和漂洗）　为了防止一抗、二抗等试剂残留而引起非特异性染色，所以适当地加强清洗（延长时间和增多次数）尤为重要，一般在一抗孵育前的清洗是3min×3次，而一抗孵育后的清洗均为5次×5min。

注意：①单独冲洗，防止交叉反应造成污染。②温柔冲洗，防止切片的脱落。③冲洗的时间要足够，才能彻底洗去结合的物质。④PBS的pH和离子强度的使用和要求，建议pH在7.4～7.6浓度是0.01mmol/L。（中性及弱碱性条件（pH7～8）有利于免疫复合物的形成，而酸性条件则有利于分解；低离子强度有利于免疫复合物的形成，而高离子强度则有利于分解）

11. DAB显色　背景的深浅和特异性染色的深浅均可以由DAB孵育条件决定。DAB显色时间不是固定的，主要由显微镜下控制显色时间，到出现特异性染色较强而本底着色较浅时即可冲洗；DAB显色时间很短（如几秒或几十秒）就出现很深的棕褐色，这很可能说明你的抗体浓度过高或抗体孵育时间过长，需要下调抗体浓度或缩短你的抗体孵育时间；此外，若很短时间就出现背景很深，还有可能前面的封闭非特异性蛋白不全，需要延长封闭时间；DAB显色时间很长（如超过十几分钟）才出现阳性染色，一方面可能说明抗体浓度过低或孵育时间过短（最好一抗4℃过夜）；另一方面就是封闭时间过长。

12. 复染　目的是形成细胞轮廓，从而更好地对目标蛋白进行定位，经常用苏木素复染（胞核染料）。注意苏木素复染时间要看当时的室温、溶液的新旧、目标抗原的定位等情况，一般数秒-数分钟，胞浆蛋白可以适当时间长一点，而胞核蛋白则要短。不过这个如果染色不理想可以补救的。方法是：染色深则分化时间稍长些即可；染色浅则再置于苏木素中染色即可。盐酸酒精是分化，氨水是返蓝，作用不同。片子复染完后流水振洗，然后置于盐酸酒精中数秒（动作一定要快）后拿出流水振洗，在放入氨水中返蓝即可。

13. 封片　为了长期保存，一般用中性树胶等封片，避免产生气泡，方法是直接在载玻片组织上滴一滴封片液，然后一手拿住盖片某一拐角，而另一手拿对面的那个拐角，接近封片液近端的拐角先降低，直至接触到液体时为止；当发现液体接触面在不断弥散时，则可以缓慢降低另一拐角，这样一般不会产生气泡。

数字化资源：

图谱　　　　知识拓展

（刘丹丹）

第五章

探究性实验

实验一　血涂片的制作

【实验目的】

（1）掌握血细胞的分类和计数的正常值。

（2）掌握血细胞的结构特点和功能。

【实验材料】

人末梢血、显微镜、香柏油、载玻片、盖玻片、玻片水平支架、采血针或注射器、计数器、小滴管、蜡笔、消毒棉球、瑞氏染液、pH6.4～6.8 磷酸盐缓冲液、姬姆萨染液、蒸馏水。

【实验内容】

（一）观看

观看与本实验相关的视频、幻灯片等，注意各种血细胞的形态特点。

（二）血涂片的制作与观察

1. 制作　取人末梢血（刺破耳垂或指端）1 滴，滴于洁净无油脂的玻片一端。左手持玻片，右手再取边缘光滑的另一玻片作为推片。将推片边缘置于血滴前方，然后向后拉，当与血滴接触后，血即均匀附在两玻片之间。此后以两玻片呈 30～45° 的角度平稳地向前推至玻片另一端。推时角度要一致，用力应均匀，即推出均匀的血膜（不可过厚或过薄）。将制好的血涂片晾干，不可加热。

2. 染色步骤

（1）用蜡笔在血膜两端各划一道线，以免染料外溢，置涂片于水平支架上。

（2）用小滴管将瑞氏染液滴于涂片上，并盖满划出的涂片部分固定约半分钟。

（3）用小滴管再加 1.5 倍缓冲液或姬姆萨（Giemsa）染液，轻轻摇动，并轻吹液体使染色液与缓冲液混合均匀，静置 5～10 分钟。

（4）用蒸馏水冲洗（如自来水的 pH 稳定于 7.2 左右时亦可代用）。冲洗血膜时应将玻璃片持平，冲洗后斜置血涂片于空气中干燥，或先用滤纸吸取水分迅速干燥，即可镜检。

3. 观察

肉眼观察　呈紫红色片状，选择涂片薄和染色浅的部位进行观察。

低倍观察　在视野中，大量灰色小点是红细胞，散在分布的紫蓝色小点是白细胞，在涂片边缘较多。注意红细胞与白细胞在数量上的差别。

高倍观察

（1）红细胞：呈双凹圆盘状，无细胞核，染成淡红色。中央部染色较浅，边缘部染色较深。

（2）中性粒细胞：数量较多，比红细胞大。细胞呈圆形，细胞质内含有细小、分布均匀的淡紫红色颗粒；细胞核呈杆状或分 2～5 叶，核叶之间有细丝相连。

（3）嗜酸粒细胞：数量少，不易找到。细胞圆形，细胞质内含有粗大、分布均匀的橘红色颗粒；

细胞核染成紫蓝色，多分成两叶（八字核）。

（4）嗜碱粒细胞：数量极少，很难找到。细胞圆形，细胞质内含有大小不一、分布不均的紫蓝色颗粒；细胞核呈S形或不规则形，染色浅淡，常被嗜碱性颗粒遮盖而观察不清。

（5）淋巴细胞：细胞质较少，染成天蓝色，细胞核呈圆形或卵圆形，染成深蓝色。

（6）单核细胞：细胞质较多，染成浅灰蓝色，细胞核呈肾形或蹄铁形，常位于细胞的一侧。细胞核染成蓝色，但比淋巴细胞的细胞核染色浅淡。

（7）血小板：呈不规则的紫蓝色小体，常成群存在，分布于细胞之间。

4. 白细胞分类计数 先用低倍镜检查涂片及染色是否均匀。然后加一滴香柏油于血膜厚薄均匀处（一般在体尾交界处），在油镜下由此处开始按其形态特征进行分类计数，计数移动时避免重复。根据所见到的100个白细胞，记录各种白细胞所占的百分数。

例如：中性粒细胞分数（%）=计数中性粒细胞个数/计数总白细胞个数×100%。

（三）网织红细胞的观察

1. 材料与方法 取鲜血一滴，滴在预先做好的煌焦油蓝色膜上（干净载玻片滴上煌焦油蓝，待染料干后即可用），与染料混合后推成血膜，血膜干后用瑞氏染液复染。

2. 显微镜观察 低倍镜可见红细胞呈粉红色，寻找稍大有深蓝色网状结构的红细胞，即网织红细胞移至视野中心，换高倍镜或油镜观察，可见网织红细胞内有清楚的深蓝色网或一团小点。

【应用意义】

在不同的生理状态下，不同种类白细胞数目波动较大，如运动、寒冷、消化期、繁殖期等，此外，在机体失血、剧痛、急性炎症、慢性炎症等病理状态下，白细胞也增多，如急性感染、急性中毒、严重组织损伤、恶性肿瘤等中性粒细胞增多；某些病毒、细菌感染或慢性感染时，淋巴细胞数量增多。

【注意事项】

（1）所用玻片必须干净，无油污。

（2）如染色太浅，可按照原步骤重染；如染色太深或有沉淀物则可用甲醇脱色后重染。

（3）如白细胞核为天蓝色，表示染色时间过短；如红细胞呈紫红色，表示染色时间过长。

（4）染色时切勿使染液干涸，否则会产生不易去掉的沉淀。

（5）冲洗时不可先倾倒染色液，应先轻轻摇动玻片，缓慢加水使沉渣泛起，然后再用水冲洗。

（6）水冲洗时间不宜过长，否则容易脱色。

【染色液的配制】

（一）姬姆萨（Giemsa）染液的配制

1. 原液配制 Giemsa 粉剂 0.8 g、甘油（医用）50ml、甲醇 50 ml。

将 Giemsa 粉剂溶于甲醇中，在乳钵中充分研磨，溶解后再加甘油，混合均匀，置于37～40℃温箱内8～12h，过滤，装入棕色试剂瓶内，密封保存备用。

2. 稀释液 临用时取 Giemsa 原液 5ml，加磷酸盐缓冲液（pH 6.4～6.8）50 ml，即为 Giemsa 稀释液。

3. pH 6.4～6.8 磷酸盐缓冲液 取磷酸二氢钾（无水）0.3g，磷酸氢二钠（无水）0.2g，加少量蒸馏水溶解，调整 pH 至 6.4～6.8，加水至 1000ml。

（二）瑞氏（Wright's）染液的配制

1. 原液配制 瑞氏染料粉剂 0.1g、纯甲醇 60 ml。

2. 配制步骤

（1）将瑞氏染料粉放人乳钵内，加少量甲醇研磨。

（2）将已溶解的染料倒入洁净的玻璃瓶内，剩下未溶解的染料再加入少量甲醇进行研磨，如此反复操作，直至全部染料溶解为止。

（3）装入玻璃瓶内密封，在室温下保存一周即可使用。

（4）新鲜配制的染液偏碱性，放置后呈酸性，染液储存时间越久，染色愈好。

数字化资源：

图谱　　　　知识拓展

（王　征）

实验二　鸡胚胎发育

【实验目的】

（1）了解鸡胚发育的过程和特点。

（2）学会观察鸡胚整封片和活体鸡胚。

【实验材料】

（1）16、19、24、33、48、72、96 小时活体鸡胚标本。

（2）16、19、24、33、48 小时鸡胚整封片。

【实验内容】

（一）观看

鸡胚发育的视频、幻灯片等。

（二）观察

1. 方法　所有鸡胚标本在 37～40℃的保温箱中孵化。

2. 观察

（1）16 小时鸡胚（原条形成时期）

1）16 小时鸡胚整封片：低倍观察，可见胚盘中央部位的明区及边缘部位的暗区，胚盘中央有一色深条纹即为原条，原条两侧的隆起称原褶，中央凹陷称原沟，其前端终于原窝，原褶在原条前端形成原结。

2）16 小时活体鸡胚：心脏和血管开始发育，体节形成。

（2）19 小时鸡胚（头褶形成时期）

1）19 小时鸡胚整封片：低倍观察，可见原结前面有条索状结构，即脊索原基，脊索原基向前发展成脊索。原条两侧可见中胚层发育而成的体节，脊索背部可见外胚层加厚形成的神经板，神经板两侧的隆起称神经褶，中央的凹陷称神经沟，神经褶的前缘可见头褶。

2）19 小时活体鸡胚：体节增大增多。

（3）24 小时鸡胚

1）24 小时鸡胚整封片：低倍观察，有微血管形成，鸡胚约长 3mm，头褶更明显，头褶下部有前肠。可见前、后神经孔仍未闭合，体节 5～7 对。

2）24 小时活体鸡胚：在胚盘的边缘出现许多红点，称“血岛”。

（4）33 小时鸡胚

1）33 小时鸡胚整封片：低倍观察，鸡胚长超过 4mm，可见前神经孔闭合成神经管，神经管的前部分化成膨大的脑泡，两侧向外的突出称视泡。体节 12 对左右。可见缩短的原条的痕迹。可见管形薄壁之心脏，呈 S 形。

2）33 小时活体鸡胚：可见卵黄上同心圆状的胚盘，中央纵行的胚体，胚盘周围的卵黄变得浑浊。

（5）48 小时鸡胚

1）48 小时鸡胚整封片：低倍观察，鸡胚长超 9～12mm，可见神经孔完全闭合成神经管，神经管的前部可见膨大的脑泡、眼杯、听泡。体节 27 对左右。心脏搏动。胚盘血管已形成并与体内建立联系。

2）48 小时活体鸡胚：可见卵黄囊血管区形似樱桃，俗称“樱桃珠”。

（6）72 小时活体鸡胚：脑清楚分为 5 部分；体节数 33 对左右；前后肢芽出现，腮腭有 5 对；尿囊出现。胚和延伸的卵黄囊血管形似蚊子，俗称“蚊虫珠”。

（7）96 小时活体鸡胚：头部显著增大，大脑半球明显，眼发育极快，眼内色素沉着，眼球明显，腮弓和腮囊开始模糊不清，全部体节约 50 对左右。心脏发育已近似成体心脏。胚体已极度弯曲。胚胎与卵黄囊血管形似蜘蛛，俗称“小蜘蛛”。

数字化资源：

图谱　　　　知识拓展

（王　征）

实验三　血管及血细胞反应的形态学观察

【实验目的】

（1）观察蟾蜍（或青蛙）肠系膜微循环的血流状况，了解微循环各组成部分的结构和血流特点。

（2）观察组胺导致的微循环血管变化（血管扩张、血流速度改变、轴流消失、血流摆动及白细胞附壁、游出等现象）。

【实验材料】

（1）动物：蟾蜍或青蛙。

（2）器材和药物：带孔蛙板，探针、剪刀、镊子、大头针、图钉、显微镜、盖玻片、棉球、0.2% 组胺。

【注意事项】

（1）手术过程中要尽量避免出血；固定肠系膜时，不可牵拉太紧，以免拉破血管或阻断血流。

（2）实验过程中为防止肠系膜干燥，需经常用任氏液湿润。

（3）滴加各种溶液时不要污染显微镜。

【实验内容】

（1）取蛙或蟾蜍一只，破坏蛙脑和脊髓后将蛙固定在蛙板上（背位或腹位），下腹部的旁侧剪一长形切口，拉出一段小肠，将肠系膜展开，用大头针将其固定在蛙板的圆孔周围，其上滴加任氏液，防止干燥。

（2）在低倍镜下分辨小动脉、小静脉和毛细血管，并观察上述血管的口径、血流速度、方向及血细胞在血管内流动的特征（区别轴流与边流）。

（3）在肠系膜上滴加数滴 0.2%组胺，继续在低倍镜下观察血管口径和血流速度的变化以及白细胞附壁现象。

（4）选择一段白细胞附壁较多的血管，盖上盖玻片，高倍镜观察白细胞游出现象。

【实验结果记录】

（1）记录低倍镜下观察到的小动脉、小静脉和毛细血管的口径、血流速度、血流方向及血细胞在血管内流动的特征。

（2）记录滴加组胺后血管口径、血流速度的变化以及白细胞附壁现象。

（3）解释滴加组胺后血管出现变化的机制。

【实验结果分析】

（1）动脉与小动脉的血流从主干流向分支，即从肠系膜的中央流向肠管，其特点是流速快、有搏动，红细胞在血管中有轴流现象。

（2）毛细血管透明，近乎无色，最细的毛细血管在高倍镜下可见到单个红细胞流动，速度虽有快慢的差异，但流速均匀，无搏动。

（3）小静脉与静脉的血流方向均为从肠管流向肠系膜的中央、由分支汇流入主干。血管愈粗则红色愈浓，速度愈快，但无搏动，也无轴流现象。

（4）滴加组胺后，可见血管扩张，血流逐渐变慢，轴流边流的界限消失，往往出现明显的血流摆动，白细胞流到血浆层内贴附到血管壁上。

（5）高倍镜下观察白细胞游出极为缓慢，往往在实验开始 1～2 小时后出现，可见白细胞的一部分突出到血管外，部分留在血管内，中间卡在血管内皮细胞间隙，而游出的白细胞则集聚在血管周围。

数字化资源：

图谱

（王　征）

实验四　移植瘤模型的建立和评价

实验动物模型是人类肿瘤的复制，利用动物模型可以缩短研究时间，观察肿瘤发生、发展的全过程，并可在人为控制条件下进行各种实验研究，对肿瘤的发生发展机制、预防及治疗的研究有着重要意义。根据制作方法不同，目前动物肿瘤模型主要包括自发性、诱发性、移植性及转基因等模型，其中移植性模型最为常用。

一、方　　法

移植性模型是指将肿瘤组织或细胞移植到实验动物体内所形成的肿瘤动物模型。移植性模型可使一群动物同时接种同样量的瘤细胞或组织，生长速率比较一致，个体差异较小，接种成活率高，实验条件易于控制，实验周期较短，而且可以在同种或同品系动物中连续移植，长期保留供实验之用，因而移植性模型被广泛采用。但移植性动物模型制作时恶性细胞或组织系直接植入宿主动物，故不适合用于研究早期事件，如肿瘤发生及形成。移植性动物模型又可分为原位移植模型和异位移植模型。

1. 异位移植肺癌动物模型　异位移植是将体外培养的肿瘤细胞或外科手术中采集的肿瘤组织移植到动物身上与肿瘤原发部位不相关的部位。应用较多的是将瘤细胞接种于裸鼠皮下（腋部、背部、后肢等）。腋部皮下移植因不影响动物活动，是较常采用的移植部位。异位移植方法简便易行（动物不需麻醉，接种方法易操作），成瘤率高，易于接种和跟踪监视肿瘤生长情况。但该类模型适用于抗癌药物疗效检测，不适合用于肿瘤发生和形成机制的研究。皮下移植建模方法虽已广泛采用，但也存有局限性，皮下移植的肿瘤属于异位种植，脱离了其起源组织器官的微环境。许多肿瘤的转移表型是在原位种植后才能表达，因此应用此模型得到的实验结果与临床应用的实际效果之间常有较大差异。此外，异位移植模型很少在种植以外的部位产生转移灶，这与人类恶性肿瘤的自然病程不一致。因此，抗肿瘤治疗研究采用异位模型时，要充分考虑到瘤细胞是否会因生长部位不同而影响一些与药物敏感性相关的特性的表达，以避免产生假阳性。

2. 原位移植肺癌动物模型　原位移植肺癌动物模型是将肿瘤细胞或组织块原位移植到有免疫缺陷的动物呼吸系统组织内，使之产生肿瘤及形成自发性转移灶。原位移植模型能模拟肿瘤病理生理环境，在肿瘤诊断与治疗研究中具有重要意义，是目前较为理想的动物模型。原位移植瘤模型的接种方式包括支气管内移植和肺内移植。裸鼠体内建立的原位移植模型存在一些不足之处：首先由于接种器官体积较小，组织比较脆弱，原位注射肿瘤细胞要求精细，操作难度较大；其次，原位移植时裸鼠需要麻醉和手术，而裸鼠免疫系统有缺陷，耐受能力较差，病死率较高，因此模型建立的成功率相应降低。

二、操作及观察指标

1. 细胞悬液接种法　消化收集指数生长期肿瘤细胞，用磷酸盐缓冲溶液或生理盐水稀释，调整细胞浓度至 10^5～10^7/ml。取细胞悬液 0.2 ml 接种于裸鼠双侧腋下，或者腹股沟、前腿根部等皮下血管丰富的部位。

2. 细胞匀浆接种法　同细胞悬液接种法接种 2 只裸鼠，待初代移植瘤生长至 1cm×1cm×1cm 时，采用脊髓离断法处死动物，无菌剥离瘤体，除去包膜，剪碎，加入 0.9%生理盐水 2ml，先后用 300 目和 500 目铜网各过滤一次，制备成单细胞悬液，进行活细胞计数后接种于裸鼠的右前腋下，每只接种 0.2ml（约含 10^6 个活细胞）。

此后，一般 5～7 天可以看到或摸到绿豆大小或黄豆大小的瘤体，15～20 天差不多就有 1cm 左右直径。

3. 观察指标

（1）移植瘤生长曲线：自接种日起，每周测量 1 次肿瘤长径（b），短径（a），按公式 $V=1/2a^2b$ 计算肿瘤体积，共观察 6 周，绘制生长曲线图，根据生长曲线计算各种方法的成瘤率（接种成功率/接种只数），成瘤潜伏时间（接种日至长出肉眼可见的肿瘤时间），肿瘤体积倍增时间 TD=0.1*t/logDt-logDo，Do 为第一次测得的肿瘤直径，Dt 为经过 t 时间后肿瘤直径。

（2）组织学方法：第 6 周后处死裸鼠，剥离肿瘤，先对剥离的肿瘤行大体观察，然后用 10% 福尔马林固定，石蜡包埋切片 HE 染色，光镜下观察。

（3）细胞周期动力学检测：采用介绍的方法制备单细胞悬液，然后用流式细胞仪检测，采用 Barlogie 细胞周期分析法。

三、注 意 事 项

目前认为建立移植瘤模型时应注意以下几点：①传代次数并非越多越好：同种肿瘤移植以 15～20 代为宜，而异种移植可依肿瘤细胞恶性程度、所使用的动物种系、瘤组织来源而定，如瘤细胞系移植后易成功，源于手术标本者也需要和同种移植相似的代数即 15～20 代，当移植瘤达到以上标准后，即可冻存，复苏后随时使用。②传代后要有相对稳定性，如潜伏期、生长速度、生长曲线，重复多次后相对一致为最佳，人类肿瘤在裸鼠体内形成的移植瘤个体差异大，这可能就是因传代代数不够或不稳定之故。③传代后成瘤率：应接近 100%，多次传代后其成瘤率应保持相对稳定。④自发消退率：自发消退率是指成瘤后又消退者，应减少到最低程度，一般在 5%之内。⑤移植瘤组织学结构与原代瘤一致。⑥移植瘤应保持原发瘤的特殊功能和标志，如肝癌保持甲胎蛋白（AFP）的表达，激素依赖性肿瘤应保持其对激素的敏感性等。⑦荷瘤宿主寿命保持相对稳定的生命期，可依肿瘤恶性程度而定。⑧若来自瘤细胞系的瘤株，应在返培养后仍保持原来的瘤细胞生物学特性。总之，一般说来，肿瘤移植的第 1～5 代是关键期，经过 15～20 代动物传代后方可得到稳定的瘤株。瘤株的标准是：接种成活率为 100%，自发消退率减少到最低限度（不一定完全达到零）；生长速度稳定，宿主寿命相似（重复性强）；宿主反应性低（排斥能力低下）；瘤组织的组织学结构仍保持与原发瘤相似。为了保持瘤株的稳定状态，目前最佳方案是将传代瘤株间隔 2～3 代就用液氮冻存一次，待需要时，复苏后再次传代使用。

数字化资源：

知识拓展

（刘丹丹）

实验五　四氯化碳对肝细胞影响的形态学观察

四氯化碳（Carbon Tetrachloride，CCl_4）作为经典的亲肝毒物，在工业上用途广泛，主要经呼吸道和消化道进入体内，对人和动物均可致肝损伤。目前国内外多采用 CCl_4 作为建立肝损伤模型试剂，关于 CCl_4 对肝细胞损伤的机理包括：脂质过氧化学说、共价结合学说和细胞内钙代谢紊乱学说。

一、实 验 操 作

雄性健康昆明种小鼠，6～8 周龄，体重 18～20 g。随机分组，即空白对照组、溶剂对照组、不同浓度 CCl_4 组（0.063%、0.125%、0.25%、0.5%和 1.0%）。实验采用新鲜的花生油作为溶剂，将 CCl_4 溶解于花生油中混匀。CCl_4 各组按 1.0 ml/100g 体重经腹腔注射，一次分别给予 0.063%、0.125%、0.25%、0.5%和 1.0%CCl_4 溶液，溶剂对照组腹腔注射给予等量的花生油；空白对照组腹腔注射给予等量的生理盐水。

二、观察时间及检测指标

染毒 24 h 后处死小鼠采集眼球血，分离血清后测定丙氨酸氨基转移酶（ALT）、天门冬氨酸氨基转移酶（AST）的含量变化。取肝脏用 10%福尔马林固定，常规病理制片，HE 染色，光镜下观察病理变化。

数字化资源：

图谱　　　　知识拓展

（刘丹丹）